权威·前沿·原创

皮书系列为
"十二五"国家重点图书出版规划项目

洛阳文化发展报告
（2015）

ANNUAL REPORT ON DEVELOPMENT OF LUOYANG'S CULTURE
(2015)

主　编／刘福兴　陈启明

图书在版编目(CIP)数据

洛阳文化发展报告.2015/刘福兴,陈启明主编.—北京:社会科学文献出版社,2015.7
（洛阳蓝皮书）
ISBN 978-7-5097-7734-3

Ⅰ.①洛… Ⅱ.①刘… ②陈… Ⅲ.①地方文化-文化发展-研究报告-洛阳市-2015 Ⅳ.①G127.613

中国版本图书馆CIP数据核字（2015）第138848号

洛阳蓝皮书
洛阳文化发展报告（2015）

主　编／刘福兴　陈启明

出 版 人／谢寿光
项目统筹／祝得彬
责任编辑／仇　扬

出　　版／社会科学文献出版社·全球与地区问题出版中心（010）59367004
　　　　　地址：北京市北三环中路甲29号院华龙大厦　邮编：100029
　　　　　网址：www.ssap.com.cn
发　　行／市场营销中心（010）59367081　59367090
　　　　　读者服务中心（010）59367028
印　　装／北京季蜂印刷有限公司
规　　格／开　本：787mm×1092mm　1/16
　　　　　印　张：21　字　数：316千字
版　　次／2015年7月第1版　2015年7月第1次印刷
书　　号／ISBN 978-7-5097-7734-3
定　　价／79.00元
皮书序列号／B-2015-447

本书如有破损、缺页、装订错误，请与本社读者服务中心联系更换

▲ 版权所有 翻印必究

《洛阳文化发展报告（2015）》
编　委　会

主　任　侯超英

副主任　李　征　刘红旗　刘三献

委　员　（按姓氏笔画排列）

　　　　　王支援　王彩琴　毛阳光　史家珍

　　　　　刘占斌　刘保亮　刘继保　刘福兴

　　　　　任边疆　李国强　陈启明　宋红伟

　　　　　林春芳　杨延武　扈耕田　薛瑞泽

主要编撰者简介

刘福兴　洛阳市委党校校委委员、教授,洛阳市优秀教师、优秀专家;中国写作学会会员,洛阳市河洛文化研究会副会长,洛阳市文化产业研究院副院长。主要研究方向为文化建设。主编《河洛文化系列丛书(12卷)》《干部应用写作》,参编《洛阳知识读本》《河洛文化论衡》等十余部著作;发表学术论文二十余篇;主持参与"中原地方文化研究""河南地方文化节发展问题研究""洛阳建设文化强市对策研究""洛阳市村级文化建设问题研究"等省市课题十余项;获市级社会科学优秀成果一等奖三项。

陈启明　洛阳市委党校市情研究部主任、副教授,洛阳经济社会研究中心研究员,洛阳市优秀专家、优秀教师。长期从事洛阳文化、经济发展的基础理论和应用对策研究,独著、主编和参编十余部学术著作,主要有《河洛文化系列丛书》《洛阳知识读本》《社会信用的解构与整合》《马克思主义中国化简明读本》等,发表学术论文三十余篇,主持参与省市级社科规划课题五十多项,获市级以上社科优秀成果奖十余项。

摘 要

《洛阳文化发展报告（2015）》由中共洛阳市委党校和洛阳市社会科学界联合会组织编撰，是洛阳市第一部区域性文化发展报告，列入社会科学文献出版社的"皮书系列"并作为"洛阳蓝皮书"系列之一安排出版。本报告由主报告、产业篇、专题篇、区域篇、案例篇和大事记六部分组成，汇集了洛阳市委党校、高等院校和政府部门专家学者的最新研究成果，较为全面地反映了2014年洛阳文化发展的基本情况，为政府进行科学决策和加快推进中原经济区文化示范区建设提供了理论依据，是洛阳文化领域一项重要的科研成果。

报告指出，2014年洛阳文化发展态势良好，洛阳市以创建国家公共文化服务体系示范区为载体，扎实开展各项工作，初步建立起布局合理、设施齐全、功能完善、覆盖城乡的公共文化服务体系。文化体制改革稳步推进，文化产业招商成效显著，丝绸之路、大运河"双申遗"取得圆满成功，"博物馆之都"建设初具规模，文化市场发展环境有效改善，综合文化事业日益繁荣。

展望2015年，洛阳市将以历史文化和山水资源为依托，以华夏历史文明传承创新为核心，以文化旅游产业园区建设为重点，以市场化运作为主导，以改革开放和创新驱动为动力，以重大产业项目和文化品牌为支撑，围绕"世界圣城、丝路起点、千年帝都、牡丹花城"四大城市文化名片，全力实施文化旅游产业发展、城市文化形象提升、华夏历史文明传承创新、牡丹文化产业提升、现代公共文化服务建设、市民文明素质提升六大重点示范工程，持续推进中原经济区副中心城市的文化示范区建设。

目 录

ⒷⅠ 主报告

Ⅿ.1 2014~2015年洛阳文化发展分析与展望 …… 刘福兴 陈启明 / 001

ⒷⅡ 产业篇

Ⅿ.2 洛阳文化旅游业发展报告 …………………………… 秦 华 / 028
Ⅿ.3 洛阳会展业发展调研报告 ………………… 陈启明 孙鹏飞 / 042
Ⅿ.4 洛阳动漫产业发展报告 …………………… 朱夏婉 古付先 / 051
Ⅿ.5 洛阳新闻传媒业发展态势分析 …………… 刘俊月 任程远 / 061
Ⅿ.6 洛阳三彩产业发展报告 …………………… 毛阳光 余东行 / 070
Ⅿ.7 洛阳观赏石文化产业发展报告 ………… 洛阳市委党校课题组 / 081
Ⅿ.8 新安澄泥砚发展存在的问题与对策建议
……………………… 新安澄泥砚产业发展问题研究课题组 / 091

ⒷⅢ 专题篇

Ⅿ.9 洛阳公共文化发展报告 ……………………………… 曾庆华 / 103
Ⅿ.10 洛阳文化产业分析及发展趋势 ……………………… 李国强 / 115
Ⅿ.11 洛阳牡丹文化品牌建设研究 ………………………… 扈耕田 / 127

001

B.12 洛阳大遗址保护问题研究 …………………… 薛妙勤 魏晓彤 / 140
B.13 洛阳非物质文化遗产保护的现状及对策 …… 时丽茹 李晓霞 / 152
B.14 洛阳民办博物馆建设的现状与对策建议 …… 王支援 梁淑群 / 165

BⅣ 区域篇

B.15 偃师市文化发展报告 …………………………… 冯小六 吴利超 / 175
B.16 孟津县文化发展报告 ………………… 张亚飞 张红涛 杨长生 / 188
B.17 新安县文化发展报告 …………………………… 张胜利 王书林 / 198
B.18 宜阳县文化发展报告 …………………………… 徐志萍 李万军 / 207
B.19 洛宁县文化发展报告 …………………………… 王鲁豫 卫万里 / 216
B.20 汝阳县文化发展报告 …………………………… 武婷婷 翟灿波 / 226
B.21 嵩县文化发展报告 ……………………………… 高 永 李星辉 / 237
B.22 栾川县文化发展报告 …………………………… 刘宝成 刘亚欧 / 246

BⅤ 案例篇

B.23 中国洛阳牡丹文化节的成效及启示 …………… 刘福兴 李俊义 / 255
B.24 构建现代传媒集团 打造一流文化企业 ……………… 唐景录 / 273
B.25 孟津平乐牡丹画文化创意产业发展报告 ……………… 刘荣利 / 283

BⅥ 大事记

B.26 洛阳文化发展大事记 ……………………………………… 秦 华 / 294

Abstract ………………………………………………………………… / 308
Contents ………………………………………………………………… / 310

主报告
Main Report

B.1 2014~2015年洛阳文化发展分析与展望

刘福兴　陈启明*

摘　要： 2014年，洛阳市以创建国家公共文化服务体系示范区为载体，扎实开展各项工作，文化发展取得了良好成绩。综合文化事业日益繁荣，文化产业发展规模不断壮大，并逐步建立起布局合理、设施齐全、功能完善、覆盖城乡的公共文化服务体系。展望2015年，洛阳将继续推进公共文化服务体系示范区建设，文化产业更加注重质量，文化资源得到更好的开发、利用和保护，文化体制改革更加深入，文化旅游业也将得到进一步发展。

关键词： 洛阳　公共文化　文化产业　文化旅游

---

* 刘福兴，洛阳市委党校校委委员、教授，主要研究方向为文化建设；陈启明，洛阳市委党校市情研究部主任、副教授。

2014年,洛阳市全面落实党的十八届三中全会和省、市战略部署及有关文化工作会议精神,扎实推进名副其实的中原经济区副中心城市建设,以创建国家公共文化服务体系示范区为龙头,深化文化体制改革创新,突出"文化惠民"这一主题,公共文化服务体系逐步完善,文化发展环境明显改善,综合文化实力进一步增强,为建设中原经济区文化示范区打下了坚实基础。

一 洛阳文化资源概况

洛阳市是国务院首批颁布的历史文化名城和七大古都之一,是中华文明的重要发祥地,也是中华民族文化的摇篮。悠久灿烂的历史文化积淀,给洛阳留下了丰富的文化遗存和名胜古迹。

(一)三大名胜古迹佳誉天下

龙门石窟是中国三大石刻艺术宝库之一,被列为世界文化遗产。龙门石窟古称"伊阙",石窟密布于伊河两岸的崖壁上,长达1公里,它和敦煌莫高窟、大同云冈石窟,合称我国三大石窟艺术宝库。龙门石窟不仅佛像雕刻技艺精湛,石窟中造像题记也有不少书法艺术精品,共有3600品遍布各个洞窟,其中龙门二十品是魏碑书法的代表作,在国内外学术界、书法界都享有盛誉。白马寺是佛教传入中国后兴建的第一座官办寺院,距今已有1900多年的历史,被尊誉为中国佛教的"释源""祖庭",有"中国第一古刹"的美称。关林是埋葬三国蜀汉名将关羽首级的地方,占地百亩,是一处宫殿式建筑群,殿宇廊庑150余间,古碑刻70余方,石坊4座,大小狮子110多个,古柏800余株。古柏成林,隆冢丰碑,气派巍巍。关羽被过去历代王朝尊为千古传颂的"武圣",是民间信仰者"忠、勇、仁、义"之楷模。

(二)五大都城遗址积淀深厚

二里头夏都遗址位于偃师二里头村附近,其时代距今3500~3800年,是当时中国规模最大的城市。该遗址1957年被发现,经考证为夏都斟鄩所在地,号称华夏第一王都,以该遗址文化内涵为代表而命名的"二里头文化",填补了考古史上夏文化的缺环,是河洛文化繁荣发展的一个重要标志,对研究华夏文明的渊源、国家的兴起、王都建设等重大问题具有重要的参考价值。偃师商城遗址位于偃师尸乡沟一带,面积约20平方公里,是我国唯一一处保留下来的未遭破坏的商代都城遗址。自发现以来,就引起了国内外学术界的普遍关注。偃师商城作为商代早期城址中年代最早、保存最完整的一座都城,规划周密,布局合理,总结了我国自仰韶文化晚期开始的造城经验,在我国都城建设史上具有承前启后的作用。东周王城的规模、布局和演变,历史文献多有记载。20世纪50年代,文物考古工作者在涧河东岸发现东周王城遗址,进而确定了东周王城的具体位置、布局和范围。近几年在王城东部发现了大型车马坑和大型墓葬,为了解东周王城的全貌提供了全新的资料。汉魏故城遗址是中国古代最大的都城遗址,该遗址现存有内城、宫城、金墉城、外郭城、永宁寺、太学、辟雍、明堂、灵台等重要文物遗迹。隋唐洛阳城始建于隋大业元年(公元605年),是隋、唐两代的都城。"前直伊阙,后据邙山,左瀍右涧,洛水贯其中",这一文献记载说明了东都洛阳城的规模和布局,以后又经多次增修,使之成为当时世界上最大的城市之一。自隋炀帝迁都至此,该城作隋都15年、唐都60余年,到五代、北宋仍作都城或陪都,先后称为洛阳宫、东京、东都、神都,后被金人所毁,其沿用时间前后达500余年。

(三)物质文化遗产资源蕴藏丰厚

由于洛阳独特的地理位置和深厚的文化积淀,使邙山上下、伊洛之滨成为蕴藏文化遗产的风水宝地。据普查可知:洛阳的历史文化遗产资源不仅极其丰富,星罗棋布,而且种类齐全,独具特色。已经发现并发掘的历史遗址数量众多,目前,拥有历史遗址1074处,已对外开放1处,以新石器时代遗址、汉唐时期的遗址最为典型,影响较大。经过考古发掘,全市范围内迄今发掘历代较大古墓葬1038座,目前已对外开放的具有特色的古墓葬有2座。历代陵园共有57座,集中在邙山一带,主要为东周王陵(分为王城、金村、周山三大陵区)、东汉皇陵、曹魏皇陵、西晋皇陵、北魏皇陵等。其中已开放3处，即汉光武帝陵、北魏景陵和唐恭陵。由于洛阳曾长期是佛事活动中心，故造窟造像之风甚盛。从北魏、隋、唐至宋元，历代不绝，现保存石窟、石刻102处，其中以龙门石窟最为著名，其他石窟则分布在龙门石窟周围的偃师、孟津、新安、宜阳、伊川、嵩县和吉利万佛山等，形成以龙门石窟为中心的卫星窟和99个石窟、石刻文物保护单位。洛阳一带现存的地面古建筑，可分为宗教建筑（佛教、道教），纪念性建筑，公共建筑三大类，共有4932处，现已对外开放7处。国家级的古建筑有10处，省级的有32处，市级的有65处，大遗址现遗存7处。截至目前，发掘出土的馆藏文物有近40万件（套），分为青铜器、陶器、金银器、玉器、墓志石刻等类别，包括上自旧石器时代、下迄明清时期的各类文物，珍品荟萃。在珍贵的文物中，尤以夏商时期的青铜器、汉代彩绘陶、北魏陶俑、唐三彩及历代墓志最具特色，享誉中外。

（四）非物质文化遗产得到发掘与传承

2005年11月，洛阳市成立非物质文化遗产保护中心。2006年5月，"河洛大鼓"入选第一批国家级非物质文化遗产名录。目前，洛阳市非物质文化遗产项目名录体系已经建立，非物质文化遗产得到发掘与传承，全市共135个。国家级项目8个：河洛大鼓、洛阳宫灯、真不同洛阳水席制作技艺、洛阳牡丹花会、关公信俗、唐三彩烧制技艺、平乐郭氏正骨、河图洛书传说。省级项目44个（含国家级项目8个）：黄河澄泥砚、杜康酿酒工艺、洛阳海神乐、洛阳大里王狮舞、洛神的传说、硪工号子、民间剪纸、面塑、刘井薛氏石刻、九连灯、曹屯排鼓、制鼓技艺、南庄木偶戏、宋氏通背拳、洛阳小街锅贴、银条种植栽培及烹饪技艺、象庄秦氏妇科、宜阳灵山庙会、苏羊竹马、三弦铰子书、纯德堂口疮散、杨氏沙园膏药、烧伤自然疗法与自然烧伤膏、济世堂李占标膏药、南无拳、洛阳传统儿歌、玄奘传说、东蔡庄高抬"故事"、笙制作技艺、孙氏"十六挂转秋"制作技艺、中原棉纺织技艺（黛眉手织布工艺）、金银铜捶锻工艺、老君山庙会、崇阳垛子、聂麟郊膏药、青铜器制作技艺。市级项目135个,包括东关双龙高装、卦沟村的传说、鬼谷子的传说、栾川豆腐制作技艺、风筝制作技艺、平乐脯肉制作技艺等。

(五)"根"文化资源得到梳理

目前,洛阳祖根地文化有15个方面,分别是:河图(史前时期)、洛书(大禹时期)、儒家学说开创于洛阳(西周)、道家学说渊源于洛阳(春秋时期)、关公文化(三国时期)、佛学首传于洛阳(东汉)、玄学创建盛行于洛阳(魏晋时期)、理学创立于洛阳(宋朝)、客家人及客家文化发源地(西晋)、炎黄故里故居——民族之根与人文之地(炎黄时期)、烹调之祖——伊尹(商朝)、心意六合拳(清代末期)、范仲淹文化(北宋)、鬼谷子文化(战国时期)、杜康酒文化(东周)等。姓氏文化是指:在当代中国的大姓和常见姓氏中,起源于洛阳地区的最为集中。洛阳市姓氏文化研究会专门对洛阳的姓氏文化进行了研究,这些姓氏的来源大致可分为两类:一是源头或祖根地在洛阳的姓氏;二是来自北魏时期西北地区少数民族的改姓。在洛阳有一至四支发源的姓氏有王、刘、周、程、毛、陆、褚、甘、窦、尹、司马、涂等,其他还有数十个姓氏直接起源于洛阳地区,如姬(西周),邵(宋明时期),李(商朝末),杜(夏朝、北魏),袁(秦朝末期),成(春秋时期),林(周平王时期、北魏)等。

(六)宗教文化资源得到保护

洛阳市宗教活动场所中有全国文物保护单位1处(白马寺院),省级文物保护单位7处(佛教2处、道教5处),均已对外开放。从宗教门类来看,有佛教、道教、伊斯兰教、天主教、基督教五教,据2007年河南省文化资源普查资料显示,经批准登记在册的宗教活动场所共有597处。其中:佛教24处、道教26处、伊斯兰教41处、天主教1处、基督教505处。

(七)自然遗产资源得到挖掘

洛阳优美的自然风光与珍贵的文物古迹交相辉映。旖旎的自然风光和多

姿多彩的山水名胜数不胜数，折射出洛阳的绚丽和婀娜多姿。"洛阳八大景"跌宕生姿，"龙门山色、马寺钟声、金谷春晴、邙山晚眺、天津晓月、洛浦秋风、平泉朝游、铜驼暮雨"为洛阳添彩增色。自然遗产更是丰富无比，有自然保护区3个：河南黄河湿地国家自然保护区、河南伏牛山国家自然保护区和河南洛阳熊耳山省级自然保护区。国家级森林公园7个，世界级地质公园2个，城市园林公园及大型广场11个，名胜风景区4个，水利风景区6个，其中国家水利风景区1个、省级以下水利风景区5个。

（八）民间艺术遗存得到开发

民间艺术遗存的开发彰显了洛阳历史文化的悠久灿烂，也提升了洛阳人民精神文化生活的丰富与多彩。兴盛于唐朝的洛阳宫灯，历经两千多年，至今仍在洛阳流传，洛阳水席、排鼓、舞龙、舞狮、旱船、唢呐、高跷、秧歌、高装、陈屯社火等非物质文化遗产和一大批传统的、具有浓郁地方色彩的民间文化、民间工艺品和饮食文化以及寺庙庵宫和保存较为完好的民居古宅、历史文化街区都为洛阳做大文化产业奠定了坚实的基础。

洛阳拥有龙门石窟、大运河、丝绸之路3项世界文化遗产，成为国内少有的世界文化遗产大市。其中，在中国大运河项目中，洛阳有含嘉仓遗址、回洛仓遗址2处。在丝绸之路项目中，洛阳有汉魏洛阳城遗址，隋唐洛阳城定鼎门遗址（含宁人坊、明教坊），新安汉函谷关遗址3处，加上龙门石窟，共拥有6处世界遗产，丰富的文化资源为洛阳市建设特色突出的历史文化旅游名城打下了坚实的基础，也为洛阳文化产业带来了前所未有的勃勃生机。

二 2014年洛阳文化发展总体态势

（一）公共文化事业发展取得明显成效

2014年，洛阳市政府颁布《洛阳市创建国家公共文化服务体系示范区规划》，全面展开创建国家公共文化服务体系示范区工作，全市公共文化服务体系建设进入了新的发展时期。公共文化设施网络体系愈加完善、服务供给更加丰富、队伍建设得到加强，在公共文化资源整合利用上也不断取得突破，基本形成文化设施配套齐全、区域特色鲜明、文化市场繁荣有序、文化产业基础优势明显和群众文化活动丰富多彩的文化发展大格局。

1. 公共文化服务设施网络逐步完善

从全市来看，以洛阳美术馆、洛阳博物馆、洛阳歌剧院、洛阳科技馆、洛阳新区体育中心等为标志的公共文化体育设施建成投入使用，市图书馆、市文化馆、市博物馆达到部颁一级标准。在县区层面，各县（市、区）"三馆一站"新建、改扩建工程正在进行，老城区新建"两馆"已实现免费开放，嵩县"两馆"、西工区图书馆改扩建工程完成，洛龙区"两馆"，栾川县文化艺术中心，伊川县文化中心图书馆、文化馆、影剧院新建工程主体已完工，汝阳县文化活动中心、洛宁县洛书文化综合楼项目预计年底主体完工。在乡镇层面，全市乡镇（街道）文化服务中心达标数量由122个上升为176个，达标率达到97%。村级文化活动中心达标数量由1498个上升为2886个，达标率达到92%。已建成146个乡镇（街道）电子阅览室，设置率达到81%。行政村共享工程基层服务点2997个（含16个党员远程教育基层站点），设置率100%。农家书屋2997个，覆盖率100%，广播电视"村村通"覆盖率达到97%。

2. 公共文化服务供给途径形式多样

通过加大对公益性文化事业的投入，全市公共图书馆、美术馆、博物馆、文化馆（站）、科技馆实现免费开放，公共文化服务主体作用得到加强。加强资源的整合，宣传、文化、科技、教育、体育，"工、青、妇"等部门积极参与公共文化建设，初步形成合力。实施的乡镇文化站建设、乡镇综合文化站和城市社区文化中心设备配置、公共电子阅览室建设、数字电影放映、文化信息资源共享等文化惠民工程，加大了对基层公共文化产品和服务的供给。加强对社会办文化的引导，在全省率先出台了《关于促进民办博物馆发展的意见》，民办博物馆发展到34家，全市民间业余剧团发展到近200支，文化类民间组织发展到229家，乡村业余文化团队达到1808支，成为提供公共文化服务的一支重要力量。大力倡导文化志愿者服务活动，"星期六公益文化论坛""道德大讲堂"等志愿者服务项目拓宽了公共文化服务的渠道。

3. 基层群众文化活动丰富多彩

积极实施面向基层、面向农村的文化服务项目。采取"政府购买、剧团演出、群众受惠"的方式，2014年组织各级文艺院团开展"河南省舞台艺术送农民"演出活动232场；组织市直文艺院团开展"百场公益性文化演出"400场，组织洛阳歌舞剧院演艺有限公司"周末剧场"演出50场，"欢乐进农村、欢乐进社区、欢乐进军营"公益性文化演出活动16场，各县（市、区）组织县剧团开展送戏下乡演出超千场。贯穿全年的"百姓大舞台全民健身广场舞电视大赛"如火如荼地进行。"滨河之声""竹乡神韵""唱响新安""锦绣栾川""欢乐孟津""梦想汝阳""嵩州梨园""交响高新""和谐瀍河大舞台"等广场文化活动丰富了辖区百姓的文化生活，实现了"县县有品牌"的广场文化效应。洛阳市创建国家公共文化服务体系示范区办公室邀请国家艺术院团来洛开展"大地情深"志愿服务走基层活动，共演出精品剧目12场，满足人民群众多样化、多层次精神文化需求。

4. 人员队伍建设方面多措并举

探索多种途径解决基层公共文化服务单位人员不足问题，目前，全市182个乡镇（街道）文化服务中心共有工作人员620人，其中在编人员达到3名的有146个，已经建立市、县（区）、镇（街道）、村（社区）四级文化志愿者服务队，已有登记在册的文化志愿者11460名、文化志愿者团队1353支。制定支持政策，大力发展文化体育类民间组织，共登记注册文化体育类社会组织443家、业余文艺团队3350支。加大培训力度，在图书馆、文化馆根据职能开展培训的基础上，洛阳市创建国家公共文化服务体系示范区办公室先后集中举办了5期培训班，提高了各级公共文化单位工作人员的业务素质。

5. 综合文化事业建设均衡发展

一是开展非物质文化遗产和古籍保护工作。积极开展《非遗条例》的宣传，加强对非物质文化遗产保护专项资金管理，进一步规范洛阳市非遗名录体系申报评选推荐等程序。组织开展第四批市级非遗项目名录评选、公示、论证工作。组织开展第四批国家级非遗代表性项目和第四批省级非遗项目申报工作。推荐洛阳杜康控股有限公司（杜康酿酒工艺）、洛阳九朝文物复制品有限公司（唐三彩烧制技艺）申报第三批省级非遗生产性保护示范基地。对全市涉及二十四节气的非遗项目摸底调查，指导宜阳县民俗类项目"冬至"的申报书撰写和视频制作工作。组织优秀非遗项目参加各级组织的非遗展示活动，不断扩大非遗项目的影响。二是不断提升文化艺术发展后劲。面向全国征集反映洛阳题材的优秀剧本，经过专家初评、复评和终评，评选出《牡丹仙子》《梦回东都》《洛阳曲儿》三部优秀剧本，丰富文艺精品创作素材。大力发现、培养优秀文化艺术人才，制定并公布了《洛阳市优秀演艺人才奖励办法》。三是积极参加各级文化艺术赛事。由洛阳豫剧院演艺有限公司联合河南省豫剧院青年团共同创作排演的新版豫剧《穆桂英挂帅》获"第三届中国豫剧节优秀剧目奖"。由洛阳市曲剧院编排的新编曲剧《洛阳令》，在省文化厅主办的第十三届河南省戏剧大赛上获得"河南文华大奖"。

（二）文化产业发展保持良好态势

1. 大力加强文化产业招商引资工作

洛阳市有关部门加强对文化企业、文化品牌、文化元素的宣传推介力度，努力营造开放亲商的文化氛围，文化招商方面取得良好效果。在9月25日举行的2014年河南省现代服务业开放合作洽谈会暨河南省文化产业投资贸易洽谈会上，洛阳市组织了洛阳中国文化休闲（婚礼）产业园、洛阳天香文化旅游产业创意产业园、洛阳隋唐百戏城（杂技演艺产业园）、洛阳帝都百戏苑、虎山温泉度假乐园、洛阳白云山国家旅游度假区分区合作开发、50集电视剧《光武中兴》共7个文化产业项目参与签约活动，签约总金额达121亿元人民币，同时，"中国动漫之都（洛阳）产业园"等15个文化产业项目在洽谈会上进行了招商推介，签约项目进展顺利，洛阳天香文化旅游产业创意产业园和虎山温泉度假乐园项目已相继开工建设，为文化旅游产业融合发展、文化旅游产业下一步招商引资都打下了坚实的基础。

2. 积极组织文化企业参加重点文化展会

2014年5月，第十届中国（深圳）国际文化产业博览交易会在深圳会展中心举行。市委宣传部和市文化产业协会组织13家文化产业领军企业及个人参加展会，并在会展中心内搭建"千年帝都、牡丹花城"洛阳专题展馆，其中李学武牡丹瓷、高水旺唐三彩、王书品铜浮雕作为特色文化产品入驻河南省主展馆展示。参展产品现场销售额和订单数与往年相比均有大幅度提升，洛阳市文化产业协会荣获本届文博会优秀组织奖、优秀展示奖，国家级非物质文化遗产唐三彩烧制技艺代表性传承人高水旺参展作品唐三彩"观音"荣获中国工艺美术文化创意奖金奖。10月首届中原文化产业博览交易会在鹤壁举办，市委宣传部牵头，组织15家知名文化企业组团参加此次文博会。以"千年帝都、牡丹花城"为主题的洛阳馆内，李学武牡丹瓷、高水旺唐三彩、郭爱和三彩艺瓷板画、粤钰青铜器、烟云涧青铜器、王铎书画院拓片、唐艺金银器、众芳牡丹全花茶、平乐国色牡丹画、华夏澄泥砚、会圣宫砚台、麦草画、洛阳剪纸、薰衣草系列产品等特色文化产品参展，取得丰硕成果，产品受到各界人士的好评，15家企业展会现场销售额达到26万余元，并获得展会金奖、精品奖、创意产品奖等15个奖项。

3. 加大政策扶持力度

为加大政策支持力度，市委宣传部协调财政局将文化产业资金和文化事业资金单设，并借鉴外地经验，对原《洛阳市市级文化产业发展专项资金管理使用实施细则》进行了修订，力求更具操作性，更有利于促进文化产业健康快速发展。市委宣传部、市财政局、市发改委、市文广新局联合行文，于7月印发实施。市文改办会同市直有关部门推荐龙门石窟世界文化遗产园区、洛阳日报报业集团等共10家重点文化产业园区和文化企业申报省级文化产业"双十"工程，洛阳日报报业集团获得河南省文化产业"双十"工程重点文化企业称号。洛阳报业传媒集团"印刷出版创意文化产业园"和洛阳文化产业集团有限公司"全息数字化创意"两个项目申请2014年度省级文化产业资金，分别获得100万元和80万元资金支持。洛阳世为动漫发展有限公司二维动画连续剧《牡丹仙子之河图洛书》项目、洛阳大头兵文化传播有限公司《动漫洛阳》系列图书及动画片项目、河南名阁影视动漫文化有限公司360°全息动漫项目、河南君兰影视动画有限公司动画片《吉象三宝》四个项目获2014年度省新型文化业态发展专项资金290万元。

（三）文化体制改革稳步推进

为切实做好深化文化体制改革工作，2014年3月，市委全面深化改革领导小组成立了文化体制改革专项小组，成员单位主要包括组织部、宣传部、编办、发改委、财政局、人社局、文广新局、国资委、金融办、文联、社科联等。文化体制改革专项小组成立后，研究审议了《中共洛阳市委文化体制改革专项小组工作规则（讨论稿）》《中共洛阳市委文化体制改革专项小组办公室工作细则（讨论稿）》和《洛阳市深化文化体制改革实施方案（征求意见稿）》，对全市深化文化体制改革工作进行动员部署。《实施方案（讨论稿）》主要列出了加强社会主义核心价值体系建设、完善文化管理体制、建立健全现代文化市场体系、构建现代公共文化服务体系、完善华夏历史文明传承创新体制机制等5个方面、25项改革任务、79条重要改革举措，明确了当前和今后一个时期全市文化体制改革的指导思想、目标要求和重点任务，对每一条改革任务都明确了牵头单位、责任单位、参加单位及时间进度要求，为文化体制改革工作规划了路线图，明确了时间表。市文化广电新闻出版局先后研究制定了《关于印发所属事业单位绩效考核办法（试行）的通知》和《关于印发所属事业单位党政正职领导绩效考核办法（试行）的通知》，制定了绩效考核办法和奖励性绩效工资分配办法。市文广新局向市人社局提交了《关于贯彻落实进一步深化市属文艺院团改革发展的实施意见的报告》，就改制文艺院团在职人员的人事档案移交、岗位设置、档案工资、年度考核、社会保险、交流和调动、职称考评等工作提出了具体建议。

洛阳蓝皮书

（四）文博事业取得长足发展

1. 丝绸之路、大运河双申遗取得圆满成功

大运河和丝绸之路申报世界文化遗产，是国务院亲自安排部署的国家重大文化建设工程，洛阳市按照国家、省文物局的统一部署，圆满完成了汉魏洛阳城遗址、隋唐洛阳城定鼎门遗址、新安汉函谷关遗址以及含嘉仓、回洛仓遗址等5处遗产点的保护展示、环境治理、管理提升工作，顺利通过了联合国教科文组织专家组现场考察评估。2014年6月22日，在卡塔尔多哈召开的第38届世界遗产大会表决，中国大运河及中、哈、吉三国联合申报的丝绸之路成功列入《世界遗产名录》，洛阳成为全国唯一取得双申遗成功的城市。此举进一步彰显了洛阳作为丝绸之路东方起点和隋唐大运河中心的历史地位，对于提高古都洛阳的国际影响力、知名度和美誉度，以及未来旅游业和综合实力的提升具有重要的历史和现实意义。

2. 大遗址保护展示工作取得丰硕成果

洛阳是大遗址分布的集中片区，2014年，洛阳市结合双申遗工作，全面推进大遗址保护展示和国家考古遗址公园建设，隋唐洛阳城、汉魏洛阳城以及偃师商城等大遗址保护工作取得新进展。隋唐洛阳城明堂、天堂遗址保护展示工程全面完工，牡丹节期间实现了全面对外开放；九洲池、应天门遗址保护展示工程以及定鼎门遗址改造提升工程顺利推进；汉魏故城西阳门大街、永宁寺塔基以及太极殿保护展示工程都取得了新进展；偃师商城宫城核心区考古遗址公园初具规模；含嘉仓遗址博物馆、回洛仓遗址公园、汉函谷关遗址公园基本建成。汉魏洛阳城国家考古遗址公园成功入选第二批国家考古遗址公园，偃师商城国家考古遗址公园获准立项。成功举办了国家考古遗址公园联盟第四届联席会议，洛阳片区大遗址保护和国家考古遗址公园建设迈出了坚实的步伐。中央电视台、新华社、《人民日报》、《光明日报》等中央主流媒体对洛阳市大遗址保护和考古遗址公园建设所做出的积极探索和实践给予了专门报道。

3. 文物保护基础工作扎实有效

一是第一次全国可移动文物普查稳步推进。根据省普查办工作部署，2014年洛阳市组织专家对全市国有单位馆藏文物进行认定、鉴定，已认定文物10万余件（套）。多种形式开展文物认定鉴定、清库建档、文物信息采集登录，举办文物摄影培训班，参加培训人员达百余人次。文物信息采集及登录工作顺利开展，登录可移动文物6万余件（套），登录数量位于全省前列。完成了第七批全国重点文物保护单位"四有"工作。全面完成22处第七批全国重点文物保护单位的保护范围和建设控制地带的划定以及保护档案的编制工作。完成了第七批河南省文物保护单位和第四批市级文物保护单位的申报，全市有35处文物保护单位通过省专家组的初审。二是完成了第三批全国传统村落申报，有4处古村落成功入选，全市列入《全国传统村落名录》总数达到14家，为保护这些传统村落奠定了坚实基础。孟津卫坡等传统村落保护修缮工作取得了实质性进展，为全面推进传统村落的保护和利用起到了非常好的示范和带头作用。三是进一步加大了古建筑项目和资金的争取力度，白马寺、周公庙、五花寺塔、洛八办旧址等古建筑的保护和修缮工作取得了新进展。《老城历史街区东、西南隅保护规划和控制性详规》已获得省住建厅和省文物局的批复，涧西工业遗产保护修缮和再利用方案，已获国家文物局批准立项。充分利用高科技手段，龙门石窟科技保护、景陵防渗漏工程、曹休墓、新区壁画墓、衡山路北魏大墓、洛河故道沉船搬迁保护等取得新进展。

4. "博物馆之都"建设初具规模

2014年以来，全市博物馆建设掀起新高潮，配合大运河申遗工作，依托山陕会馆古建筑，筹资1100万元规划建设了隋唐大运河博物馆，并免费对外开放；洛阳仓城博物馆、曹休墓博物馆、契约文书博物馆正在建设中。同时启动了二里头遗址博物馆建设前期工作；2014年有13家民办博物馆得到省文物局审批，民办博物馆达到34家，占全省民办博物馆的近一半。目前博物馆总数达51家，位居全省第一。初步形成了以洛阳博物馆为中心，以国有博物馆为支撑，以行业博物馆和民办博物馆为重要补充的博物馆体

系。2014年全市各博物馆、纪念馆共引进、举办临时性展览20余个。其中洛阳博物馆举办的"唐代洛阳暨巩义石窟拓片精粹展""意大利手工陶瓷展""洛阳风情——大型剪纸作品联展"等展览,吸引了大批中外游客参观,受到社会各界的好评。"唐代洛阳展"和"千年雄关丝路门户——新安汉函谷关遗址专题展"荣获河南省优秀展览荣誉。同时,充分利用文物藏品资源优势,组织文物精品,在瑞典、中国澳门等国家和地区以及山西大同、荆州、郑州、新疆等地举办展览,扩大了河洛文化在海内外的影响。

5. 文物利用工作成效明显

结合大遗址保护,充分发挥市场优势,市文投公司实施了明堂、天堂遗址的后期投入和运营,明堂、天堂遗址全面建成并对外开放,该遗址公园以其高标准的规划建设、精致的装饰装修和高质量的管理服务,受到社会各界的广泛关注和一致好评。文物保护单位开放利用力度加大。依托文物资源优势,培育和打造文物精品景区,全市已开放的文物保护单位达到38处,占全市A级景区半数以上,为洛阳市旅游业提供了重要支撑。2014年以来,共接待游客近200万人次,免费接待3000多批次,关林等文物景点门票收入和综合效益再攀新高,洛阳博物馆等单位免费开放所带来的良好的社会效益充分彰显。

(五)文化市场发展环境有效改善

坚持以打击文化市场各类违法违规经营为重点,确保全市文化市场健康发展。一是积极做好互联网上网服务行业转型升级试点工作。按照文化部《全国互联网上网服务行业转型升级试点工作方案》部署,确定了洛阳创瑞拓网络服务有限公司多业态经营,孟津县会盟镇、伊滨区庞村镇乡镇文化站网络服务室和汝阳县付店镇乡镇文化服务中心三种试点模式。为加大工作力度,让试点工作起到"以点带面"的作用,洛阳市制定了《互联网上网服务行业转型升级试点工作推进方案》,以政府文件形式下发,鼓励各县(市、区)在借鉴现有试点模式的基础上,大胆创新,在农村乡镇试点企业引入公共文化服务职能,探索互联网上网服务和基层公共文化服务有机融合、共同提升，目前全市试点单位已达到50余家。二是强化网吧行业的引导服务工作。根据《公安部、工信部、文化部、工商总局关于开展无照经营网吧整治工作的通知》精神和省文化厅工作要求，及时调整网吧管理政策，组织各县（市、区）全面排查出无证"黑网吧"52家，对符合办证条件的"黑网吧"通过告知加入连锁企业直营店或加盟店的形式规范其经营和发展。目前全市共有网吧门店635家，单体店已全部加盟连锁企业，全市网吧行业连锁化率达100%。三是推广应用文化市场技术监管与服务平台。组织各县（市、区）对全市1000余家文化市场企业数据进行核实，对文化市场行政许可和行政执法流程进行了再次梳理，实现全国文化市场管理数据资源共享。四是强化文化市场执法监管。组织开展了"无证照经营网吧集中整治"行动、"净网2014"行动、"清网2014"行动和文化市场综合执法"闪电行动"系列等13个专项治理行动，全市文化市场综合执法机构共检查文化市场经营场所15724家次，立案查处违规经营案件505起。五是扎实开展"扫黄打非"工作。重点整治淫秽色情出版物及信息，严厉打击侵权盗版，加强少儿出版物市场，全年全市共收缴非法出版物38075件，查办"扫黄打非"案件29起，删除、屏蔽网络有害信息57条，有效地维护了市场的繁荣有序发展。

三 洛阳文化发展面临的主要问题

尽管近年来洛阳文化建设成效明显，但对历史文化资源开发利用不足，文化产业的发展水平与先进地区相比，还有相当大的差距，洛阳文化发展仍面临不少问题。

（一）文化体制机制不活

文化资源分属文广新局、文物局、园林局、旅游局、民族宗教等部门，相关单位条块分割，甚至相互掣肘，制约了全市文化产业的协调发展。对全市文化改革发展缺乏一个科学、明晰的总体规划，各部门各自为政，各行其是，影响了文化改革发展的整体合力。虽然出台了一些政策，但是在推动文

化大发展、大繁荣等方面效果不好，特别是在土地、规划、财政、税收、金融等方面缺乏一套完整的、管用的政策体系。在文化产业发展和文化项目建设方面也出台过不少考核办法，但在实施和落实时失之于宽、失之于软，没有像考核其他经济指标那样来考核文化产业指标，致使一些干部错误认为文化产业是"软指标"，干多干少无所谓。文化产业市场化、集约化程度低，赢利水平不高，勉强维持生存。全市有25个文化专业村，都处于个体经营状态，还没有融合、集聚成具有竞争力的文化产业专业园区。多数文化资源、景点实行事业单位管理经营，机制不活，使现有的资源不能有效转化为资产、资本，影响发展的规模和效益。

（二）文化资源开发利用滞后

一是项目建设滞后。由于资金、规划、文物、征地、拆迁等因素制约，招商引资落地率较低、实施效果不好。缺乏文化产业项目领军人物和团队，缺少市场运作的高手，有资源、有项目、无开发力度、无形象进度的问题突出。二是缺乏龙头企业。洛阳市有特色的大型文化龙头企业不多，重点文化骨干企业培育不够，市场竞争力不强。三是自然资源缺乏文化内涵。洛阳自然资源丰富多彩，但缺乏文化内涵丰富的旅游产品，由于缺少隋唐时期文化元素、文化内涵，使游客只能观其景，而不能知其魂。四是保护与管理滞后。有不少文化资源还处于未开发的原始状态，有的甚至未得到有效保护，像老城区的文庙、文峰塔等，"养在深闺人未识"，造成文化资源的极大浪费。在城市建设和开发过程中，城市的历史文化资源受到的破坏比较严重。

（三）公共文化建设重视不够

在2014年全市文化广电新闻出版各项工作中，洛阳市虽然做了大量的工作，并取得了一定的成绩，但结合工作实际，在推进各项文化广电新闻出版工作中主要存在以下几个方面问题：一是在全市开展的公共文化服务体系示范区创建中，人员不足一直是推进工作中面临的主要问题，特别是城市区图书馆编制人员少的问题还比较突出,部分乡镇(街道)文化服务中心不同程度存在有编制无人员、在编不在岗和专干不专职等,村(社区)文化活动中心文化管理员财政补贴没有从根本上落实。虽然相关单位对该问题进行了研究,但从目前的情况看不能从长远解决根本问题。二是公共文化服务经费纳入政府预算不足的问题。虽然市图书馆、市文化馆、市少年儿童图书馆的大部分经费列入了政府预算,但经费预算的增加幅度达不到国家的相关要求,加之物价等因素,部分预算的使用效率不升反降。此外,近年来洛阳市开展的大量文化活动经费没有列入政府预算,目前全市很多文化活动的开展没有经费保障,加之市场运作难度等因素,使很多文化活动"虎头蛇尾",严重影响群众文化活动的社会效益。三是市级重点公共文化设施落后的问题。截止到2014年底,全市县级以上重点文化设施已全部开工,但市文化馆新馆建设由于现选址探明为古城墙遗址而被迫搁浅,需重新选址。市少儿图书馆馆舍原计划从现有国有房产中进行调剂,却一直没有找到有效的解决方案。

(四)文化产业发展滞后

一是产业总体规模还不高。文化产业产值在全省位居郑州、许昌、开封之后,居第4位,与洛阳在全省社会经济地位不相匹配。二是文化产业法人单位增加值占GDP的比重偏低。2013年,文化产业法人单位增加值占全市GDP的比重仍然偏低,仅占1.92%,低于全省2.45%的平均水平,与洛阳厚重的历史文化底蕴极不相符。三是大型文化龙头企业不多,现代文化主导产业体系不强。2013年末,洛阳市共有文化产业法人单位3046个,纳入文化产业统计范畴的"三上"(规模以上工业、限额以上批零业、限额以上服务业)企业只有103家,居全省第5位;占文化法人单位数的3.38%,比全省平均水平低1.09个百分点,比全国低1.12个百分点,居全省第14位。四是重点项目实施效率不高,知名文化品牌打造不够。特别是知名文化品牌的打造与宣传力度也不够,影响力小,辐射带动能力较弱。牡丹文化节标志性主体活动不突出,缺少在全国能够叫得响的文化品牌;市场化运作水平不

高，多数活动仍然依靠财政资金支持，市场运作机制不够健全。五是文化产业园区建设推动不够，行业管理不到位。目前，洛阳市文化市场建设还不够规范，行业主管部门管理方式粗放，对本行业专业市场缺乏统一有效的管理和整合，市场化和专业化程度低，特别是文化产业园区建设推动不够。洛阳唐三彩文化产业园区、仿古青铜器产业园区、动漫创意文化产业园区、大遗址文化旅游产业园区、老城历史文化街区、文博古玩产业园等建设都还任重道远，部门行业管理与推进不够，产业集聚发展还不够强，还没有形成完整的文化产业行业园区链。六是特色文化旅游产品提升不够，融合发展不强，知名的特色文化旅游新项目与新产品太少，缺乏有影响力的地方特色拳头产品，知名旅游文化项目和知名文化产品品牌的打造与宣传力度也不够，文化旅游景点多数仍处在以门票收入为主的简单经营模式，文化、旅游与特色产品的融合发展有待进一步提高。

（五）文化建设融资不畅

资金瓶颈是困扰文化产业发展的主要问题，目前仅有市文物局下设的洛阳文化投资管理有限公司一个融资平台，资产规模小，融资额度低，不能为文化产业的发展提供充足的资金。各县（市）区多数没有设立文化产业基金，缺乏含金量高的奖励扶持政策，财政用于扶持文化产业的资金安排不足。一方面，历史文化资源由于受文物保护法律法规的限制，社会资本及外资对于进入文化产业领域也感到顾虑重重；另一方面，在文化产业项目的招商引资方面研究不够、包装不够、用劲不大，没有像推介工业项目那样推介文化项目，缺乏文化项目招商的"产业图谱"和路线图，招不来大项目、好项目，文化产业的开放招商长期处于不温不火状态。

四 洛阳文化发展展望与对策建议

文化是洛阳最具价值的品牌，应顺应文化发展形势，注重顶层设计，积极稳妥推进文化改革发展各项工作任务，把洛阳建设成为全国的文化强市、中原经济区文化示范区、国际文化旅游名城和华夏文明传承创新核心区。

（一）强化顶层设计

根据市委十届十一次、十二次全会精神，为全面落实文化改革发展任务，加快文化改革创新，转变文化发展方式，推动文化科学发展，市有关部门研究编制《建设中原经济区副中心城市文化示范区五年行动规划》。五年规划以洛阳市历史文化和山水资源为依托，以华夏历史文明传承创新为核心，以文化旅游产业园区建设为重点，以市场化运作为主导，以改革开放和创新驱动为动力，以重大产业项目和文化品牌为支撑，围绕"世界圣城、丝路起点、千年帝都、牡丹花城"四大城市文化名片，将全力实施文化旅游产业发展、城市文化形象提升、华夏历史文明传承创新、牡丹文化产业提升、现代公共文化服务建设、市民文明素质提升六大重点示范工程，打造具有洛阳特色、中原气派、国家水准的城市，建设名副其实的中原经济区文化示范区。围绕建设名副其实的中原经济区副中心城市这一战略定位，全面实施《建设中原经济区副中心城市文化示范区行动计划》，树立"发挥优势、盘活资源"的理念，突出中国元素、中国特质和中国味道，努力把洛阳建设成为国际历史文化名城，全面提升洛阳文化软实力。

（二）继续推动公共文化服务体系建设

1. 加快完善公共文化设施网络体系

以创建国家公共文化服务体系示范区为抓手，结合河南省全民健身示范市创建工作，建立功能完善、覆盖城乡的公共文化体育设施网络。一是推进重大公共文化体育设施项目建设工程。加快市科技馆、文化馆、广电中心及栾川县、伊川县、汝阳县、洛宁县、宜阳县、孟津县文化中心建设步伐，到2015年，县级以上图书馆、文化馆100%达到部颁二级以上标准，从根本上改变市、县两级公共文化设施落后的面貌。二是推进基层公共文化设施网络覆盖工程。切实加大投入，持续提升基层公共文化设施建设水平，使乡镇

（街道）文化服务中心和村（社区）文化活动中心全面达到或者超过国家建设标准，同时要根据群众文化生活实际要求，不断完善设施设备。三是推进文化广场提升工程。城市区重点完成已有文化广场功能提升，各县（市）至少拥有一处大型中心文化广场，各乡镇和行政村都要建成一定面积的文体广场，满足群众娱乐健身和文体活动要求。完善镇、村两级文化阵地运行长效机制，巩固建设成果，满足群众开展文化活动的需要。

2. 建立健全公共文化人才队伍保障体系

一是夯实基层文化服务队伍。科学核定公共文化单位人员编制，乡镇文化服务中心（文化站）人员编制不少于3人，行政村（社区）至少应有1名财政补贴的文化管理员，采取多种方式解决免费开放急需的人员问题，保证公共文化单位基本队伍数量与质量。制定《关于支持群众业余文体队伍发展的意见》，每个社区、村业余文艺团队不少于2支，社会体育指导员达到本地区总人口的2‰。二是加强文化队伍培训。将公共文化服务内容纳入干部培训计划和市、县两级党校教学体系。建立公共文化单位从业人员继续教育制度，县级文化单位在职员工参加脱产培训时间每年不少于15天，乡镇、街道、村、社区基层文化专、兼职人员参加集中培训时间每年不少于5天。三是创新文化管理机制。以实施乡镇（街道）文化服务中心管理体制改革为突破，打破条块分割，探索实现乡镇文化服务中心由县级文化部门统管的发展模式，充分发挥其基层文化主阵地作用，更好地服务群众。四是深入开展文化志愿服务。建立市、县（区）、镇（街道）、村（社区）四级文化志愿者服务队，广泛开展文化志愿服务活动。建立文化骨干进农村（社区）包片辅导制度。每年评选一批"金牌志愿者""银牌志愿者""铜牌志愿者"，予以表彰奖励。

3. 建立健全公共文化经费保障体系

一是加大对公共文化的投入。把公共文化产品和服务项目、公益性文化活动纳入公共财政经常性支出预算。设立农村文化建设专项资金。人均文化事业费（按常住人口计算）高于全省平均水平。公共财政对公共文化投入的增长幅度高于财政经常性支出增长幅度，公共文化支出占财政支出的比例稳步提高。二是建立公共文化发展专项资金。每年市级财政列支公共文化建设专项资金，主要用于基层文化设施建设、购买公共文化产品和服务项目、开展公益性文化活动。县级财政也要相应设立公共文化建设专项资金，重点用于支持农村文化建设和公共文化项目配套。三是制定财政支持引导政策。采取以奖代补、政府贴息贷款等方式，鼓励支持社会力量开展公益性文化服务活动。

4. 丰富完善公共文化服务供给体系

一是在公共文化服务效能方面实现新提升。建立群众文化需求反馈机制，及时准确掌握群众文化需求，开展"菜单式""订单式"服务，使送戏下乡、免费电影放映等文化惠民工程更贴近基层生活，更受群众欢迎。二是在公共文化服务创新方面实现新提升。建立覆盖全市、均等便捷、实用高效的公共图书馆总分馆服务体系和文化馆网络化服务体系，促进优质资源共建共享。整合文化信息资源共享工程、数字图书馆建设工程、党员远程教育工程，搭建洛阳数字公共文化信息资源服务平台，建立网上图书馆、网上博物馆、网上文化馆、网上美术馆。在利用互联网有线传播的基础上，扩大无线网络覆盖范围，利用互联网终端、手机等传播手段，增强数字公共文化资源传播能力。搭建公共文化产品和服务公共平台，引入竞争机制，对具备一定市场竞争基础的演出、电影放映、文艺培训等项目，采取项目招标、政府补贴等方式，面向社会购买服务，推动公共文化服务社会化发展。三是在公共文化服务品牌建设方面实现新提升。加大一县（区）一特色、一乡镇（街道）一亮点的打造力度，组织和引导更多群众参加健康向上的文化活动。

5. 建立健全公共文化考核评价体系

一是制定政府公共文化服务考核指标。把公共文化服务体系建设纳入各地科学发展考核评价体系，作为考核评价领导班子和领导干部政绩的重要内容。二是加强公共文化单位考评管理。建立公共文化机构绩效考评制度，考评结果作为确定预算、收入分配与负责人奖惩的重要依据。三是加强专项监督和评估。加强对重大文化项目资金使用、实施效果、服务效能等方面的监督和评估。四是建立群众评价和反馈机制。完善服务质量监测体系，研究制定公众满意度指标，建立第三方评价机制，增强公共文化服务评价的客观性和科学性。①

（三）加快文化产业发展

加速文化产业大发展，是当今时代国际化大发展的趋势，世界各国都把开拓文化市场作为提升国民经济和文化产品利润率的重要切入点。洛阳文化产业的发展必须以创新理念、超常发展为导向，充分利用洛阳五千年的悠久历史和灿烂文化，发挥文化资源优势，大力发展文化产业。

1. 突出规划先行

按照国内一流、国际领先的标准，突出前瞻性、科学性、特色性原则，聘请国家级权威机构、知名策划团队，科学编制洛阳市文化产业发展总体规划。总体规划要以文化旅游产业融合发展为突破口，着力盘活文化资源，推动文化与文物、旅游、科技、园林、城建、交通、休闲、养生等关联产业融合发展。同时，规划要明确全市文化产业发展布局，促进全市文化产业门类形成区域空间布局的错位发展、互动发展、规模发展。各县（市）区要按照全市总体规划布局，因地制宜，制定各自文化产业发展详细规划，做好规划的衔接和落实工作。

2. 调整产业结构

为了建设充满生机与活力的现代文化产业体系，应进一步加大文化产业结构的调整力度。提高现代新兴文化产业比重，提升文化产品科技含量。重点发展以创意产业、动漫影视、网络服务、数字信息、文化电子商务、文化旅游等为代表的新兴文化产业，加快数字出版等战略性新兴产业发展，要支持"专、精、特、新"的现代数字新闻出版企业的发展。同时，要用高新科学技术手段改造传统文化产业，努力提高文化产品的科技含量，提升市场竞争能力。

---

① 《关于加快构建现代公共文化服务体系的意见》，《人民日报》2015年1月15日。

3. 注重项目引领

加大对文化产业园区建设和重点行业、重点项目的扶持力度，形成完善的产业体系，实现文化产业快速协调可持续发展。全力打造龙门石窟世界文化遗产园区、隋唐洛阳城国家遗址公园、汉魏故城国家考古遗址公园、老城历史文化街区、白马寺佛教文化园区、关圣文化产业园区、华夏文明第一河示范工程、白云山和老君山旅游度假区、灵山寺文化旅游园区、中原影视文化产业园十大引领项目。继续抓好已开工的河洛古镇、伊斯兰风情街、万安山、小浪底西霞院、黛眉山景区、玄奘文化园区等一批特色项目。以引黄入洛为契机，对洛河、伊河、涧河、瀍河等河流两岸景观进行生态提升和美化改造，开发演艺和水上旅游观光项目。加快实施"华夏文明第一河"项目，在洛浦公园建造历史名人雕像，展示洛阳丰富的历史文化底蕴。[1] 谋划、包装一批文化旅游综合体、文化旅游新业态、休闲度假和产业延伸类项目，注重引进国内外大型文化旅游投资商来洛合作。

4. 发展文博产业

对全市民办博物馆资源进行整合，建设"民营博物馆产业园区"，形成集工艺展示、研究品鉴、学术交流、休闲娱乐、产品交易等功能于一体的民营博物馆文化旅游示范区，在全省乃至全国打响洛阳民营博物馆发展品牌。借鉴北京、西安等城市的先进经验，大力招商引资，建设大型文物艺术品交易园区，扩大洛阳文物大市的影响。大力开发工艺美术品精品市场，积极扶持洛阳唐三彩、牡丹瓷等生产骨干企业，整合全市唐三彩市场，建立洛阳三彩文化园区，加强技术研发，重塑唐三彩国礼名品形象。大力开发新安黄河澄泥砚、伊川和孟津的青铜器、偃师牡丹石、栾川水晶石、洛宁竹编等艺术产品，重点推介以洛阳牡丹画和魏碑书法为主的美术艺术产品，引导经营者进入艺术品市场，把艺术品逐步纳入规范化管理渠道，充分调动专业艺术人才的积极性，形成书画创作群体，促进洛阳书画艺术作品的繁荣发展，并积极开发洛阳地方特产和名优小吃等，形成丰富多彩的旅游工艺品和文化特色

---

[1] 《盘活文化资源 繁荣文化产业》，《洛阳日报》2014年11月27日。

的专业商品市场。

5. 强化政策支撑

把重大文化产业项目推荐纳入国家、省、市相关发展规划和计划，认真落实与文化产业发展相关的各项扶持政策，争取国家、省高新技术产业发展项目资金、科技扶持专项资金、文化创意产业发展扶持资金等。市财政设立文化旅游产业发展专项资金，并建立机械性增长机制，将重点文化旅游产业项目列入各级重点项目给予支持，加大对新型文化业态和小微企业的扶持力度。市发改委、财政、税务、国土、文化、规划、交通、金融等部门要结合各自职能，制定落实含金量高、操作性强的具体政策和配套措施，对产业园区建设、文化产品营销、重点项目配套资金、公共服务平台建设、项目创新研发等给予大力支持。

（四）加强对物质文化遗产的保护与开发

1. 整合文化资源，优化资源配置

在做好对文化自然遗产资源的科学保护工作基础上，对其进行有序开发、合理利用。一是加强对不可再生性文化、文物资源的有效保护和利用，保证经济效益与社会效益的双赢，促进文化产业的可持续发展。二是树立起"保护、开发与利用"三统一的发展理念，加大对资源的整合力度，突出历史文化优势，既要盘活历史资源，合理有效地开发利用文化自然遗产资源，更要不断创新，依靠科技进步来创造新的文化资源。三是用市场机制来培育文化产业，调整文化产业结构，提高洛阳市历史文化资源利用效率，实现由资源优势向产业优势的跨越。

2. 加强对文化遗产资源开发利用的整体性规划

在文化遗产资源的开发利用上，要有整体规划性和前瞻性。一是加大对"五大遗址"的开发和利用。加快对二里头遗址、偃师商城遗址、汉魏故城遗址、东周王城遗址（主要遗存）、隋唐洛阳城遗址五大都城遗址整体保护规划和开发，提高洛阳"隐性"历史文化的"显性"可观、可探化；建立遗址博物馆和遗址公园，向社会开放，以展示洛阳都城发展的历史。二是以

洛阳古代陵墓为主题，制定邙山陵墓群保护展示方案。展示洛阳汉唐时期帝王陵墓的宏伟气魄，并同已开放的汉光武帝陵、唐恭陵及古墓博物馆等形成以古代陵墓为特色的旅游景地。三是以老城历史文化为主题，修复老城地区的文庙、城隍庙、福王府、祖师庙、文峰塔等古建筑。与开放的历史文化街区、周公庙、潞泽会馆、山陕会馆、庄家大院（洛八办旧址）、丽景门等形成明清古建筑特色景区，再现明清时期洛阳老城的风貌。四是以名人故居、历史故事遗迹为主题的整体性开发，形成突出古都洛阳文化特色的历史遗居旅游参观点。五是整合宗教名胜资源，形成城市新的文化亮点。发展宗教文化产业要突出特色，因地制宜，积极挖掘宗教文化资源的潜力。以白马寺为重点，发展佛教文化旅游，举办"国际佛教文化节"，进一步扩大白马寺院的影响力，起到"释源""祖庭"的龙头作用。

（五）做好非物质文化遗产开发与保护

要充分开发洛阳非物质文化遗产。一是要加大投入，完善与非遗保护相关的文化设施建设。二是加大生产性保护力度，鼓励非遗项目开展活动。三是鼓励申报民间艺术之乡、特色艺术之乡等，以此为载体继承和发展民间传统特色艺术，切实加强民间文化遗产的保护和利用工作。四是建立和完善民间文化传承人和特殊的民间文化表现形式的培养与保护机制。出台政策资助、保护重点民间文化传承人、重要的非物质文化遗产和一些特殊的、掌握着民间绝技的艺人以及只能靠家庭作坊式生产才能保持其个性魅力的民间文化产品的发展，使一些特殊表现形式的民间文化精华能在市场经济条件下得到保护、传承和发展。

（六）大力发展文化旅游产业

文化旅游业是洛阳市文化产业的重点行业之一，要进一步推动文化产业与旅游的紧密结合，充分发挥洛阳历史文化优势和旅游资源优势，加大宣传推介和市场开发力度，着力打造历史文化之都、休闲度假之都和国际性旅游城市。

1. 进一步挖掘文化旅游资源

充分利用各县区独具特色的自然风光、名胜古迹、文化名城、名人故居、历史传说、民情风俗和革命传统教育基地，策划开发旅游文化景区、精品文化旅游线路和文化旅游产品体系。要促进文化与旅游相结合，以文化提升旅游的内涵，以旅游扩大文化的传播和消费；打造文化旅游系列活动品牌，扶持具有地方、民族特色的文化旅游项目。

2. 明确文化旅游业的战略定位

旅游文化服务业要实现快速发展，必须有一批大项目的推出，形成大卖点、大品牌、大客源、大效益。要研究出台全市旅游文化服务业发展规划，明确旅游文化服务业的战略定位和各阶段的发展目标，积极打造洛阳市历史文化和自然景观相结合的旅游实施方案，促进洛阳文化旅游的大发展。

3. 打造洛阳文化旅游品牌

积极培育在更大范围和更广领域上发展文化旅游事业，使旅游实现更高层次的大发展、大跨越、大提升。强化精品意识、创新意识，结合洛阳市丰富的资源优势，以龙门世界文化遗产为龙头，塑造一批在国内外具有吸引力的文化旅游品牌，深入挖掘，加大开发和资金投入力度，形成一批知名度高、具有强烈吸引力的旅游亮点，打造洛阳旅游新形象。采取政府与企业相结合的方式，政府重点做好城市形象宣传，树立"世界圣城、丝路起点、千年帝都、牡丹花城"主题形象；企业要重点搞好各自旅游品牌和产品的宣传和市场开发，建立健全促进景区发展的各项工作激励机制和监督机制，实现景区的"统一管理、合理开发、永续利用"。

4. 深度开发文化旅游产品

目前艺术品和工艺美术制造业无论是从实现的增加值还是吸纳的从业人员数量来看，都在市文化产业中起着重要的作用，应当不断加大优势，加快发展。要繁荣工艺美术创作，促进当代艺术品产业健康发展，支持传统工艺美术面向市场，鼓励工艺美术技艺创新。要进一步完善城市旅游文化服务功能。按照"行、食、住、游、购、娱"六大要素要求，协调国内主要旅游城市国际航线向洛阳市延伸。加大唐三彩、牡丹系列礼品、仿古青铜器等洛阳旅游文化商品的开发。扶持一批集旅游商品开发、生产和销售为一体的重点企业。加强旅游与文化、商贸等行业的结合，打造精品旅游文化。在各城市区规划建设一批不同特色的旅游餐饮、购物、娱乐街区，完善城市旅游文化服务功能。

5. 加大文化旅游宣传力度

鼓励外地优秀旅游企业进入洛阳旅游市场，促进旅游产业全面发展。以大台、大报、大网为主要宣传媒介，深度策划旅游文化宣传活动，积极宣传新的文化旅游项目；逐步组建洛阳市大型"旅游文化企业集团"。通过高品位策划、包装和推介，将古都文化、宗教文化、寻根文化等洛阳优势文化推向全国，推向世界。

产业篇

Report on Industry

B.2
洛阳文化旅游业发展报告

秦 华*

摘 要： 文化与旅游的融合发展是转变经济发展方式的重要支点，是洛阳建设中原经济区文化示范区的主要载体。本报告通过分析洛阳文化旅游资源及发展的现状，提出了一系列促进文化旅游融合发展的思路与建议，以推动经济发展与文化传承的良性互动，使河洛文化在发展中得到传承和弘扬，推动洛阳华夏历史文明传承创新区和国际文化旅游名城建设。

关键词： 文化旅游　融合发展　传承创新

---

* 秦华，洛阳市委党校讲师。

"十二五"期间，文化产业作为国民经济的支柱产业，与旅游业有了越来越多的融合发展。文化与旅游的深度融合不仅构成了不同地区的旅游特色和魅力，而且有助于推进文化体制改革，提升文化软实力，同时还能够加快文化产业和旅游产业的转型升级，切实有效地推动文化大发展、大繁荣。

一 洛阳市文化旅游资源概况

（一）洛阳市旅游资源状况

洛阳是国务院首批公布的历史文化名城、国家首批向境外推荐的中国旅游城市，在国内外享有很高的知名度。境内旅游资源十分丰富，既有悠久厚重的历史文化底蕴，又有旖旎多姿的山水风光。市委市政府坚持"旅游强市"发展战略，将旅游产业作为战略支柱产业予以倾力打造。2014年，洛阳市围绕建设中原经济区副中心城市这一目标，着力打造中原经济区旅游目的地和旅游集散地，创新思路，发挥优势，在旅游产品和市场开发、旅游目的地建设、旅游产业规模、旅游经济效益上均取得了突破性进展，全市旅游业持续快速健康发展。

目前，洛阳市已经形成了比较完善的旅游综合性服务体系，包括餐饮、住宿、旅行社、旅游交通、旅游培训、旅游纪念品生产与销售和休闲文娱等。洛阳旅游资源丰富，景类、景型齐全。按照国家旅游局《旅游资源分系统及其基本类型特征项目研究》中新拟定的分类系统的标准，在自然景系和人文景系八大类87种类型中，洛阳共有81类。其中人文资源景系中有历史遗产景类、现代人文吸引物景类、抽象人文吸引物景类和其他人文景类；自然旅游资源景系中有地文、水文、气候、生物及其他景类。目前，洛阳市共有旅游景区（点）67家，其中5A级景区5家（龙门石窟、白云山、老君山、鸡冠洞、龙潭大峡谷），4A级景区16家，5A级和4A级景区数量在全国地级城市中位居榜首。洛阳市现有旅游集团4家，旅行社89家，其中具备出境资质的旅行社7家，旅行社分社22家；导游员3331人；各类住宿设施5000余家，其中星级饭店66家，分别为五星级2家、四星级13家、三星级38家，总床位20万张。旅游专业村4个，特色旅游村镇29个。在旅游产品和市场开发方面，形成了以牡丹画、洛阳三彩、青铜器等为主的十大系列工艺品，共39大类、2000多个品种的旅游商品，建立了10余个景区专业市场，以及"三彩展销中心"等一批博物馆式的特色旅游购物中心。全市旅游商品生产（销售）企业达301家。全市旅游行业直接从业人员10万人，间接从业人员50万人。

洛阳市各项旅游经济指标在中西部城市中名列前茅。2014年全市接待游客总人数9470万人次，同比增长10%；旅游总收入601亿元，同比增长24%。其中接待入境游客84万人次，同比增长20%；旅游创汇23816万美元，同比增长17%；接待国内游客9386万人次，同比增长9.9%。全年国内旅游收入587亿元，同比增长24%。近年来，洛阳市先后入选中国旅游城市国际影响力20强，获评全国旅游标准化示范城市、2014"美丽中国"十佳智慧旅游城市、2014河南智慧旅游创新城市。

（二）洛阳市文化资源概况

1. 物质类文化资源

河洛流域是华夏文明的摇篮，其悠久灿烂的历史文化为洛阳留下了丰富的文化旅游资源，也为洛阳蓄积了深厚的历史文化底蕴。洛阳是河洛文化的发祥地、儒学的奠基地、道学的产生地、佛学的首传地、玄学的形成地、理学的渊源地，各种文化思想在此相融共生。洛阳具有4000年的建城史和1500年的建都史，是著名的十三朝古都，被誉为"千年帝都、华夏圣城"。在以洛阳为中心的河洛地区，留存着大量的文化遗产：史前文化遗产、五大都城遗址、历代陵墓、古代建筑、石窟遗像、碑刻墓志、出土遗物以及民间文化、民间艺术等。据资料显示，洛阳境内拥有世界文化遗产3项6处，全国重点文物保护单位43处45项，省级文物保护单位104处，市级226处，县级268处。洛阳市现有不可移动文物9320处，出土馆藏文物近40万件（套）。底蕴深厚的历史文物资源，为洛阳的文化旅游产业发展带来了得天独厚的物质文化遗产优势。

2. 非物质类文化资源

非物质文化遗产是河洛文化的根基和重要组成部分，目前，洛阳市拥有135项市级非物质文化遗产项目，其中，国家级非物质文化遗产项目8个、省级非物质文化遗产项目104个。丰富的非物质文化遗产形成了独具特色的民俗文化，包括：祖根地文化、姓氏文化、道家文化、儒学文化、佛教文化、帝都文化、河洛文化、牡丹文化、丝路文化、理学文化、山水文化等。民俗文化和民间艺术为洛阳建设特色突出的历史文化旅游名城打下了坚实的基础。

二 洛阳市文化旅游资源开发情况

在国家深化文化体制改革、建设"一带一路"等重大机遇面前，洛阳提出了建设名副其实的中原经济区副中心城市的重大战略，其定位之一就是以华夏历史文明传承创新为核心，以文化旅游产业园区为载体，建设中原经济区文化示范区。2014年，洛阳市按照"全景洛阳"的理念，形成了一大批体现洛阳文化精髓的文化旅游精品项目，促进了文化与旅游的融合发展，充分发挥了文化对城市发展的引领作用，带动了文化旅游产业的全面快速发展。

（一）战略规划引领，打造产业示范工程

《洛阳市"十二五"时期旅游产业发展规划》中明确提出，要以洛阳为核心，培育国际著名旅游目的地和集散城市。《建设中原经济区副中心城市战略纲要》中，提出要抢抓国家深化文化体制改革、建设丝绸之路经济带等重大机遇，以华夏历史文明传承创新区为核心，以文化旅游产业园区为载体，以重大项目支撑，坚持市场主导、创新驱动，全力实施文化旅游产业示范工程，打造具有洛阳特色、华夏气派、国际水准的历史文化名城。通过深度挖掘、整合洛阳历史文化和山水生态资源，打造帝都文化、牡丹文化、丝

路文化、山水文化等特色文化旅游品牌，发展文化旅游相关文化业态，促进文化、文物、城建、生态与旅游融合发展，实现文化旅游产业的战略性突破。

（二）狠抓项目建设，彰显文化旅游实力

2014年以来，洛阳市将50个文化旅游项目作为重点，通过建立台账、现场督导等多种措施，不断强化项目推进，涌现出了宜阳灵山旅游文化园及莲花公园、新安县黛眉山、汝阳县西泰山等一批特色鲜明、亮点突出的新兴景区。一批重大项目进展迅速，新奥集团龙门文化旅游健康生态示范区项目、龙门石窟世界文化遗产园区项目、古城改造与整治项目、白云山国家旅游度假区项目、万安山综合开发项目、河洛古城项目、中央新影华夏文化产业园项目等一批特色项目正在稳步推进中。

按照全市招商工作要求，洛阳市制定了《旅游产业链图谱及招商行动计划》，确定了全市及各县区文化旅游产业招商重点，选定了一批重大旅游招商项目及重点对接客商。举办了"2014'9+10'区域旅游合作联盟洛阳旅游投资洽谈会"，利用"世界旅游城市市长论坛"这一平台，大力开展招商工作。2014年共推出46个招商引资项目，2014年万安山野生动物园项目、旅游景区索道群项目、新奥文化旅游业项目、梦幻水世界项目、龙峪湾景区开发、青要山景区开发整体出让投资项目、嵩县莲花山山地运动旅游项目、天成国际旅游度假综合体等19个项目签约，总投资额694亿元，签约项目已到位资金23.93亿元。

（三）突出城市特色，提升品牌影响力

洛阳市依据自身的历史文化特色，确立了"世界圣城、丝路起点、千年帝都、牡丹花城"的城市文化名片，打造了八大特色文化旅游品牌。在旅游推介中，确立了"华夏之源、千年帝都、牡丹花城、丝路起点、河洛之根、山水洛阳、休闲胜地"等旅游主题口号，形成了独具特色的文化旅游发展模式。

1. 构造四季文化旅游新格局

洛阳现已形成了"四季有节会、四季看牡丹、四季能滑雪、四季泡温泉"的旅游产品新格局。打造了牡丹文化节、小浪底观瀑节、河洛文化旅游节、伏牛山滑雪节为代表的四季节会游,形成了多个持续时间长、辐射能力强的旅游黄金期,实现了全年旅游无淡季。

2. 打造八大文化旅游品牌

洛阳打造的八大文化旅游品牌分别为:以神州牡丹园等重点牡丹园的四季牡丹观赏为重点,形成了牡丹文化游;以栾川县伏牛山滑雪场为带动,形成了四季滑雪游;以龙门温泉、九龙山温泉为代表,形成了康体休闲的四季温泉游;以龙门、关林、白马寺、天子驾六、明堂天堂等历史文化遗产的保护开发为重点,形成了历史文化游;以黛眉山世界地质公园、白云山、鸡冠洞、龙峪湾、龙潭大峡谷等知名景区为代表,形成了以伏牛山生态度假区、黄河小浪底风景区为主的生态游;以东方红工业游、新安县有生矿为代表和郊县农业观光园为主的工农业文化游;以新区开元湖音乐喷泉、体育中心、洛浦公园、隋唐城遗址植物园等为代表的现代都市风光游;服务市民发行旅游年票的本地游。

3. 大力推动产业融合

洛阳始终致力于推进旅游与农业、会展、文化等产业融合,不断拉长旅游链条、丰富产品体系。旅游与农业融合方面,孟津、伊滨、洛龙等周边县区已涌现出光瑞美好乡村休闲园、薰衣草庄园、双赢高科红提采摘园等一批规模较大、知名度较高的农业旅游休闲园区,全市农业旅游企业已超过1500家。旅游与会展融合方面,2014年牡丹文化节期间举办的中原旅游商品博览会,3天接待游客16万人次,交易金额2.1亿元,协议采购金额71.2亿元。旅游与文化融合方面,《功夫诗·九卷》的正式公演,开创了百老汇模式在洛阳演艺市场行业运作的先锋,弥补了旅游演艺的短板,该剧已成为文化精品剧目与夜间核心文化旅游产品。旅游与节会融合方面,2014年牡丹文化节共接待游客1970.56万人次,旅游总收入152.93亿元。2014年河洛文化旅游节共接待境内外旅游者926.63万人次,旅游总收入51.76

亿元。旅游与体育融合方面，2014年成功举办了"斯坦科维奇杯"洲际篮球赛，不仅吸引了大批外地观众来洛，而且利用比赛进行了城市旅游的整体营销。

4. 转型升级提速

旅游产品由量的扩张向质的提升、由门票经济向产业经济、由观光经济向休闲度假经济转变的良性发展趋势逐步加快。随着自驾车时代的到来，自驾游、自助游异军突起，近郊乡村度假游、休闲采摘游、文化体验游等各类融合型旅游产品迅速升温，交通、餐饮、住宿、通信、保健、娱乐等众多旅游相关产业增长迅速，带动旅游相关产业和产品结构加速调整转型升级。

（四）加大宣传推介，拓展发展空间

洛阳市文化旅游产业的转型发展中，始终围绕建设中原经济区副中心城市这一目标，打造中原经济区旅游目的地和旅游集散地，积极整合各类资源，主动出击，深挖国内市场潜力，积极开拓国际市场。

1. 强化国内市场营销

在继续加强与央视、《中国旅游报》、国际在线等主流媒体合作的同时，加大新媒体营销力度，大力利用微博、微信、动漫、微电影等新媒体，与携程、途牛等网络旅游平台合作，开展城市形象宣传推广。目前，洛阳市新浪微博粉丝量居全国地市级城市第三位。通过拓宽平台渠道，把旅游营销与经贸会展、文化交流、招商引资等有机结合起来，形成了立体宣传促销网络。

2. 大力开拓国际市场

加强与国际在线等具有一定影响力的海外媒体合作，通过广告宣传、网上直播"两大节会"开幕式等方式宣传推介洛阳；与Google搜索平台合作，在境外主要客源国投放关键词搜索广告，增加洛阳旅游网英文版点击量；借助国家旅游局驻外办事处，开展营销推介活动。邀请近600人的外国文艺表演团体来洛交流，邀请境外旅行商考察，积极配合境外媒体来洛采风。2014年，来洛境外游客突破84万人次，同比增长20.2%。

（五）规范设施建设，服务体系日臻完善

1. 市旅游集散中心正式启用

2014年3月，河南省首家建成运营的实体性城市旅游公共服务平台——洛阳旅游集散中心正式启用，按照国家二类旅游集散中心和二级客运场站标准建设，开通了全市旅游景区直通车，在全市各宾馆、酒店、旅游咨询点组建收客网络，定时定点发车，采取"统一线路、统一价格、统一售票、统一调度、统一结算"五统一运行模式，实现了信息咨询、产品展示、旅游集散、交通换乘、车辆调度、投诉接待为一体的快捷服务。

2. 智慧旅游城市建设成果突出

洛阳市智慧旅游云数据中心、景区客流动态监测系统、旅游住宿业统计系统、团队监管系统、远程视频监控系统、旅游车辆GPS运行监控系统等项目陆续投入运行，旅游信息化水平迅速提升，洛阳智慧旅游工作已位居全国前列，初步实现了"三个服务"（即为游客提供全面服务，为企业提供高效服务，为政府提供决策支持服务）和"看得见、连得上、呼得应、管得住"（即建立信息库、保障体系，集成交通、测绘、公安、气象等部门资源和信息，通过智慧旅游信息中心直接对全市3A级以上景区、重要交通节点进行实时监控调度，实现了景区与相关管理部门之间资源的有效对接和实时调度）。

3. 旅游标准化建设成效显著

通过实施旅游交通标识、社会餐馆、星级饭店及社会旅馆业、文化娱乐场所、旅游厕所、旅游景区、旅行社和导游、农家宾馆、旅游信息咨询中心等九大领域提升工程，洛阳市旅游业软、硬件进一步完善，旅游公共服务水平显著提升。2014年6月，国家旅游局正式批准洛阳为"全国旅游标准化示范城市"。

随着文化旅游产业的转型和创新发展，洛阳市文化旅游综合竞争力显著增强。洛阳市先后入选中国旅游城市国际影响力20强，获评2014"美丽中国"十佳智慧旅游城市、2014河南智慧旅游创新城市、2014年度全省旅游工作先进单位、2014年度全省旅游推广工作先进单位、2014年度全省旅游

项目建设及招商引资工作先进单位、2014年度全省旅游标准化创建工作先进单位等。

三 影响洛阳文化旅游业发展的主要问题

洛阳市在文化旅游产业发展方面通过多年的积极探索，取得了较大成绩，但是，与洛阳深厚的历史文化积淀和丰富的文化旅游资源相比，洛阳文化旅游业仍处于初级层次，多种因素制约着文化旅游经济的提升和发展。

（一）对文化旅游融合发展的认识不深

部分县（市、区），市直部门，相关单位和部分领导干部，没有充分认识到旅游业在扩内需、调结构、促增长方面的重要作用，片面认为抓文化旅游只是旅游部门的事，对旅游资源和旅游产品之间、旅游宣传和旅游营销之间的差异认识模糊。认识不到当今旅游业的竞争不仅是景区、企业的竞争，更重要的是旅游目的地和区域之间的竞争，是城市之间的竞争，发展大旅游的氛围尚未真正形成。

（二）文化旅游融合发展统筹不力

虽然在规划编制上已经注意到文化旅游融合发展势在必行，但缺少规划指导，突出表现在文化旅游融合发展缺乏整体性、系统性的战略规划设计，对旅游产品文化内涵的挖掘和开发缺乏应有的力度。产业发展中存在主体文化特色不明确，差异化、主题化开发不够，业态结构不丰富，产品模仿雷同，单一化现象比较普遍等问题。同时，文化旅游产业的集聚程度不高，没有形成特色鲜明的文化旅游产业集聚区，文化旅游融合发展的融入度还不够高，规模还不够大。

（三）产业综合效益不高

旅游发展存在重资源展示、轻内涵挖掘的现象，厚重的河洛文化资源基本上停留在学术理论研究状态，没有深度开发为彰显洛阳文化特色的旅游产品，游客只能"闻其名"，难以"见其形"。现有旅游产业规模与丰富的旅游资源不相称，缺少旅游龙头带动企业。还没有形成以核心产品为中心，以横向关联产品、纵向延链产品、辅助配套产品、高端创意产品为补充，旅游与农业、工业、文化、商业、金融等产业深度融合的比较丰富的旅游产品体系。这种现状使洛阳市旅游产业呈现出旅游资源多、核心产品少，低端产品多、高端产品少，传统观光产品多、新型体验类产品少的局面，导致游客人均停留时间短，综合消费水平低。

（四）基础设施和公共服务体系不完善

与旅游发达城市和地区相比，洛阳市的特色购物中心、高端酒店及休闲中心、智能信息咨询中心、大型停车场、标准化公厕、中外文标识、多媒体展示、免费 Wi-Fi 覆盖等现代化服务设施短缺，建设相对滞后。旅游、交通等公共标识系统还不完善，城市旅游功能不能与国际接轨。由于旅游基础设施建设的滞后，部分景区还存在"吃、住、行、游、购、娱"设施功能配套不足，不能满足游客的需要。此外，部分景区存在文化氛围不浓，景区与周边环境不协调，文化建设投入不足，文物保护经费紧缺，"非遗"传承缺乏政策支持等问题。

（五）市场化运作水平不高

洛阳现有的旅游景点的开发运作模式仍然以政府主导、财政投入为主，引入旅游企业进行高端策划、整体规划、连片开发的还比较少。各级政府由于财力有限，无法进行高水平策划、高标准建设，导致开发的景区体量小、标准低、风格雷同、差异化不足。不少现有景区由于机制不活而效益不佳，难以进入滚动发展的良性循环。

（六）专业人才短缺

由于传统的体制机制的原因，现有的人才管理机制不完善，存在人才结构不合理、体系不完备、缺乏创意人才和经营人才等现实问题。尤其缺乏既熟悉历史文化，又懂旅游管理的复合型人才，难以形成从策划、引导、管理层面推动发展的核心力量。同时，旅游职业教育和培训资源也没有得到应有的整合，部分"非遗"传承人存在断代的危机。

四 洛阳市文化旅游产业发展的思路及对策建议

洛阳市文化旅游产业的发展，应以建设国际文化旅游名城为目标，强力实施"旅游兴市"战略，按照"品牌国际化、设施国际化、环境国际化、营销国际化、服务国际化"的标准，树立以游客为中心的发展理念，加快旅游产业转型升级，完善旅游基础设施，健全公共服务体系，优化旅游环境，提升文化软实力，助推中原经济区文化示范区建设。

（一）洛阳市文化旅游产业发展的基本思路

1. 物质类文化旅游资源：活化利用，项目带动

物质类文化旅游资源的发展应突出展现资源的历史价值，反映其代表的历史时期的政治、经济、文化、社会、文学艺术等特色，通过实施文化旅游精品项目建设和品牌建设的带动，大力发展文化旅游新兴业态，打造具有洛阳特色、国际水准的历史文化名城。

2. 非物质类文化旅游资源：提升内涵，深度融合

非物质类文化旅游资源的发展应突出展现资源的民俗文化内涵，弘扬民俗文化的个性魅力，按照保护与开发、传承与创新的要求，在注重硬件提升和内涵挖掘的同时，将民俗文化融入项目建设和产业发展之中，丰富文化旅游产业的内涵，通过活化文化来展示文化、创新文化，打造深度融合发展的华夏文化传承创新核心区。

（二）洛阳市文化旅游产业发展的对策建议

深刻认识洛阳市文化旅游产业发展的新机遇，在文化旅游产业的提升和转型中，切实推进文化旅游深度融合，依托全市丰厚的历史文化资源，加快文化旅游产业实现跨越式发展。

1. 科学编制规划，强化引领作用

产业发展，规划先行。近年来，国家先后颁布了《文化产业振兴规划》和《关于加快发展旅游业的意见》《关于促进旅游业改革发展的若干意见》《关于促进文化与旅游结合发展的指导意见》《关于进一步加快发展旅游业促进社会主义文化大发展大繁荣的指导意见》等，明确指出，要积极发展文化旅游，提升旅游的文化内涵，发挥旅游对文化消费的促进作用。《文化部"十二五"时期文化产业倍增计划》中，文化旅游业被列为重点行业，通过打造文化旅游系列活动品牌，扶持特色文化旅游项目，形成文化内容与旅游载体相互融合、相互支撑的格局。[①] 洛阳市要顺应文化和旅游融合发展的趋势，把握国家政策导向，适时编制文化旅游产业发展规划，通过规划来调整产业布局，凸显洛阳独特的历史文化资源禀赋，为文化旅游产业的发展提供更为科学、可行的引导。要紧密结合洛阳建设中原经济区文化示范区这一战略定位，以文化旅游产业园区为载体，以重大项目为支撑，深入挖掘历史文化和山水资源优势，大力推进文化旅游产业项目融合发展，把丰富的文化元素融入城市建设项目中，通过强力实施文化旅游产业示范工程，实现文化旅游的共同发展繁荣。

2. 突出文化特色，培育产业新业态

文化旅游产业的发展涉及影视、出版、旅行社、文物、景区等多个相关部门，随着科技的进步、文化和旅游进一步深度融合，文化旅游产业的业态也不断丰富。应按照高端设计、创意引领、项目支撑、市场运作的思路，以传承弘扬河洛文化为重点，深度挖掘文化内涵，整合洛阳历史文化资源，通过品牌塑造，促进旅游业与文化产业、现代农业、现代工业、现代服务业、饮食、民俗的深度融合，不断创新新兴业态，实现洛阳旅游由观光型向观光、休闲、度假、会展、康体养生等复合型旅游转变，加快全市旅游产业转型升级步伐。通过完善"吃、住、行、游、购、娱"旅游六要素，拉长旅游产业

---

① 参见《文化部"十二五"时期文化产业倍增计划》，2012年2月23日。

链条,打造更具吸引力、更具洛阳本地特色的休闲度假旅游品牌和相关产品。在扩大基础消费的基础上,积极促进旅游二次消费,积极培育高端消费,推动洛阳旅游由门票经济向产业经济转变。同时,积极扶持具有文化创意的旅游商品开发,形成品牌化、系列化、规模化的旅游产品,提升旅游品质。

3. 保护文化生态,实现产业可持续性发展

树立"保护、开发与利用"三统一的发展理念,加大对资源的整合力度,突出历史文化优势,合理有效地开发利用文化自然遗产资源,切实加强对世界文化遗产、重点文物保护单位、历史文化名城名镇名村和非物质文化遗产项目的保护,严禁无序开发和低水平开发。通过加大对"五大遗址"的开发和利用、老城历史文化街区的再现、名人故居历史遗迹的复建、宗教名胜资源的整合,把洛阳的历史内涵和资源特色塑造成在国内外具有吸引力的文化品牌和旅游亮点,打造文化旅游的新形象。

4. 提升节会文化,铸造城市名片

节会活动的文化内涵,是体现一个地区节庆活动的档次和城市文化形象的重要标志。洛阳每年召开的牡丹文化节、河洛文化旅游节、黄河小浪底观瀑节等节会活动,吸引了众多海内外游客、客商来洛观光、文化交流、洽谈合作。在一定程度上,这些节会活动成为洛阳对外展示和宣传河洛文化和城市形象的重要平台。洛阳市提出了"世界圣城、丝路起点、千年帝都、牡丹花城"四张城市文化名片,要围绕城市文化名片,在巩固提升传统节会的同时,不断创新策划推出新的节会项目,积极兴办国际性的节会、论坛、峰会、展会、媒体集中展示等不同类型的节会,大力繁荣文化旅游和会展业,提升洛阳的国内外知名度和城市影响力。此外,要整合对外宣传资源,制订宣传营销计划,构建城市推广体系,推介洛阳文化旅游节会活动、文化旅游大事和文化旅游产品,开展节会活动全方位、立体化的营销,提升城市的形象和美誉度。

5. 强化人才支撑,提供智力保障

文化旅游产业涉及文化、旅游、创意、管理、经营、营销等多个领域,急需各种复合型人才。因此,一是加大特色文化旅游产业人才的培养和扶

持，探索与知名培训机构、专业院校、科研院所建立人才共同培养机制，强化应用型和复合型人才的培养，通过资金补助、师资支持等多种形式，支持开展特色文化旅游产业人才培训。二是通过建立全市文化旅游人才信息资源库，将文化旅游从业人员纳入培训序列，建立岗位培训和职业培训相衔接的人才培养机制。三是充分发挥现有人才的"传、帮、带"作用，鼓励"非遗"传承人进入院校传承技艺。四是有计划地吸引、聚集国内外优秀文化名人和文化旅游经营人才，丰富人才引进模式。五是完善和落实引才、育才、用才、聚才的政策措施，构建科学合理的人才队伍体系。

6. 理顺体制机制，优化发展环境

进一步完善体制机制，优化政策环境，创造良好的社会氛围。首先，要认真检查和评估近几年出台的与文化旅游产业发展相关的政策的贯彻落实情况，制定《关于加快文化旅游产业发展的实施意见》，有针对性地安排优惠的配套政策，在财政支持、金融支持、旅游项目招商引资、旅游人才引进、旅游交通发展、旅游配套发展等方面加大政策引导和激励力度。其次，完善旅游发展委员会的职责和功能，建立文化与旅游融合发展的联席会议制度，加强文化旅游产业相关部门间的协作，促进文化与旅游在规划编制、政策支持、标准制定、市场监管、宣传推广、产品创新等方面的合作。再次，充分调动和发挥有关部门和行业协会的积极性，大力培育和组建大型文化旅游产业集团，通过市场化的运作模式，按照规划要求有步骤地推进文化旅游项目的实施。同时，放宽市场准入，鼓励国有、民营、外商等多渠道投资旅游开发与经营，引导非国有资本进入旅游资源开发、城市旅游运营和交通、环保、住宿、餐饮等领域，从事文化旅游经营活动。对大型企业、民营企业、外资企业通过股份制等合作方式进入文化旅游新业态运营的，予以政策扶持。最后，健全文化旅游发展目标考核体系，采取量化考核的办法，督促各级部门加快推进文化旅游产业的发展。通过年终评定，严格实施奖惩，以硬目标、硬措施、硬考核等措施，促进加快旅游业发展的各项措施落到实处。

B.3
洛阳会展业发展调研报告

陈启明　孙鹏飞*

摘　要：	2014年，洛阳会展业取得了可喜的成绩：完善了规章制度，使发展环境得到持续改善；多种措施并举，会展主体队伍不断壮大；展会数量规模较快增长，产业拉动作用显著；会展场地基本满足要求；对外交流日益密切，宣传推介成效明显。但是也存在专业品牌展会较少、整体宣传推介不到位等问题，因此，必须通过加大会展人才培养力度，建立会展工作考评激励机制，做好会展专业场馆的规划建设，搞好各项服务保障工作，推动洛阳会展业再上新台阶。
关键词：	会展业　问题　对策

一　洛阳市会展业发展的现状

洛阳市会展业自2012年起步以来，其发展呈现出快速启动、稳步推进、迅速发展的态势。主要表现在以下几个方面。

（一）规章制度日益完善，发展环境持续改善

为便于全市会展业的统筹协调，2012年7月，将洛阳市人民政府牡丹花会办公室更名为洛阳市人民政府会展办公室，并增设了会展管理与服务

---

* 陈启明，洛阳市委党校副教授；孙鹏飞，洛阳市会展办公室会展科科长。

科。2013年洛阳市政府先后制定下发了《洛阳市人民政府关于促进会展业发展的意见》《洛阳市会展行业管理暂行办法》和《洛阳市会展业发展专项资金管理暂行办法》，拟定了《洛阳市会展人才培养工作方案》。通过一年来的工作实践，2014年又分别对《洛阳市会展行业管理暂行办法》和《洛阳市会展业发展专项资金管理暂行办法》进行了修订完善，较好地发挥了政府引导、制度规范、企业自律和市场调剂功能，洛阳会展业正迈向制度化、规范化、科学化的快速发展轨道。

（二）多种措施并举，会展主体队伍不断壮大

洛阳市把会展主体队伍培养列入洛阳会展业发展的工作重点，积极给予大力扶持。一是政府政策扶持。《洛阳市人民政府关于促进会展业发展的意见》明确提出：鼓励现有会展企业兴建、组建有规模的展览集团公司；鼓励社会各行各业，以各自的产业基础和社会网络优势投资组建会展经营公司或会展服务公司；积极采取有效措施，吸引国内外知名会展公司和配套服务企业落户洛阳；鼓励国内外资金通过多种方式参与洛阳市会展业的资产重组和股份制改造，开展会展业的国际性或区域性合作试点；积极培育会展策划、代理、广告、宣传、工程等会展服务类企业和专门机构；培育引进金融、法律、信息、技术标准检测等专业中介服务机构；等等。在《洛阳市会展业发展专项资金管理暂行办法》中进一步明确了对会展主体队伍的扶持原则和标准。二是搞好人才培养。洛阳市会展办依据《洛阳市会展人才培养工作方案》，会同上海外经贸大学、洛阳会展中心组织全市会展培训班，免费为企业培养人才。三是搞好服务保障。洛阳市会展办、会展中心等单位，在政策咨询、登记备案、场馆保障等方面都能积极主动地为企业办展提供服务保障。在市政府及有关部门的大力支持和帮助下，洛阳会展主体队伍迅速发展壮大。据统计，目前在洛阳市工商行政部门注册登记名称中包含"会展"的企业已达22家；经营范围中包含"会展"业务的企业有608家；在洛阳市民政部门登记备案的各行业协会（商会）已达93家。另外，还有一批会展布展搭建、招商代理、广告策划、设备租赁、礼仪服务等配套企业也在不断发展壮大。

洛阳蓝皮书

（三）展会数量规模较快增长，产业拉动作用显著

2014年洛阳市共成功举办各类展会活动46项。其中，在全国有较大影响的展会有：中国工业汽车协会和洛阳市政府共同主办的"'中国梦·中国车'首届中国品牌汽车巡展"、中国摄影家协会主办的"'千年帝都、牡丹花城'国际摄影大展"、中国书法家协会主办的"全国第二届篆书展"、中国美术家协会主办的"全国牡丹画精品展"、中国赏石协会主办的"2014中国洛阳赏石文化节"等；在全省有较大影响的展会有：河南省农业厅和洛阳市政府共同的主办"中国农业产业化龙头企业名优农产品博览会"、河南省旅游局和洛阳市政府共同主办的"中原旅游商品博览会"、河南省科技厅和洛阳市政府共同主办的"中国洛阳（国际）文化科技创意设计博览会"、洛阳市政府主办的"中国洛阳工业博览会"等。丰富多彩的各类展会活动，吸引了国内外大量客商涌入洛阳。众多客商在参展洽谈合作的同时，高档、知名百货商场也成为他们必去的场所，宾馆饭店商务洽谈、接待宾客、住宿客流明显增加，交通客运呈现一派繁忙景象，大型展会对工业、旅游、交通、商贸等相关行业拉动作用十分显著。

（四）场馆综合利用，场地保障基本满足要求

随着洛阳会展中心的建成投入使用，以及配套设施的不断完善和服务运行能力的不断增强，再加上洛阳中原物流国际会展中心、洛阳博物馆、洛阳龙门博物馆和洛阳体育中心等场馆的综合利用，基本满足了洛阳市各类展览活动的需求。另外，洛阳城市区现有星级饭店80家，其中五星级2家、四星级11家，承接各类高端会议的能力不断增强。

（五）对外交流日益密切，宣传推介成效明显

一是注重学习借鉴外地市经验。为更好地学习借鉴外地市会展业发展的成功经验，2014年洛阳市组织会展工作考察团分别对南京、杭州、无锡、义乌等地进行了考察学习。二是注重对外宣传推介。为及时了解掌握国内外

会展信息，更好地宣传推介洛阳会展，洛阳市会展办与中外会展杂志社建立了长期联系，订购了《中外会展》和《全国会展产业政策法规白皮书》。协调中外会展杂志社、会展财富杂志社分别对洛阳会展业整体发展情况进行了专访报道。三是注重对上沟通联系。为进一步提升洛阳展会活动的规模和档次，2014年10月，洛阳市市长李柳身、市委宣传部长杨炳旭亲自到中国国际商会拜会中国国际商会副秘书长、中国国际商会会展委员会副主席兼秘书长熊训林先生，主动推介洛阳会展。经过协商，由中国国际商会主办的"2015中国国际芳香产业博览会"于2015年4月24~27日在洛阳举办。同时，洛阳市人民政府会展办公室已作为常务理事单位正式加入中国国际商会会展委员会。

二 洛阳市会展业存在的主要问题

经过努力，洛阳会展业尽管已取得一些成绩，但由于会展工作刚刚起步，难免还存在许多问题。主要表现在以下几个方面。

（一）会展主体队伍较弱

目前，洛阳本地许多专业会展公司尚未组织过较大规模的展会活动，活动策划协调和市场运作能力较弱；本地一些文化传播公司虽然经营范围中包含"会展"业务，但除参与过一些会议、节庆活动外，还未参与过专业展览活动；各县（市、区），市级有关部门分管会展工作的领导和一些直接从事会展经营管理的人员（包括会展中心管理人员）也都相对缺乏会展专业知识。

（二）专业展及品牌展会较少

目前，各种综合性消费类展会较为红火，约占总展会数量的80%，专业性展会不足10%，其他展会约占10%。另外，由于场馆面积较小，无法满足品牌展会的要求。

洛阳蓝皮书

（三）整体宣传推介还不够到位

洛阳会展中心建成后还未对外进行过整体包装宣传推介，中心网站建设缓慢，百度百科网上资料与实际不符，外地会展企业无法全面了解洛阳会展中心情况。

三 洛阳会展业发展的整体构想

会展业是洛阳文化产业的重要组成部分，洛阳会展业发展也有一定的基础和条件，要解放思想，凝聚力量，把会展业作为洛阳市新兴的重点产业和新的经济增长点，大力扶持，重点发展，加快会展业产业化、市场化、专业化、品牌化发展步伐。

（一）发展目标

到 2015 年，举办经市级会展行业主管部门登记的各类展会活动达到 30 次以上，精心打造、培育起具有地方特色的品牌展会 3 个；培育具有独立举办展会活动能力的会展企业 2~3 家；具有一定实力的会展中介服务机构 1~2 家。经过 5 年的努力，举办经市级会展行业主管部门登记的各类展会活动达到 60 次，培育起在省内具有较强影响的品牌展会 3 个以上，具有较强实力的会展企业和配套服务机构 5 家以上，实现洛阳展会数量和规模的快速提升[1]，使会展业成为洛阳市现代服务业的主导产业之一和文化产业的重要内容。

（二）基本思路

按照改革开放、政府推动、市场运作、质量并重、规范管理的原则，通过政策引导和激励，优先发展一批外向关联度高、招展能力强的优秀展会主

---

[1] 静安：《以花为"媒" 洛阳谋求"大会展"》，《中国贸易报》2013 年 3 月 12 日。

体,引进和培养一批业务水平高、创新能力强的优秀会展人才;以文化旅游业为基础,重点扶持一批规模大、品位高的地方性品牌展会;以装备制造业为龙头,积极培育一批相对潜力大、成长性强的地方性重点展会;以牡丹文化节为载体,主动吸引、申办一批专业化、市场化程度高,产业带动能力强的国内优秀品牌展会,嫁接、移植一批国际著名展会,借力借势做大做强做优洛阳会展业。[1]

(三)工作重点

1. 加快会展基础设施建设

鼓励现有剧场、体育场、博物馆等场馆进行设施升级改造,促进老场馆向品牌化、特色化、专业化方向发展。要抓紧会展中心内部软、硬件及周边各项配套服务设施的建设,使其尽快发挥会展的功能和作用。洛阳源会建设投资有限公司要加强与外地会展机构(企业)的交流合作,积极探索会展中心"小团队、大委托、完全市场化运作"的经营管理模式。

2. 积极培育引进展会主体

一是鼓励当前洛阳市现有会展企业兴建、组建有规模的展览集团公司,兴办集展览装饰、设计施工、广告宣传、展品运输、服务接待为一体的复合型展览企业。二是鼓励各县(市、区),各专业园区、专业市场、企业集团和自然人等各行各业,发挥各自的产业基础和社会网络优势,投资组建会展经营公司或会展服务公司。三是加大招商引资力度,吸引国内外知名会展公司和配套服务企业落户洛阳,或通过多种方式参与洛阳市会展业的资产重组和股份制改造,开展会展业的国际性或区域性合作试点。四是加大力度培育会展策划、代理、宣传、工程等会展服务类专门机构和金融、法律、信息、技术标准检测等专业中介服务机构,提高会展经营运作水平。力争用3~5年时间,逐步形成以大型会展企业为龙头,以中小型会展企业为辅助,各类会展专业服务企业、宾馆酒店、旅游服务相配套的会展市场主体体系。

---

[1] 静安:《以花为"媒" 洛阳谋求"大会展"》,《中国贸易报》2013年3月12日。

3. 大力引进国内外品牌展会

各部门要充分发挥各自的职能和行业优势，积极与上级有关部门和行业协会、国际性组织、全国性组织开展合作，创办和引进相关的国际性、全国性展会，特别是国内外著名品牌展会来洛举办。凡引进国家部委和有关机构举办的、在国内有影响的大型或专业展会，报市会展工作领导小组同意，可以以市政府的名义主办，并给予大力支持。市政府各驻外机构和涉外部门要积极发挥作用，广泛收集传递国家各部门和各地展会信息，为洛阳市各单位争取国际性、全国性展会承办权提供帮助。

4. 积极扶持本地特色展会

洛阳市各部门，特别是与城市服务业、文化产业关联度比较高的重要职能部门，要把会展业发展列入年度责任目标，并结合部门所分管的文化、经济领域特点，积极策划组织各类专业展会。各县（市、区）要结合各自的产业特点和文化内涵，积极开发产业优势突出、地域特色鲜明、群众参与性强的各类主题展销活动，培育新的热点。对已有的展会活动，如投资贸易洽谈会、河洛文化民俗庙会、国际名车展、全国牡丹画精品展、"千年帝都·牡丹花城"国际摄影大展和中原旅游商品博览会等，要积极努力扩大规模、增加内涵、提高档次、追求实效，逐步打造成为具有地域特色的品牌展会。

5. 加大会展人才培训引进力度

坚持会展人才学历教育、在岗培训和人才引进并重的原则，形成多元化会展人才培养体系。充分利用洛阳市各大专院校及教育培训机构资源优势，建立会展人才培训教育基地，开设会展专业或会展课程，着力培育一批善经营、会管理、懂法律的会展管理人才和熟悉会展知识、精通市场营销的业务人员，提高从业人员素质，增强企业活力，提升行业整体形象。人社、组织等部门要研究和采取有力措施，着力引进国内外会展业人才，特别是会展策划师、设计师和高级项目经理等紧缺人才落户洛阳，参与洛阳市会展业发展。

四 加快洛阳会展业发展的对策建议

针对洛阳市会展业发展中存在的问题和工作思路,应从以下几个方面加强推进。

(一)加大会展人才培养力度

市财政要在会展人才培养上给予大力支持;市会展办进一步修订完善《洛阳市会展人才培养方案》,并认真抓好落实,力争用3~5年的时间培养一批知识型会展管理人才和精通市场营销的从业人员,增强会展企业活力,提升会展行业形象。

(二)建立会展工作考评激励机制

要把会展工作作为各县(市、区)政府和市政府相关部门年度责任目标考核的重要内容,对年度主(承)办展会和保障展会活动突出的单位以及为会展业发展做出突出贡献的个人进行表彰奖励。

(三)提前做好会展专业场馆的规划建设

由于洛阳会展中心综合大楼设计建设及用途的特殊性,目前用于展会的一楼、三楼场馆高度、面积、货物进出等方面都不符合专业场馆的要求,无法承接高规格的大型展会活动,影响会展业的快速、长远发展。伴随着新一轮区域经济发展,全国范围内的会展业竞争加剧,会展业的地区发展不平衡现象进一步显现,北京、上海、广州一线会展城市持续领先,深圳、成都、青岛、厦门、郑州等二线会展城市、省会城市及一些发达地区中小城市不断加大会展业政策扶持和会展设施建设力度,形成争先恐后的发展态势,各地对会展业投入的差异加剧了会展行业的竞争,对洛阳的会展业发展构成了严峻挑战。必须提前规划建设具有一定规模的专业场馆,才能适应未来会展业发展的需要。

洛阳蓝皮书

（四）搞好各项服务保障工作

展会活动是一项综合性经济活动，需要多个部门同心协力、密切配合、优质服务。一是做好安全保卫工作。各项大型展会活动都要严格遵循"安全第一、预防为主"的方针，坚持"承办者负责、政府监管"的原则，市安监、质检、公安、消防等部门要加强对布展、展出期间的安全监管。二是做好新闻宣传工作。市属各新闻媒体要运用各种方式和渠道，大力宣传洛阳会展政策、传播展会活动信息、宣传会展企业，营造良好的会展业发展舆论氛围。三是加强工商和物价监管工作。展会期间工商管理部门要加大会展业服务管理力度，物价部门要加强对宾馆、商场、景区等的价格监管。四是加强卫生监督管理。市卫生、食监药监等部门在大型展会期间要加强相关场所的餐饮卫生监督，切实做好卫生防疫和医疗救护工作。五是加大城市管理执法力度。城市管理执法部门要加强会展场所及周边地区环境卫生和市容市貌，维护良好的城市形象。六是搞好综合配套服务。市会展办、公安局对企业举办的各类展会项目的核准备案，要由专人负责，不断改善和提高服务质量，特别是对市政府确定的年度重点支持展会项目要简化程序，提供更多的便利。市旅游、园林、公用、电力、安监、交通、铁路、民航、通信、海关、口岸等部门做好相关协调服务工作，切实解决展会活动中的实际问题。

B.4 洛阳动漫产业发展报告

朱夏婉　古付先*

摘　要：	动漫产业属于成长性高、收益率高、市场前景广阔的产业，未来具有不可低估的发展前景。近年来，洛阳市将动漫产业作为重点扶持对象，动漫产业整体实力不断提升，呈现出良好的发展态势。加快洛阳动漫产业发展，还需要深挖传统文化、完善产业链条、培养引进人才、加大扶持力度、培育龙头企业，积极探索出符合洛阳实际的发展路径。
关键词：	动漫产业　优势因素　分析　对策

动漫产业不单单能够促进产业结构优化升级，更能够促进整个文化产业的发展。近年来，洛阳市大力推进动漫产业的发展，营造动漫产业发展的良好环境，努力使动漫成为洛阳文化产业领域最具竞争力的行业。

一　洛阳市动漫产业发展概况

动漫是文化产业中的低碳绿色产业，近年来，洛阳高度重视动漫产业的培育和发展，动漫产业呈现蓬勃的发展势头，产业基础日益扎实、产业分工更加合理、产学研一体化的格局越发明显。一批本土动漫企业如君兰、洛阳才子、大头兵等崭露头角，动漫产业整体实力和影响力不断提升。

---

* 朱夏婉，洛阳市委党校讲师；古付先，洛阳市文化广电新闻出版局文化产业科科长。

（一）动漫产业日益受到重视

近年来，国家陆续颁布一系列政策文件，动漫产业发展的优惠措施增多，动漫企业发展环境日益宽松，动漫市场越来越规范，发展潜力巨大。河南省文化厅、省新闻出版局、省信息产业厅等省直部门均十分重视动漫产业的发展，要求做大做强河南动漫产业。在此背景下，洛阳市委市政府把动漫列入重点产业进行扶持，2011年下发了《洛阳市人民政府办公室关于促进动漫产业发展的意见》，指出到2015年，努力把洛阳建成全省知名动漫发展地区；到2020年，努力把洛阳建成中西部重要动漫发展地区。

2012年6月出台《洛阳市"十二五"文化产业发展规划》，提出要全面发展影视动漫业，建设洛阳君兰动漫产业基地，拍摄《牡丹》三维动画电影，开发《动漫洛阳》等影视动漫产品；支持河南名阁影画文化传播有限公司等企业发展"3D数字虚拟技术设计"项目；开发手机动漫、网络动漫及游戏软件等新型动漫产品；谋划建设洛阳影视设备生产基地等。①

2014年7月，第二届洛阳动漫展览会在新区洛阳会展中心举行，来自全国的近百家参展商为参观者带来了各种各样、种类繁多的动漫产品，满足了洛阳不同年龄段动漫迷的不同需求。2014年9月，洛阳首届动漫文化艺术节在新区会展中心开幕，这是中原地区规模最大的动漫文化交流会，集cosplay巡演、动漫衍生产品零售、产品交流、电子竞技等全方位动漫内容于一体，完善了行业整体价值链条。

（二）科技创新能力不断增强

洛阳作为一个工业基础雄厚的城市，科技研发能力很强，集聚了一大批科技研发人才。随着数字技术、网络技术等先进技术的迅猛发展和广泛应用，洛阳市许多影视动漫企业立足于文化发展前沿，建立以市场为导向、产学研相结合的文化创新体系，研究掌握一批核心技术和关键技术，使制作和

---

① 《洛阳市"十二五"文化产业发展规划》，《洛阳日报》2012年6月22日。

传播能力大大提高，创意设计、动漫游戏等技术在业内和国内均处于领先地位。

2012年3月，洛阳高技术创业服务中心与北京软件产品质量检测检验中心合作，投资330万元建成洛阳高新区动漫渲染平台，为洛阳文化创意、工业设计、影视、动画、展会等提供强大公共技术支撑，主要包括集群渲染与云渲染服务、渲染方案的咨询与视频制作服务、虚拟现实互动解决方案与项目研发、3D模型打印服务等。该技术采取"核心平台+节点平台"的分式构架，其中核心平台拥有300台高性能服务器及200TB的快速存储设备。整合体感交互、全息显示、三维图形引擎、三维打印、GIS系统、互联网等核心技术，为工业可视化、数字展馆、城市规划与管理、职业教育等行业领域提供新的展示交流方式。渲染平台已为多家创意企业提供技术服务，直接带动超过1亿元的创意制作市场，间接带动数十亿元的设计产业。洛阳瑞光影视光电技术有限公司等企业做大做强影视光电专业产品，支持洛阳文化产业集团"数字虚拟技术设计"等技术产品研发、生产和销售。

（三）动漫产品享誉国内外市场

1. 洛阳"牡丹"甲天下

河南君兰影视动画有限公司是河南省规模最大、实力最强的3D动画企业，也是国内少有的可实现全流程操作的3D动漫电影制作公司。君兰影视动画有限公司创作的3D动漫电影《牡丹》让人惊艳，它是河南省第一部自主原创的三维动画电影，同时也是我国首部富含浓郁中国元素、宣扬中国传统文化的动漫电影。2014年，公司在动画电影制作方面取得突破性进展，影片画面品质实现质的飞跃，《牡丹：花魂归来》被纳入河南省文化产业重点项目，3D动漫电影《牡丹》将在全球放映。《牡丹》系列影片中的牡丹、国王、罂粟、银杏、蒲公英等角色和相关场景系列获得专利，剧本《花魂归来》《花王降世》《魔花奇缘》《生死花开》获得国家版权局颁发的作品登记证书。3D动画电影《牡丹：花魂归来》完成大部分制作，动画电视剧《吉象三宝》项目进展顺利。

2. 洛阳"大头兵"异军突起

洛阳大头兵文化传播有限公司凭借其创意、制作实力,得到中央党校、国家行政学院和中纪委的好评,与国家行政学院勤政音联文化传媒建立了长期合作关系,提升了发展平台,增强了竞争力。公司制作了《搞笑武侠漫画》第一册,创作《动漫和顺》之《牛郎织女》和《圣母与大王》,创作《动漫洛阳》第二部四册。作品《搞笑武侠漫画》《国有企业领导人》获2014年第三届"中原杯"河南省原创动漫画大赛三等奖。为河南博物院制作Flash动画,推出廉政动画《古镜今鉴》20余集和当代清廉楷模、廉政历史名人系列、清心养廉、警言警句、廉政动漫等系列片,创作计划规模100首《军旅古诗词赏析》动画的第一集《无衣》,丰富完善《洛娃娃系列》,制作《中华正骨3D动画教学系统》。创作公益微电影《妈妈的手》《父亲的背影》《手莫伸》等。

3. 洛阳才子的动漫梦

2009年8月,洛阳才子动画影视策划有限公司系列动漫作品《洛阳才子》中,《洛阳纸贵》《苏秦刺股》《韩信报恩》《曾子杀猪》《弄巧成拙》等动漫作品反响热烈,人民网等30多家媒体争相报道。2010年5月,《洛阳才子》动漫形象还通过河南省版权局的形象著作权保护。凭借创意、实力、专业设备,洛阳才子公司连续四年已为多家企事业公司策划、制作了各种规格的影视片、广告片、企业形象专题片,为洛阳市政府和企业设计印刷了多部大型高端画册。

4. "小破孩"回家

早在2007年,"小破孩"刚刚被洛阳人所熟知,洛阳市委市政府就提出要培育和发展动漫产业。2008年,"小破孩"代言洛阳牡丹,成为洛阳文化产业第一个卡通大使。2009年,"小破孩"与"唐三彩"结合,实现了传统文化产业与动漫产业的联姻。2012年4月,"小破孩"首席运营官王永投资的洛阳动漫体验博物馆开馆,洛阳动漫体验博物馆的总面积约3400平方米,共有收藏区、主题展览区、以"数字洛阳"为主题的3D影院三部分构成,展品主要分为网络展品和动漫展品。其中,动漫展品主要包括铁壁阿童木、猫和老鼠、哆啦A梦等世界知名的动漫形象，参观者在馆内可以与动漫形象进行实体互动。目前"小破孩"的产业链不断延伸，授权业务已经涉及童装、童鞋、玩具等多个领域。

（四）洛阳伊川县打造中国动漫产业新"硅谷"

中国动漫之都（洛阳）产业园位于伊川县产业集聚区西园，由深圳世为投资集团有限公司出资23亿元兴建，是河南省2012年度重点支持的文化产业项目。项目包括动漫创意学院、中国动漫研发创作基地和中国动漫交易中心等，建成后将成为国内重要的动漫产业园区。产业园可容纳近1000家动漫企业进驻，带动本地就业2.8万人，年产值将达150亿元。公司项目主要分为原创项目和外包项目。原创项目《牡丹精灵》大电影、《牡丹精灵之河图洛书》系列片和《超能掌门》动画电影目前正在制作中，外包项目包括：二维动画片、三维动画片、影视后期、游戏美术等，截止到2014年底，公司共承接103个项目。

（五）洛阳动漫创意学院蓄势待发

洛阳动漫创意学院由世为投资集团与伊川县共同兴建，学院占地136亩，建成后将是中原地区规模最大的数字动漫人才培训基地。学院与亚洲权威的动漫学术机构——香港数码动漫研究院、国内知名游戏动漫企业强强联合，依托中国动漫之都（洛阳）产业园，为我国培育数字动漫创意型人才。此外，学院还组建了一批由中国当代动漫界资深领军人物及实战型专家组成的教学团队，2012年夏季招收首批学员。

二 洛阳动漫产业发展的优势因素分析

相较于北京、上海、广州等国内一线城市，洛阳数千年来积淀的文化资源是动漫创作取之不竭的源泉，也是洛阳独特魅力所在。在北京、上海、广州、深圳等一线城市产业转移的背景下，越来越多的动漫后期制作环节将转

移至二线、三线城市,因此,洛阳动漫产业必须认真分析自身的优势,找准市场定位,抓住发展时机。

(一)文化创意氛围

洛阳发展动漫产业,有着得天独厚的文化优势,深沉厚重的古代文明、灿若星河的民间传说,能够改编的动漫素材不胜枚举;洛阳还有世界文化遗产——龙门石窟、洛阳牡丹文化节、河洛文化旅游节、洛阳关林国际朝圣大典、马寺钟声迎新年等。洛阳的历史文化资源、旅游文化资源能为动漫产业的发展提供创作灵感,动漫产业的发展反过来又能促进旅游文化的发展,两者能起到相互促进、相互影响的作用。此外,每年盛况空前的牡丹花会是洛阳最重要的节庆活动,牡丹花会是旅游、文化、经贸、艺术、体育等相互交流的平台,洛阳的牡丹传说、牡丹花会以及关于牡丹的戏剧、音乐、绘画等,都为洛阳动漫产业的发展提供了基本素材、交流平台和文化基础。

(二)人才知识资源

目前,从全国范围来看洛阳籍的动漫人才众多,比较知名的动漫品牌如喜羊羊与灰太狼、神探威威猫等,无论是产品的设计,还是后期的出版发行,都有洛阳人的身影。2010年8月,幸星国际动漫学院洛阳艺新校区成立,该基地是洛阳市第一家动漫人才培训实训基地,计划用五年时间培育出300人左右的专业动漫人才。2010年11月,洛阳菁锐文化传播有限公司与河南科技大学软件学院实现校企合作,由菁锐公司免费培训3D动漫制作人才。

由深圳世为投资集团投资2亿元人民币与河南省洛阳市伊川县政府共同筹建洛阳动漫创意学院以及动漫人才基地,是中原地区规模最大的数字动漫人才培训学院,为洛阳市动漫产业的发展提供人才保障。预计未来,学院每年将培养近千名学员,这些学员通过6~9个月的学习后,为园区及洛阳企业发展提供人才保障。

（三）政府政策扶植

为促进动漫产业的发展，从河南省到洛阳市都制定了一系列产业发展优惠政策及发展规划，并采取多种措施给予企业资金和政策扶持。河南省政府于2009年9月，成立了扶持动漫产业发展厅际联席会，由文化厅、发展改革委、教育厅等12个部门联合组成。2011年11月，洛阳市出台《关于促进动漫产业发展的意见》，提出努力把洛阳市建成中西部重要动漫发展地区，在政策措施方面推动产业发展壮大，支持企业拓展市场，加大财政资金支持，落实工商税收优惠政策，加强人才引进培养。

影视动漫近年来被列为洛阳市重点培育的文化产业之一。中国动漫之都（洛阳）产业园在伊川落户，并将成为洛阳动漫产业发展的领头羊，为了使其产生更大的产业集聚效应，2012年6月，在洛阳市文广新局的努力下，深圳世为集团与上海美术电影制片厂签署协议，《小兔菲菲》影片的制作落户洛阳已达成初步意向。2012年11月，促成天津航讯科技开发集团有限公司同意来洛建立分公司，现已落户洛阳国家大学科技园，兴建动漫游戏产业园。

（四）市场经济因素

数字信息技术发展革新的浪潮、新媒体的发展为动漫产业的发展提供了前所未有的机遇，动漫新形态如手机动漫、网络动漫等逐步成为我国动漫产业发展的新趋势，调查显示，全国动漫节目供给量远远不足，可以挖掘的潜力很大。此外，动漫越来越成人化，针对成年人的动漫市场潜力更大，对动漫衍生品的需求更是难以预测，这都将为洛阳动漫产业开辟新的发展空间。

三 推动洛阳动漫产业发展的对策建议

虽然洛阳发展动漫产业在历史文化氛围、人才知识资源、政府政策扶植、市场因素以及人力成本上有一定的优势，但与发达城市相比，洛阳原创

洛阳蓝皮书

动漫公司数量较少、规模偏小；动漫产业链条不完整、产品影响力有待提升；动漫产业发展的氛围不够浓郁、企业抱团发展的积极性不高。因此，推动洛阳动漫产业发展，应做好以下几个方面的工作。

（一）深挖传统文化，打造特色品牌

能打动人心、特色鲜明的动漫形象必然产生于自身丰厚的文化土壤上，动漫形象是动漫产业形成的基础。作为传统文化和现代技术的结合产品，动漫产业的根本仍需要从传统文化中汲取营养，洛阳动漫产业的发展，首先要挖掘有洛阳特色的动漫形象。厚重的历史文化让洛阳在动漫领域有了更高的起点，但并不意味着具有绝对优势，对于传统文化的利用不能仅仅停留在"改编"二字上，而应该是"再创造"，这样才能实现"在发展中继承，在继承中创新"的良性循环。洛阳动漫产业的原创形象必须具有洛阳文化的特色，这种特色有别于其他省区市的动漫产业发展，将为洛阳动漫产业在全省动漫发展中，乃至在全国动漫发展和竞争中，提供一条独特的发展之路。目前，"小破孩""牡丹仙子""河洛郎""洛娃娃"等动漫形象都代言过洛阳的牡丹花会，代表过洛阳。但是总体来看，这些卡通形象定位还不够准确，没有形成合力，影响力还有待加强。

（二）完善产业链条，促进良性循环

动漫产业链由影视制作、网络游戏、图书出版、衍生产品开发、形象授权等几大部分组成，涵盖了动漫创作的科研与教育、动漫人才的培养、动漫的设计与制作到动漫衍生品的开发与推广，等等。优秀的动漫作品必须经过创作、包装、宣传才能为人所知，随后再通过相关衍生品的开发以达到赢利。从总体上看，洛阳目前还没有形成完整的动漫产业链条，动漫产业还处于早期开发阶段，因此现阶段还需要继续完善洛阳市动漫产业链条，促进整个产业的良性循环。首先，打牢基础。提高漫画创作的水平、质量和数量，创新漫画的风格和类型，满足不同类型群众的需求。其次，重视创新。动漫作品的成功与否主要取决于创意、制作和发行，而洛阳在这方面明显落后于

一线城市，因此需要集中力量引进创新型人才，同时加大对现有人才的培训力度。最后，开发衍生品。动漫产业的赢利主要靠游戏及衍生产品，必须鼓励、支持动漫企业不断开发新的衍生产品。在上述三者并举的情况下，洛阳的动漫产业才能健康蓬勃的发展。

（三）培养引进人才，营造良好环境

洛阳市动漫从业人员不少，但是真正能够制作出优秀动漫作品的高端人才数量还非常有限，尤其是兼具动漫创作和商业运营的综合型人才非常欠缺。相对于北上广深等大城市，洛阳的工资水平低、福利待遇差，对高层次人才的吸引力不足。到目前为止，河南省虽然有35所高等院校开办了动漫专业，但是对学生的培养重点多是动漫技术，大部分学校较为忽略动漫的创意、策划能力的培养；而洛阳的动漫从业人员除少数人从事创意、营销等高附加值的工作外，大部分工作人员都是做绘画、加工等低附加值的工作。可见，高层次人才的欠缺是洛阳动漫产业发展面临的一个重要课题。在现有条件下，洛阳一方面要鼓励引导校企合作，加大企业实训学生的力度和规模；另一方面要引导学校进行专业设置改革，根据市场需要调整办学思路，有针对性地培养全面、综合的动漫人才；此外，加大对在职人员的继续培训力度。洛阳地处中原，与一线城市比，眼界、思维不够开阔，只有不断学习和培训，各种新理念、新思想才能应用到工作当中，才能提升整个动漫产业的水平。

（四）加大扶持力度，培育龙头企业

目前洛阳动漫还处于早期发展阶段，企业规模小，产品影响力不强，动漫产业发展氛围不浓，企业抱团发展的意识不强。面对这种状况，洛阳必须加大扶持力度，培育龙头企业，提高洛阳市动漫产业的整体水平。一要努力营造良好的发展环境。成立动漫产业协调领导机构，协调各部门与企业之间的关系，必要时可以为企业牵线搭桥，整合优势资源，形成发展合力，促进动漫企业的发展。二要有针对性地扶持重点企业。可以建立动漫产业发展基

金，根据企业的生产和发展现状，对发展前景好、基础雄厚的企业予以资金、政策的支持。同时对新兴的动漫企业也要给予资金支持，企业往往在开始发展时资金方面的困难最为突出，这样能吸引更多的人投身到动漫产业当中。三要培育动漫龙头企业，发挥示范引领作用。通过优化环境、政策资金上的支持，培育洛阳本土的大型动漫企业，通过大企业的龙头带动作用，吸引更多的资源，带动更多中小企业的发展壮大。四要加大宣传力度，打造企业知名度。动漫企业要积极参加国内外各种活动，宣传自己的动漫产品，增加知名度和影响力。洛阳人才技术方面巨大的潜力、博大精深的文化和独具一格的特色，只有通过动漫作品发掘、表现出来，才能使洛阳市动漫拥有自己的特色，树立自己的品牌，增强自己的影响力。

洛阳新闻传媒业发展态势分析

刘俊月 任程远*

摘 要： 2014年洛阳新闻传媒业不断改革创新，广播电视业平稳发展，运用新媒体思维，推进传统媒体与新媒体的融合，媒体综合实力增长迅速。同时受人财物等客观原因限制，电视节目创新性、原创性不够，与新媒体缺乏深度融合。下一步应加快信息化建设，积极推进互联网、广播电视新媒体的发展，创新传统媒体和新媒体的融合方式，满足人民群众多元化、个性化的精神文化需求。

关键词： 新闻传媒 广播影视 新媒体 融合

2014年洛阳新闻传媒业持续健康发展，在中原地区影响力进一步增强。以突出洛阳文化内涵为主旨，牢牢把握正确的舆论导向，强化互联网思维，坚持传统媒体和新兴媒体优势互补、一体发展，坚持先进技术为支撑、内容建设为根本，推动传统媒体和新兴媒体在内容、渠道、平台、经营、管理等方面的深度融合，着力打造一批形态多样、手段先进、具有竞争力的新型主流媒体。新兴媒体成为当前最活跃、最具影响力和发展潜力的媒体形态。传媒领域改革不断深化，融合发展力度和深度不断加强。2014年8月18日，中央全面深化改革领导小组第四次会议审议通过的《关于推动传统媒体和新兴媒体融合发展的指导意见》为传统媒体和新兴媒体融合发展提供了强

---

* 刘俊月，洛阳市委党校副教授，研究方向为文化建设；任程远，洛阳市委党校讲师。

洛阳蓝皮书

大动力，指引了明确方向。新闻媒体开拓进取，综合实力不断提升。新闻界继续开展"走基层、转作风、改文风"活动，取得显著成效，受到业内外广泛好评。

一 洛阳新闻传媒业发展概况

（一）报纸出版业发展情况

1. 建立全媒体联动机制

近年来，洛阳市新闻传媒业有序健康发展，全市共有各级各类新闻机构16家，新闻从业人员约700人。建立了全媒体互动机制，报业集团发挥媒体作用，建立了新闻线索报送、媒体新闻发布、重要稿件内参上报等制度，加大了正面宣传报道的力度。政府各职能部门开通政务微博，及时发布最新政策、惠民实事、民生工程等权威信息。新闻出版事业重新调整布局和结构，培育市场主体，壮大企业实力。

2. 深化体制改革和机制创新

2014年洛阳报纸出版业加快体制改革和机制创新，不断推动产业发展，报纸种类齐全，报业结构合理，加强公共文化服务体系建设，满足读者多层次的阅读需求。以洛阳日报报业集团为龙头，综合实力居全省地市报社前茅、全国地市报社前列。目前，洛阳报业集团拥有《洛阳日报》《洛阳晚报》《洛阳商报》《河洛生活导报》4个纸质媒体和洛阳网、洛阳手机报、河图网3个电子媒体，拥有近20家经营性公司，涉及印刷、发行、广告、会展、楼宇电视等诸多文化领域。洛阳报业集团拥有丰富的媒体渠道，是洛阳市综合影响力最大的传播机构。其中，《洛阳日报》是我国中西部地区唯一的地市级"全国百强报刊"和"中国十大地市党报"，《洛阳晚报》是"中国十大地市晚报"和中国报刊广告投放价值排行榜"全国晚报二十强"，洛阳网是洛阳访问量最大的综合门户网站和国家一类新闻网站。

3. 加强与新媒体合作

2014年7月8日，洛报集团微博发布厅正式上线，开启了地方传统媒体与网络新媒体的创新合作模式，领全国地市媒体之先；之后，洛报集团下属媒体《洛阳日报》《洛阳晚报》《洛阳商报》《河洛生活导报》和洛阳网、河图网等相继开通微信公众账号，引导全体采编人员及其他员工积极运用个人微博和微信，形成了新的传播渠道和强大的社会影响力，目前总粉丝量已超过240万。"微矩阵"开启了一种更新、更快、更集中、更灵动、更个性化、更有价值的信息发布模式：更加注重以用户为中心，为用户提供增值服务，与用户互动、分享，更好地传播主流声音，更好地满足洛阳市民的信息需求；更加注重整合营销技术的提升，致力于在金融、时尚、文化、地产等各种领域实现更大的融合，打通从资本运作、内容生产到产品销售、市场反馈的全环节，构筑立体传播网，增强市场号召力，创新赢利模式，形成复合竞争力。"微矩阵"启动后，还将联合之前已开通的LED联播网和楼宇电视，为洛阳市民提供纸媒、线下、户外等全媒体阅读途径。

4. 加快向现代传媒集团转型

洛阳日报报业集团拥有众多的经营公司，是洛阳市综合实力最强的文化企业，为洛阳市文化产业协会会长单位。旗下有19家全资、控股公司和6家参股公司，涉及媒体广告、报刊销售、印刷、互联网、会展、旅游、教育、演艺、创意、房地产、金融、物业管理、商品销售、物流配送等诸多门类。2013年，文化产业总收入突破3亿元，综合实力居河南省地市报业集团首位、全国地市报业集团前列。2014年7月，被河南省人民政府命名为省重点文化企业。洛报集团紧紧围绕"一个中心"（以做强做优报业、服务市委和群众为中心），全力实施由传统报业集团向现代传媒集团和文化产业集团转型，在文化旅游、文化创意、会展经济等方面不断迈出新步伐，建立控股汝阳大虎岭农业公园投资管理公司，建设洛阳市印刷创意文化产业园，成立洛阳市牡丹印象会展公司，主导成立洛阳市文化产业协会等。

5. 加强新闻出版行业管理

2014年，洛阳新闻出版业坚持以优化行政审批流程，开展版权保护等工作为重点，加强了新闻出版工作。一是完成连续性内部资料年检工作。对全市77种连续性内部资料2013年度的出版情况进行了全面审读。二是做好国家检查组来洛检查验收市县两级政府机关软件正版化检查及整改工作。检查组对洛阳市政府机关软件正版化工作给予了充分肯定。三是组织开展洛阳市新闻采编人员岗位培训及考试工作。组织全市新闻采编人员通过集中观看电视教学片、自学《新闻记者培训教材2013》、学习讨论等方式方法，开展新闻采编人员岗位培训，努力提高新闻采编队伍素质。四是完成印刷和发行行业年检工作，全市共审核印刷企业343家和打印复印单位634家，对符合审核登记条件的314家印刷企业和579家打印复印单位予以年检审核登记。对全市959家出版物发行单位进行年检，注销203家，17家批发单位报省局核验。五是深入开展全民阅读活动。以打造书香中原、书香洛阳，弘扬河洛文明为主题，充分利用农家书屋、社区书屋、职工书屋和新华书店、邮政报刊亭、阅报栏（屏）及图书馆、文化馆、青少年宫、文化大院等平台，构建全民阅读服务体系。

（二）广播影视业发展情况

1. 不断完善基础设施

洛阳市属广播电视媒体有4个，分别是洛阳人民广播电台、洛阳电视台、洛阳市广播电视报社、广电信息网络有限公司。洛阳人民广播电台现有新闻广播频率、经济广播频率、交通广播频率、私家车广播频率、音乐广播频率。洛阳电视台是我国首批建立的城市中心台之一，也是中原地区最早建立的城市电视台。洛阳市电视台现有4个专业频道，即综合频道、科教频道、公共频道、影视文娱频道。技术中心拥有8讯道高清数字转播车和4讯道新闻直播车各一辆，中、短波广播发射台和转播台1座，1000瓦以上电视发射台和转播台5座。市级广播电台日播出时间60小时。播出系统已经达到硬盘自动化播出水平。拥有国内最先进的有线数字电视网络设施和高清数字转播车，拥有全省最高的电视发射塔，覆盖人口达1000多万人。

2. 提高节目制作水平

洛阳市电视台目前有《洛阳新闻联播》《直播洛阳》《新闻聚焦》《河洛纪事》《百姓直通车》《百姓问政》《经济生活报道》《健康门》《法制报道》《法制时空》《河洛戏苑》《河洛碎戏》《都市360》等一批自制栏目，节目制作水平和品牌效应大幅度提升，成为洛阳听众耳熟能详的栏目。央视索福瑞调查显示：洛阳市电视台的收视率、观众满意度和市场占有份额稳步提升，现已成为中原地区广告市场颇富竞争力和最具发展潜力的媒体之一。洛阳电视台的春节文艺电视晚会，已连续三次荣获全省地市春节晚会展评金奖。新闻节目在河南电视台和中央电视台的年发稿量连续多年名列省内地市台榜首，专题及文艺节目在省级评比中始终位居省内地市台前茅。

3. 现代广播电视传播体系加快升级

全国广播电视传输网络向数字化、网络化、交互化、融合化演进，形成了中央与地方、城市与乡村，无线、有线、卫星、互联网等多种技术手段并用的传输覆盖体系。广播人口覆盖率97.44%，电视人口覆盖率97.85%，有线电视用户80万户。截至2014年8月底，洛阳市光缆线路总长度已达9.1558万公里，互联网宽带接入端口总数达231万个，移动电话基站数达2.7万个；洛阳市备案的网站和移动互联网访问流量均在全省排名第二。

4. 加强新闻出版行业管理

根据广电总局的要求，组建成立了广播电视安全播出监测中心，加大了对各级播出机构的管理，严肃查处播出机构擅自增设频率频道等违规行为，强化对接收境内外卫星电视节目行为的管理，联合市无线电管理委员会查处取缔一个非法广播电台。加强广播电视节目（广告）播出和互联网视听节目安全播出的监管，开展了虚假违法广告专项整治活动，及时处理群众举报投诉虚假违规广告播出等问题，全年共下发违规（核查）整

改通知书18份，严肃处理了个别县违规播出虚假违法广告的行为，切实营造良好的音频荧屏环境。

5. 抓好电影惠民放映活动

农村电影放映工程有序开展，对2014年33360场农村电影放映任务和1944场社区电影公益放映任务进行了分解，制订了每村（社区）每月放映计划，建立了放映场次台账，对放映设备、技术监管平台进行了维护检修。11月5日全部完成了各项放映任务，受益观众达近1000万人次。根据全省统一安排，积极做好文化惠民百场电影送农民工活动，截至10月10日全部完成了550场放映任务，受益观众达8万余人次。

二 洛阳新闻媒体业面临的新形势和挑战

洛阳广电新闻正处在转型的历史新起点、战略新时期，与此同时面临着新的发展机遇和挑战。

（一）节目制作水平有待提升

洛阳市广播电视台、报业集团，由于受经济实力不强、市场化程度不高、管理总体落后等一系列客观因素制约，节目的制作水平与群众日益增长的文化需求不符，节目缺乏洛阳本土的地域特色，没有品牌节目；存在抄袭大台的热门节目、广告泛滥等问题。自创节目较少，节目过于形式化。

（二）社会转型给新闻传媒业带来的新挑战

经济社会发展的阶段性特征影响社会思想情绪的变化，使稳定社会心理、维护社会稳定和谐的难度增大；加之社会节奏加快、竞争加剧，由此引发的社会不良情绪、心理失衡增多，化解矛盾、理顺情绪的任务越来越重。经济社会的变革也带来了精神文化的嬗变，社会环境的变化带来思想观念的活跃，各种思想文化相互撞击，社会思想道德领域出现一些新问题，道德失范问题严重,一些是非界限、美丑标准受到冲击,新闻传媒业有效引领社会思潮、形成良好社会风尚的任务越来越重。

(三)新媒体给传统媒体带来的挑战

随着网络视频、手机视频、微信、微博等移动智能终端的迅猛发展,国内视频新媒体用户已经超过4.3亿,随时收看和视听连贯的优势吸引了很多电视观众,这也导致了电视收视率不断下降,广播电视业的视听习惯受到前所未有的挑战,电视台作为唯一播出平台的时代一去不复返。同时,网络化生活已成为新常态,打破以往传统媒体的单向传播方式,各种思想舆论在网上相互叠加,增加了社会管理和意识形态工作的难度。新媒体的快速增长显示出巨大的发展潜力,但目前传统媒体与新媒体的融合更多只是停留于内容制作播出领域,未能实现整个产业链条的深度资源整合。受网络书店的巨大冲击和教辅发行限制等因素影响,大量民营出版物批发和零售单位生存前景受到极大挑战。

面对新形势,广电新闻工作还有很多与新形势新任务不相适应的地方,例如束缚自身发展的体制机制还有待进一步破除,节目原创性、创新力度还有待加强,新媒体开发特别是数字传播技术、数字化信息、网络电视开发还需进一步加快,人员队伍素质还需提高。加快发展的步伐和速度,提升发展层次,走内涵式、可持续的科学发展之路。

三 推动洛阳新闻传媒业发展的举措

根据习近平总书记在文艺座谈会上的讲话精神,2015年,洛阳新闻传媒业坚持贴近现实、贴近实际、贴近生活、贴近群众,引领正确的舆论氛围,发挥主流媒体的主导作用,积极稳妥推进文化改革发展,改进作风、夯实根基,强化学习、凝聚洛阳正能量,助推中原经济区副中心城市建设,为建设中原经济区重要增长极、文化示范区、最佳宜居地,开放创新城提供强大的精神动力。

（一）进一步提升广播电视的节目制作水平

提高广播电视的节目质量，首先要打破传统节目的体系，把思想性、艺术性和观赏性相结合，突出节目的地域特色，贴近百姓生活，满足本地百姓的收视需求。通过不断提升播出内容的品质、打造品牌化的播出平台、延长产业链条，实现效益的最大化。通过节目的影响力给予观众正能量，营造良好的社会风气。

（二）健全全媒体舆论宣传联动机制，强化新闻宣传的舆论指导作用

通过建立健全广电全媒体宣传联动机制、突发事件应急监管报道机制、舆论监督类新闻报道审稿制度、互联网微博微信媒体媒介监管制度，掌控主阵地。新闻媒体要出色履职、守土尽责，大力弘扬主旋律，积极传递正能量。

（三）推动传统媒体和新兴媒体深度融合

面对网络、手机等新媒体的挑战，传统媒体的受众规模不断缩小，市场份额逐渐下降，转型升级与新兴媒体融合成为自身生存发展的必由之路。加快信息化建设，开展有线电视网络双向化改造，积极推进互联网、广播电视新媒体的发展，培养信息消费市场、智慧城市建设，满足人民群众多元化、个性化的精神文化需求。实现传播方式由单向到双向，由广播式到交互式、网络式的过渡，实现传播渠道、接收终端多元化。深化全媒体布局，创新传统媒体和新媒体的融合方式，利用广播电视媒体品牌优势，积极引进社会资本和新媒体战略合作，积极探索传统媒体与新媒体的终端互动合作，开展手机广播、手机电视、报纸、杂志、新闻门户网站、音视频网站、手机动漫、移动广播、移动电视、网络电台等业务，密切跟踪和研究互联网技术的最新发展，加快推动传统媒体与移动互联网的融合，积极探索建立与网络传播方式和网络经济发展相适应的多媒体运营机制。

(四)完善体制机制建设,进一步激发内在动力

要从广播影视事业出发,以发展为要,建立健全科学规范的保障机制,做大做强,扩大影响力。加强新闻节目内容的创新,增加信息量,突出针对性,强化时效性,扩宽新闻视野,坚持"三贴近"原则,把镜头、话筒更多地对准普通老百姓。在巩固现有栏目、节目的基础上,优化结构,以创精品节目为目标,着力开办一些个性化、对象化鲜明的栏目,努力提高宣传水平,充分发挥政治喉舌作用、舆论监督作用、文化建设作用,继续推进文化示范区中心建设工作,为广大人民群众精神文化需求服务。

B.6
洛阳三彩产业发展报告

毛阳光　余东衍*

摘　要：	三彩陶艺是一种彩色釉陶技艺，以盛行于唐代的"唐三彩"最为有名。洛阳三彩目前已形成了由仿古唐三彩、新工艺三彩和平面三彩组成的专门产业，取得了可喜的成就，成为洛阳文化产业发展的重要组成部分。但作为一个产业，其发展还存在诸多的制约因素。如何进一步推动这个极具本地特色的工艺美术产业的发展，对于洛阳华夏历史文明传承创新区建设和中原经济区建设都具有重要意义。
关键词：	三彩陶艺　产业发展

三彩陶艺是一种彩色釉陶技艺，起源于先秦，汉代有汉绿釉、汉黄釉，到唐代达到高峰，出现了著名的"唐三彩"，此后又有宋、辽三彩，明代以"琉璃三彩"和"法华三彩"知名，清代则以"康熙三彩"为代表。它的工艺不断演变，同时吸收借鉴绘画、石刻、雕塑等姊妹艺术精华，逐步形成一种独具华夏文明特征的民族艺术，是中国陶瓷史上的一颗璀璨明珠。三彩制品的釉色并非只有黄、白、绿三种，还有红、黑、蓝、紫以及其他兼色、复色，"三彩"即多彩之意，因其源于洛阳，又称"洛阳三彩"。

---

* 毛阳光，洛阳师范学院历史文化学院副院长、教授、博士，研究方向为河洛文化；余东衍，中共洛阳市委党校讲师。

一 现代洛阳三彩产业的发展状况

唐三彩虽然历史悠久，但其制作工艺渐趋失传。1920年前后，洛阳孟津南石山村的手工艺人们就开始尝试仿制唐三彩。据《孟津县志》记载，当时高姓家族的第27代传人高良田首次研制成功仿古制品，由此拉开了现代洛阳三彩发展的序幕。

（一）仿古唐三彩产业

在孟津南石山村，高家仿制唐三彩的工艺代代相传，并影响带动了一批本地艺人仿制。1956年，孟津县成立了"仿古生产合作社"，其中有16位南石山村老艺人被聘为技术员，传授技艺，带动培养全村绝大多数农户学习制作、煅烧仿古唐三彩，为发展这个独特的文化产业奠定了基础。20世纪70年代，当地已经开始大规模生产仿古唐三彩制品。改革开放后，该工艺大放光彩，南石山村基本形成了家家户户生产三彩制品的喜人局面，该村也因此成为闻名遐迩的三彩艺术品生产专业村。

南石山村仿古唐三彩生产的龙头企业是洛阳九朝文物复制品有限公司，前身是存在于1984～1998年的孟津县唐三彩特艺厂。企业主要研制生产"九朝牌"仿古唐三彩五大系列产品。2007年至今，"九朝牌"仿古唐三彩连续被评为河南省名牌产品。2012年，"九朝牌"被河南省工商局认定为河南省著名商标。公司有自营进出口经营权，产品远销东南亚、欧美和港澳台等20余个国家及地区。

目前，该企业是被中国文物学会认可的首家具有权威性的特种文物复仿制品公司，被河南省文物管理局确定为"文物复仿制品研究开发基地"，被河南省旅游局审定为"全省旅游商品定点生产企业"，被河南省文化厅批准为"知名文化品牌企业"。2014年，被列入《第二批国家级非物质文化遗产生产性保护示范基地名单》。

洛阳九朝文物复制品有限公司以自身为依托，成立了洛阳唐宝斋文化艺术有限公司，是经营文化艺术产业的涉外公司机构，旗下拥有"洛阳唐三彩博物馆""洛阳唐三彩研究院"和"河南省唐三彩工程技术研究中心"。其主业为"高仿唐三彩"艺术品展示、彩陶工艺学术研究、影视文化产业、中外文化交流和三彩工艺人才培养等。2012年10月，唐宝斋被河南省文化厅公布为"河南省非物质文化遗产展示馆"。

洛阳九朝文物复制品有限公司法人高水旺是中国工艺美术大师，技艺精湛，保证了创作出的作品有着极高的品质。其作品均是按照文物真品比例，采用传统手工技艺制作、柴窑烧制而成，极为逼真，因此许多作品被重要博物馆收藏（如作品"三彩饮水马"被中国工艺美术馆永久性收藏），并多次获得各种博览会金奖（如"唐三彩女俑"荣获首届中国民间艺术博览会金奖，"八人驼"荣获首届中国文物仿制品暨民间工艺品展金奖，"黑勾头马"荣获中国旅游交易博览会金奖，"中国马"荣获首届中国非物质文化遗产博览会金奖）。特别是"啃蹄马"，2009年获得了中国民间工艺最高奖"山花奖"，"古道的守望者"2013年荣获中国工艺美术最高奖"百花奖"。高水旺本人于2009年被国家文化部确定为国家级非物质文化遗产"唐三彩烧制技艺"项目的代表性传承人，于2013年12月被中共河南省委宣传部确定为第一批河南省文化产业专业技术拔尖人才。

通过市场的检验和优胜劣汰，南石山村的三彩产业进一步整合，正向着规模化、集约化、专业化方向发展，并且涌现出了一批能够带动三彩产业健康发展的领军人物，被省政府命名的"工艺美术大师"已经达到5位（高水旺、张二孬、高顺旺、高龙山、张新凡）。成规模、有影响的企业，除了"九朝文物"以外，还有张二孬创办的孟津县张家彩窑文物复制厂等。张家彩窑现为中国文物学会文物仿复制专业委员会团体会员，2009年6月被全国促进传统文化发展工程文化遗产研究开发工作委员会评审为"中华民族文化优秀品牌"（工艺品类第一批）。

目前，南石山村三彩产业已形成良好的发展局面，现有三彩生产企业72家（仿古45家、新工艺27家），全村和邻近村庄从事三彩生产、管理、采购、销售的从业人员超过2000人，其中技术人员200多人，产品种类

1500多个，年生产三彩制品1000万件（套），年销售收入9000多万元，利税总额达千万元左右，产业规模不断扩大。

（二）新工艺三彩产业

随着社会的发展、科技的进步，人们开发出了新工艺来烧制三彩制品。新工艺的使用，使烧制出的产品闪闪发亮、流光溢彩。在此基础上，还可以进一步使用"亚光"技术，使产品表面看起来有类似磨砂处理的效果，经济效益更高。而如果采用了鎏金工艺，同一种造型和尺寸的产品，价格更会达到原来的18倍。

以新工艺三彩作为主打产品的企业很多，其中最为知名的老字号企业是洛阳美陶三彩工业有限公司（原洛阳美术陶瓷厂）。该企业成立于1972年，是河南省最大的工艺美术品、美术陶瓷品生产基地和产销中心，主要产品有新工艺三彩系列产品、特种工艺产品及民间工艺美术品3个大类3000多个花色品种。其中"九都"牌唐三彩制品和"洛神"牌三彩装饰画，双双荣获国家质量金质奖和工艺美术百花奖金奖，并在2006年被国家质检总局授予"中国名牌"产品称号。

特别是"九都"牌唐三彩作为WTO原产地标记保护产品，目前仍然是中国畅销的出口商品，远销五大洲60多个国家和地区，作为外交部指定国礼先后赠予50多个国家的元首和政府首脑，产品深得中外各界人士的喜爱，被誉为"东方艺海明珠"。

这家企业原为老字号国有企业，在市场竞争中也曾遇到一定的经营困难。近年来，该厂通过股份制改造，减轻了企业负担，现正在新建厂区，计划扩大生产规模、改善企划宣传，以期进一步增强产品竞争力和增加市场占有率，重振辉煌。

（三）平面三彩产业

为了打破立体三彩的局限性，同时拓展表现题材以获得新的观赏体验，

人们开发出了平面三彩艺术，以三彩壁画制品为代表。在这方面，洛阳最负盛名的企业是郭爱和的"三彩艺"。该企业创办于1986年，其"三彩艺"旗舰店最早设立于1994年，前身为天旗艺术，曾用名为"洛阳天旗工艺有限责任公司"。

2005年，该企业创建了"郭爱和三彩艺术馆"，位于洛南新区体育中心雅香金陵大酒店东侧裙楼三楼。2012年，经河南省文物局批准，又创建了"洛阳三彩艺术博物馆"，位于洛阳丽景门瓮城内的历史文化古街。该博物馆集三彩艺术的展示、销售于一身，其展示区面积600余平方米，已收藏三彩藏品近千件。

平面三彩的领头人郭爱和是中国陶瓷艺术大师、中国陶瓷设计艺术大师，是国际国内七大重要奖项金奖的获得者（联合国教科文组织国际陶艺学会金奖、联合国教科文组织世界杰出手工艺品徽章、世界手工艺理事会金奖、中国工艺美术百花奖金奖、中国工艺美术金凤凰原创设计金奖、中国首届名瓷烧制技艺大赛金奖、中国陶瓷大地奖金奖）。2014年，郭爱和申报的"三彩釉画烧制技艺"被列入"第四批洛阳市市级非物质文化遗产项目及扩展项目"。

郭爱和提出了"洛阳三彩"的新概念。他认为用"唐三彩"来指代中国的三彩工艺，过于片面；而文物及传统工艺命名一般遵循首次发现地原则，三彩器首先是在洛阳被发现的，三彩工艺也是在洛阳被创新和发扬光大的，基于这样的事实，将三彩工艺称为"洛阳三彩"是恰当的。"洛阳三彩"包括仿古唐三彩、新工艺三彩和三彩釉画制品。2009年出版的《中国工美报告——全国工艺美术行业普查报告书》正式认定了"洛阳三彩"这个概念，将其作为一种独立的工艺美术门类。

"洛阳三彩"概念的提出和被认可，打破了传统"唐三彩"范围的限制，使三彩制品的生产无论是工艺的改进，还是题材的创新，都有了理论依据，极大地拓展了洛阳市三彩产业的发展空间；对于打造好三彩根文化、叫响河南"中国陶瓷之源"的文化品牌、发挥好陶瓷文化创意产业在丝绸之路经济带中的作用都具有重要意义。

二 洛阳三彩产业发展存在的问题

经过洛阳工艺美术界几代人的不懈努力,洛阳三彩产业已形成仿古唐三彩、新工艺三彩和三彩釉画3个大类3000多个品种的产品结构,有一定的规模和影响力。但是,作为一个产业来发展也还存在着许多制约因素。

(一)企业资金不足,生产方式落后

经调查发现,多数三彩企业都有资金方面的问题,或是资金短缺没有能力进行设备更新,或是在资金周转上出现问题。同时,目前洛阳地区还有相当多三彩生产者至今仍采取作坊式手工生产,技术较落后,总体呈现出规模小、效益低的特点。这些企业多为家族管理模式,往往是家族出资,全家亲朋好友一齐上阵,没有形成规范化的现代企业制度。他们满足于小富即安,怕担风险,缺乏干大事、创大业的胸襟胆魄,制约了三彩各企业进档升级。

(二)缺乏统一的生产质量标准,技术创新不够

目前,在三彩的生产上仍缺乏统一的生产标准和质量鉴定标准,加之各个生产者制作工艺水平的差异,致使不同生产者生产的同类产品的质量差异较大,价格高低不等。如相似尺寸、造型的三彩马,不同生产企业之间的售价会相差很多,这主要是因为生产技术上的差别反映在釉色及造型的细微差别上(如"高仿"品会比"精仿"品贵很多)。更有甚者,有些条件简陋、又不追求生产质量的小厂,对三彩质量根本不做严格要求,不管品质优劣,只要出窑就急于卖钱。这样一来,产品自然称不上艺术品,在市场上的竞争力就会大打折扣。最后搞乱了市场,也使自己走进了死胡同。

另外,各厂家在产品质量的提升和生产技术的创新上不够,多是有几家带头出了新造型、新产品,其他的生产企业竞相效仿,主动创新的意识和能力不够。同时各个生产企业之间的技术交流几乎没有,不愿意把自己掌握的

技术传授给他人，或跟其他生产企业进行交流，真正在技术上的相互学习和交流还很少。

（三）缺乏行业自律，行业发展有待规范

面对洛阳三彩产业发展中的不协调、不平衡现象，如果能有一个三彩产业协会进行协调，或许状况会有所改善。然而时至今日，一个能够在行业自律、行业协作、对外宣传等方面真正发挥积极作用的行业协会仍然不存在。由于缺乏行业自律，企业之间恶性竞争严重，市面上产品竞相压价现象依然十分突出，这非常不利于洛阳三彩产业的可持续发展。

三 洛阳三彩产业发展的对策建议

三彩陶艺已经成为中原文化重要的文化符号，因此其传承与创新也是华夏历史文明传承创新区建设的重要环节和切入点，其产业如何发展也是值得高度重视和需要深入思考的。

（一）加强政策扶持，解决资金难题

为了进一步落实《传统工艺美术保护条例》，2014年5月，工业和信息化部出台了《关于工艺美术行业发展的指导意见》（工信部消费〔2014〕192号）。其中的"保障措施"明确要求，政府部门要对工艺美术行业加强政策扶持，多管齐下来破解这些行业发展的资金难题。

这个政策对于三彩产业的发展来说，既十分必要又非常及时。具体有：一是积极推进与金融等部门协调，搭建企业融资平台，按照风险可控和商业可持续原则，切实解决广大小微型工艺美术企业的融资难问题。二是积极引导地方政府通过文化产业发展专项资金等渠道加大对工艺美术产业的支持力度。三是探索引进民间资本，搭建工艺美术中小企业集群创新发展平台，重点支持工艺美术集聚区建设、传统工艺美术品种、技艺的保护与传承、高级研发设计人才培养、公共服务平台建设等。

（二）积极创新，拓宽产品大类

目前，除三彩壁画外，大多数三彩企业（无论是采用仿古工艺还是新工艺），都存在产品类别单一的问题，题材集中在人物、骆驼、马、器皿上，多采用古典造型。虽然不少企业已经意识到这个局限性，在努力创新，有的还推出了结合洛阳"牡丹花都"城市形象的新类型——牡丹三彩，但是这还远远不够。未来可以考虑，除保留现有的产品种类以外，根据市场需求和偏好，采用新的表现手法，开发出新的产品类目；或将三彩与现代奢侈品相结合，延长产品线。在这方面，郭爱和的"三彩艺"已联合中国新锐钟表品牌"张稻"推出用三彩瓷做表盘、用甲骨文做刻度的高端腕表，是个很好的尝试。

在产品研发上，以往主要是企业生产者的行为，今后可以探索由企业和高校、科研院所合作，进行协同创新，利用这些机构的研发优势，共同进行产品的开发，争取在技术和造型两个方面都有大的突破。

（三）他律加自律，切实做好行业规范

针对目前三彩的产业发展中存在的混乱和恶性竞争，必须下大力气做好行业的规范。

他律方面：工信部《关于工艺美术行业发展的指导意见》中明确规定，政府部门要加强行业发展指导。对于三彩产业，根据文件精神，规范洛阳三彩产业的发展，一是积极引导各地从区域比较优势出发，制定适合洛阳实际的行业发展规划。二是积极建立洛阳市工艺美术品种、技艺和评价机构的管理服务体系。三是加快制定行业相关标准，完善工艺美术产品的认证、监督和检验制度。四是提高知识产权及专利保护意识，加大对商标、外观设计、发明专利和原产地的保护力度，严厉打击侵权行为和假冒伪劣产品，营造公平竞争环境。

自律方面：三彩产业的从业者，应当在政府有关部门的牵头引导下，早日成立一个真正有利于三彩产业健康发展的行业协会，并使其切实发挥出应

有的行业自律功能，在协作、协调方面起到积极的作用。例如：可以由协会发起，在行业生产经营者中开展有利于共同发展、守法经营的专题活动，形成良好的氛围；力争达成一定的规范性共识，最好能形成行业公约，各家共同遵守。若能努力达成这一点，必将对三彩产业的良性发展起到重大的推动作用。

（四）引导产业合理集聚，建设特色产业园区

国内外的成功经验表明，发展文化产业，只有通过集聚、形成规模，才能出大的效益，造成大的影响。工信部《关于工艺美术行业发展的指导意见》指出，要积极引导和鼓励工艺美术企业聚集，培育壮大特色产业集群，建设集创意、研发、制造、流通、服务等功能为一体的工艺美术产业集聚区。要围绕主导产业，加快发展配套产业与工艺美术服务业，健全公共服务体系，提升产业配套水平。

虽然孟津的南石山村已经于 2009 年 2 月被河南省工业和信息化厅命名为河南省民营文化产业试验基地，并在筹建产业集聚区，但高水平的、全方位展示三彩艺术的产业园区还没有建成。今后，应从三彩产业与文化旅游相结合的思路出发，在产品展示及园区建设上下功夫，如围绕三彩陶艺建成制作工艺流程展区、三彩艺术精品展区、三彩文化艺术展区等，吸引游客到三彩企业观看三彩制品的生产工艺流程，丰富旅游观赏内容。进而可以开发出具有参与性的旅游项目，如让游客能自己动手制作喜欢的产品，带回家去收藏。这样就可以最大限度地发挥出洛阳三彩独特的魅力，增强对游客的吸引力，同时获得较好的经济效益。

（五）充分利用电商平台，提高营销信息化水平

进入 21 世纪，我国的电子商务蓬勃发展，网络营销正以一往无前的姿态刷新着各个行业，传统手工业也必在其中。利用好电商平台，可以极大地拓宽产品销售的门路，破解因受限于传统营销手段而造成的发展瓶颈。

近年来，国内一些省份和地区已经在尝试推动工艺美术行业与互联网电

商销售的融合。例如：北京工美集团有限责任公司设有电子商务营运中心，建有"工美艺城网"，并专门开辟了"个性化定制频道"，为用户打造个性化一站式购买服务。山西工美集团组建了民间工艺美术品电子商务中心，全力打造工美电商平台，将千年文化手工技艺与现代网络营销模式相结合。广东则有"广州传统工艺美术中心"，由广州轻工工艺美术企业板块整合了广州市工艺美术总公司、广州金银首饰有限公司、广州大新象牙工艺厂、广州市穗隆工艺美术中心有限公司和广州工艺美术研究所等资源，实行统一资源配置、统一运营，以传承推广广府"三雕一彩一绣"工艺精品为主要内容。在河南省内，省工艺美术行业协会于2014年省工美行业年会之后，便着手筹备组建"中原手造工艺美术行业电商平台"，经过一年来的调试，框架已具雏形。该平台由手工坊、精品城、创意社、手艺圈、爱艺客几部分组成，涵盖了大师作品展示、创意设计平台、微营销、手工艺新手入门等内容。

但是目前，洛阳的工美行业仍然较多地依赖传统的店面销售，还没有设立统一的工美产品电商平台。在有影响的三彩企业中，只有郭爱和的"三彩艺"和高水旺的唐宝斋在淘宝网上设有官方旗舰店。前者商品种类较为齐全；而后者刚开始做电商，尚不完善。至于洛阳美陶三彩工业公司，则还没有设立专门的网店。因此，政府应加强在这方面的政策引导，推动包括三彩在内的工美行业加快与电子商务的深度融合。可以考虑整合资源、设立统一的本地工美行业电商平台，对外集中展示、销售各种具有洛阳特色的工美产品。也可以先行倡导各家企业充分利用淘宝、拍拍、京东等有实力的知名电商平台，以及参加本省"中原手造"平台的"三彩"栏目等，来更加有效地提高产品营销的信息化水平，以促进企业、行业效益的更快增长。

三彩陶艺发源于洛阳，对中国陶瓷业的发展有很深的影响。"唐三彩"展现的是帝都在盛唐时期的气象，而今的"洛阳三彩"则全面地显示了作为丝绸之路东起点的洛阳在新时代的魅力。洛阳的三彩产业已经具有一定的规模和相当的影响力，但仍存在一些不足之处，亟须解决。相信经过政府和社会各界的努力，洛阳三彩产业一定能获得更好的发展，对洛阳市提升文化

产业竞争力和河洛文化软实力,打造"丝路起点"的城市名片,建设名副其实的中原经济区副中心城市,发挥出应有的推动作用。

参考文献

[1] 叶喆民:《中国古陶瓷科学浅说》,中国轻工业出版社,1960。

[2] 刘清炎:《现代洛阳仿唐三彩生产研究》,《河北陶瓷》1996年第2期。

[3] 陈进海:《世界陶瓷(第二卷)》,万卷出版公司,2006。

[4] 徐国桢:《河南陶瓷艺术》,河南美术出版社,2011。

[5] 毛阳光:《中原三彩根文化的前世今生——河南三彩产业发展现状及对策探析》,《洛阳师范学院学报》2013年第9期。

[6] 王洪伟:《再造传统——郭爱和三彩生肖陶艺的艺术经济学研究》,海燕出版社,2015。

[7] 工业和信息化部:《关于工艺美术行业发展的指导意见》,2014。

B.7 洛阳观赏石文化产业发展报告

洛阳市委党校课题组[*]

摘　要： 文化产业是传承创新文化的重要途径，是彰显城市文化价值和经济价值的重要载体。洛阳的观赏石文化历史悠久、底蕴深厚，为观赏石文化产业的发展奠定了坚实的基础。报告通过分析洛阳观赏石文化产业的发展现状及制约因素，提出了推进观赏石产业发展的思路和建议。

关键词： 观赏石文化　观赏石产业　发展

随着文化产业的发展，传统文化逐渐复兴，作为中国传统文化的传承之一的观赏石文化也由此出现繁荣局面。洛阳观赏石文化源远流长，素有"赏石文化根在河洛"的美誉，观赏石文化的历史传承促进了洛阳观赏石文化产业的发展。2013年，洛阳市获得"中国观赏石之城·赏石文化之都"的称号。

一　洛阳观赏石文化产业发展现状

近年来，洛阳观赏石产业和市场体系得到不断提升和发展，观赏石队伍亦不断发展壮大，从业人员达数万人，产业规模逐年扩张。每年定期举办观

---

[*] 洛阳市委党校课题组，组长刘福兴，副组长陈启明，成员：刘占斌、薛瑞泽、秦华、宋红伟、杜雨芳。执笔人秦华。

赏石交易会，参展人员以石会友、结伴采石、观摩研讨、互相交流，促进了洛阳观赏石水准的提升、藏石质量的提高，为洛阳观赏石产业的发展打下了良好基础。

（一）丰富的观赏石文化资源奠定坚实的产业发展基础

观赏石文化是中华文明和中国传统文化的重要组成部分。自古以来人们就以奇石探索文化，以文化阐释奇石，形成了博大精深、高雅文明的中华观赏石文化。在古老而悠久的河洛文化文明史上，流传着女娲炼石补天、后羿射日、"河图洛书"、"大禹贡石"、"夏启生于石"、周公置石祭石、武则天以河洛文字石改唐为周等传说和故事。在偃师二里头夏代遗址中出土的以天然绿松石组成的中华第一龙是中国的国宝级文物，也是中国最早的观赏石雏形。洛阳八大景之一的平泉朝游，讲述的是唐代宰相李德裕建的长达40里的以奇石为盛的平泉山庄，被称为历史上最大的观赏石庄园。大量的史料、文物和记载充分证明了奇石文化根在河洛。

观赏石是大自然馈赠的宝贵财富，其造型独特、意蕴深长，承载着一定的文化审美价值和收藏价值。洛阳独特的山地丘陵地貌，孕育了品类繁多、千姿百态的河洛奇石。从目前来看，有享誉海内外的洛阳黄河石和牡丹石，天然成画的国画石、梅花玉、伊源玉，图案画面生动的梅花石、荷花石，质地温润的黄蜡石，还有汝河画面石、伊河图案石、灵胭石、河洛丑玉等，共计50多种。河洛石以其石质好、石形奇特、色差明显、图案丰富享誉海内外，受到各地观赏石爱好者的青睐。其中，河洛石、黄河石一直是主打品牌，在观赏石界享有很高的声誉。

（二）市场化发展形成产业良性发展格局

洛阳是观赏石产业起步较早、发展较快的城市之一。随着产业规模的不断扩大，洛阳市推出了"政府主导、社会参与、市场运作、协会带动"的产业发展思路和模式。通过政府规划定址、企业投资建设，已建立大型奇石市场16座，涌现出许多个人家庭藏石馆、奇石文化村、奇石山庄、奇石一条街。目前洛阳市区有奇石市场三个：华夏奇石城、中原奇石城、黄河奇石城。县区奇石市场有新安县下孤灯村奇石山庄一条街、孟津县奇石一条街、吉利区奇石一条街、汝阳云梦奇石文化村、栾川樊营奇石文化村，其他县区也先后建立了奇石市场和奇石文化村，从业人员数万人，个人家庭藏石馆万余个。

产业发展形成了市场，市场建设又成为产业扩大的载体。观赏石从业人员以经营当地石种起步，经过多年的经营积累，广开视野，进而把目标瞄向全国各地，走出去卖，引进来销，促使经济效益大幅增加。中国观赏石协会科学艺术顾问、《中国石谱——当代观赏石》撰稿人徐忠根到洛阳调研考察观赏石文化及产业发展状况，通过走访市区、栾川、新安、孟津奇石市场，对洛阳观赏石文化及产业给予了很高的评价。2014年，洛阳承办的"2014年中国（洛阳）赏石文化艺术展暨交易会"，通过大力宣传、精心组织、积极营销，在牡丹文化节期间，成功举办了奇石交易会和精品展。赏石文化艺术展，吸引了来自北京、山东、四川、湖南、广东、广西、甘肃、宁夏、青海、内蒙古、新疆、浙江、辽宁、云南等省（区、市）的40余个代表团参展，共设交易摊位300余个，展出奇石600余方，展出和交易的有黄河石、长江石、大化石、灵璧石、风砺石、葡萄玛瑙石、绿松石等100余个品种，成交额达600余万元。

（三）展会经济推动产业节会品牌建设

洛阳在观赏石产业发展中，始终重视产业发展平台的搭建，通过"走出去、请进来"，以多种方式发展节会经济，扩大观赏石文化交流，促进观赏石交易流通。洛阳通过积极举办展会和参与中石协在全国各地举办的年会、研讨会，利用电视媒体、微信平台、通过《宝藏》《中华奇石》杂志大力推广洛阳奇石品牌，提升洛阳在观赏石界的地位和声望。2013年4月，洛阳市被中国观赏石协会授予"中国观赏石之城·赏石文化之都"的称号，栾川被评为"中国观赏石之乡"，洛阳市成为全省观赏石博览交易中心。

1991年，中国盆景园林协会在洛阳西苑公园举办了第一届赏石展，规

模空前，影响巨大，由此奠定了洛阳在国内观赏石界的地位。1995年，洛阳与韩国国家寿石会建立了姊妹会，举办了首届洛阳国际赏石艺术节，由此洛阳观赏石走向全国、跨出了国门。20多年来洛阳观赏石协会举办了大型国内国际观赏石交流、交易、博览会，带动了周边省市观赏石文化的快速发展，对弘扬洛阳观赏石文化，促进招商引资、旅游发展起到了积极的推动作用。譬如，2014年洛阳承办了"2014年中国（洛阳）赏石文化艺术展览暨交易会"；洛阳黄河奇石协会举办了"谷风秋水奇石精品展销博览会"；栾川县观赏石协会积极参与国家及省内外的活动，大力推广栾川的"三石一玉"和"中国观赏石之乡"品牌。洛阳市观赏石协会、栾川县观赏石协会参加了中国观赏石协会在宁夏石嘴山组织召开的"中国观赏石之城、之乡"研讨会，针对观赏石文化和观赏石产业发展提交了论文，并进行了交流和研讨，起到了很好地宣传洛阳观赏石文化的效果。2014年洛阳观赏石协会还参与了在台湾举办的"2014海峡两岸赏石文化交流展"，这次交流展的主题是"两岸一家亲、同圆赏石梦"，进一步弘扬了中原观赏石文化。

2014年8月，由河南省观赏石协会与洛阳市观赏石协会联合主办的"全国赏石日"活动，吸引了来自郑州、开封、商丘、安阳、鹤壁、济源及洛阳各县市区的河南石界各地观赏石名家云集到洛阳市洛龙区宝龙城市广场中国河洛原石博物馆，围绕"赏石文化的传承与保护"，以"欢庆赏石日，申遗颂年华"为主题，针对营造观赏石氛围、扩大观赏石影响、发掘和利用观赏石资源、发展和繁荣奇石市场、加强和扩大观赏石交流、推动观赏石产业发展、打造观赏石品牌进行了热烈的研讨。

年度大型展会、节会的有序举办，不仅扩大了观赏石市场的流通额和市场人气，而且各地观赏石从业者的交流和切磋，持续提升了观赏石水平和经营收藏品位，进一步巩固了洛阳在中国观赏石界的地位。

（四）创新载体拓展产业发展空间

为弘扬中原观赏石文化，展现中原奇石的风采，洛阳观赏石协会多路出击，积极营销，多方式、多途径积极推介和宣传中原观赏石文化。

1. 建立网络平台

2014年，洛阳市观赏石协会创办了自己的网站。网站平台的建立，为宣传河洛奇石文化、奇石精品，促进石友交流，提供了更为广阔的新媒体平台和空间。洛阳市观赏石协会网站致力于弘扬河洛观赏石文化，立足洛阳，面向全国，积极报道石界动态、石展信息，展示了大量精美的奇石图片，推介、出售精美奇石，影响力日益扩大。

2. 推动观赏石博物馆建设

河洛石文化博物馆、中国原石博物馆、在建的新安"中韩奇石文化博物馆"、"洛阳赏石文化主题公园"，为观赏石文化营造了浓厚的观赏石氛围，提供了精品交流、鉴评和展示的平台。新安县"中韩奇石文化博物馆"规划占地36亩，建筑面积3680平方米，是新安县观赏石协会的重点工程，目前主体工程已全部完工。该博物馆的建成将成为新安对外开放的一张亮丽名片，成为新安乃至洛阳市观赏石行业的典范。

3. 创新宣传媒介

"奇石雅韵"系列个性化邮票和邮册的发行，《大美黄河石》《中原石韵》《石说洛阳》等画册和期刊的出版，进一步提升了观赏石文化的内涵范畴。"奇石雅韵"是洛阳市观赏石协会与市邮政局合作，创造性地将集邮文化和观赏石文化融合，策划并报请中国邮政批准发行的系列个性化邮票。2014年邮册首期发行，主题突出了河洛奇石的风韵，邮票采用4枚过桥版式，每版4枚主图、9枚附图，全套邮票共发行12版，展示了108方河洛奇石。邮册的发行，得到了观赏石界的充分认可，丰富了"中国观赏石之城·赏石文化之都"的内涵。同时，洛阳市观赏石协会与洛阳商报联合创办的"石说河洛"专版，每周一个版面，通过与主流媒体联合普及观赏石知识、弘扬观赏石文化、宣传河洛观赏石、助推事业发展的做法，在中石协年会上得到充分肯定。

4. 扩大对外交流

洛阳观赏石协会积极承办的"中国（洛阳）赏石文化艺术暨交易会"、"全国赏石日"主题活动，参与的以"两岸一家亲、同圆赏石梦"为主题的海峡两岸观赏石文化交流，为发掘和利用观赏石资源、发展和繁荣奇石市场、加强和扩大观赏石交流、推动观赏石文化产业健康发展，开辟了更为广阔的平台和空间。

二 洛阳观赏石产业发展存在的问题

洛阳观赏石产业起步较早，市场体系基本完备，产业发展基础较好，但是总体实力相对弱小，经营和服务水平还有待提升。随着各地观赏石产业的蓬勃发展，洛阳市观赏石产业发展明显与"中国观赏石之城·赏石文化之都"的称号不相匹配，与国内奇石产业发展较好的柳州、灵璧、临朐等地相比，在市场建设的规范化、产业链条的拓展、产业融合发展方面还存在不小的差距。

（一）市场布局不合理，经营管理混乱

目前洛阳市的观赏石市场总体规模比较小，大部分处于"小、散、弱"的经营状况，没有实力雄厚的经营机构和相对成熟的市场运营体系。全市最大的三个观赏石市场，黄河、华夏、中原奇石市场，经营规模、交流范围有限，有些还与花卉市场"搭伙"，处于自发生产、自行交易的"摊贩式"销售状况。随着洛阳大遗址保护区的不断扩大，中原、华夏奇石城面临被拆迁的可能，将直接影响观赏石的日常交易和未来的发展。洛阳观赏石群体都是民间自发形成的，石友的年龄层次偏高，以离退休人员居多，日常经营全凭个人喜好，很多店面时开时关，市场经营管理散漫无序，缺乏规范化运营和标准化管理。

（二）经营品种单一，市场销售疲软

洛阳观赏石市场，以本地的黄河石、荷叶石、国画石为主打石种，具有潜力的本地产黄蜡石、梅花石、云梦石等石种占的市场份额不大。许多品质好、上档次的精品石被外地收藏大家收藏。洛阳奇石市场不仅对本地石种市

场开发不力，而且外地品相较好的石种在市场上也难觅芳踪。譬如，色彩好、质地佳的大化石、彩陶石、三江彩、黄龙玉等外地石种，在洛阳奇石市场上很难见到。洛阳奇石市场的封闭发展严重阻碍了洛阳奇石文化向多元化、深层次发展，致使奇石产业发展陷入低谷。

（三）观赏石队伍良莠不齐，专业人才欠缺

观赏石产业作为文化产业的有机组成部分，其发展需要观赏石文化作为支撑，从业人员必须具备较高的文化层次与艺术品位，才能发掘观赏石文化的内涵，提升经营水平和销售业绩。根据实地调研，洛阳观赏石产业整体上处于粗放经营、低价同质竞争的态势。观赏石群体的年龄结构偏大，多数石友对奇石的文化内涵挖掘、组合展示技能、营销技艺等方面还停留在低水平阶段。石友群体的文化素质普遍不高，观赏石圈内美术、文学或者地矿方面的专业人员比例非常少，拥有国家级观赏石价格评估师和国家级观赏石鉴评师资质的寥寥无几，有经济实力、鉴赏水准、文化底蕴深厚的石商更是屈指可数。

（四）产业链条不完整，市场拓展不力

从观赏石产业链的发展来看，洛阳的观赏石产业还处于初级水平。大多数石商从事的都是低端的"寻石——售石"的"发现式"产业模式，在售石的深加工方面，也仅仅在天然出产原石的基础上进行简单的打蜡、底座配售，从事石料的磨、切、刻、雕等加工工艺的工厂和人员稀缺。相比国内赏石产业较为发达的广西、云南等地，已经形成的集野外采集、收购批发、运输物流、底座制作、展示零售、定制加工、鉴赏研究等环节在内的完整观赏石产业链条，形成的庞大的产业规模，洛阳在观赏石产业全链条发展方面还存在很大的差距。此外，由于宏观经济形势的疲软、观赏石市场的需求量、普通民众的认知欣赏程度、石商的资金局限等多重原因，导致观赏石单一的店铺经营效益普遍较差。在观赏石营销方面还需进行不断地创新，诸如与建筑、景观、装饰、设计业界的产业链对接，在人流量大的纪念品商店、商场

进行"嵌入式"展示和营销等模式,均能有效地提升赏石产业的市场开发和效益。

(五)产业品牌意识不强,外部环境不优

虽然洛阳观赏石文化源远流长,奇石资源丰富,但是一直以来观赏石群体对河洛奇石的种类划分、品质等级没有一个规范化、统一化的行业规范和界定。奇石收藏、奇石鉴赏、奇石展览、奇石理论研究、奇石文化活动组织以及奇石文化教育和传播等方面,一直属于"业余"性质,严重制约了观赏石产业的发展。政府颁布的文化产业发展规划中,也没有对奇石产业的鼓励和扶持政策,致使专业化、具有洛阳地域特色品牌的奇石从业者和公司寥若晨星,技术精良、艺术精湛、服务完备的配套产业队伍更是极度稀缺。洛阳观赏石产业的品牌发展,整体上缺乏专门的观赏石文化产业品牌经营管理机构、专门的管理和保护制度、品牌经营的统筹规划、知名品牌的奖励政策和保护。市县两级的观赏石协会,也仅是一个民间组织,在统筹、规划、管理等方面还缺乏一定的力度,未能有效地调动多方面的资源。

三 洛阳观赏石文化产业发展对策建议

近年来,中国观赏石市场迅猛发展,奇石新品种不断被发现、挖掘,国内外观赏石的交易越来越频繁。观赏石丰富的文化内涵和精神财富,是发展观赏石文化产业的优势所在,未来将成为文化产业发展的新亮点。洛阳观赏石产业应抓住建设文化示范区的机遇,不断开拓创新,推动观赏石文化产业的健康发展。

(一)加大对观赏石产业的支持和引导

政府的支持是发展观赏石文化及观赏石事业的先决条件。为此,一是将观赏石文化纳入市文化产业发展总体规划,促进观赏石有序开发、科学管理和长远发展。二是出台相关政策,以市场化方式吸引经济实力强、技术水平

高的企业参与观赏石产业开发，吸引、鼓励企业投资修建大型石馆、观赏石文化产业园和观赏石交易市场，扶持、帮助石友建立家庭石馆、展馆，合理开发、保护观赏石资源。三是加大观赏石文化研究与宣传力度，充分利用展会、报纸、杂志、广播电视、互联网平台等多种形式，与文化旅游相结合，多角度宣传，扩大洛阳观赏石文化的吸引力和影响力。

（二）积极推进观赏石市场建设

洛阳目前观赏石市场布局不合理，经营管理混乱，缺乏一个大型的专业观赏石市场，当前洛阳亟须建立一个具有洛阳特色的观赏石交易场所。可以依托现有的黄河、华夏、中原等奇石市场，积极争取资金，加快市场内的基础和配套设施建设，逐步形成规模；另外，洛阳的历史文化资源丰富，在开发文化旅游资源中，还可以把奇石作为独特优势进行开发，将不同类型的资源优势互补、功能互补、互相促进、协调发展，构成区域资源特色。

（三）创新产业发展新机制，推动赏石产业融合发展

洛阳观赏石产业发展缓慢，与洛阳在业界的地位明显不匹配，整个产业链仅仅停留在下游低端阶段，经济效益相当不明显。为了推动产业发展，一是创新产业发展机制，通过政府引导、市场化运作，调动社会力量参与观赏石产的发展。提升奇石产业的跨越式发展需要金融杠杆来"撬动"，借鉴柳州的奇石公盘交易和奇石的质押贷款金融业务，不断丰富奇石交易方式。二是加大对赏石文化内涵的挖掘与整理，赋予其新的魅力和时代气息，使观赏石更具经济和文化价值。

（四）提高观赏石文化产业从业人员素质

借鉴高层次人才引进管理办法，带动本土人才的培养和成长，切实解决观赏石产业开发人才短缺的问题。一是广泛吸纳有实力、高素质的玩家、藏家参与到观赏石活动中来。二是鼓励奇石爱好者参加中石协组织的鉴评师培训班，提升鉴评能力和水平。三是组织石友们开展多种形式的赏石交流及研

讨活动，在结识朋友、传承文化的同时，感悟观赏石蕴涵的深刻哲理和文化内涵，充分展示观赏石的特色和魅力。

（五）加强观赏石工艺品开发，搞好产业协作

对于观赏石工艺品开发，可定期举办一些设计比赛，集中社会各界的智慧，在此基础上进行批量生产，并在相关奇石市场及旅游景点开设专卖店，或者创办旅游商品一条街，以满足不同游客的要求。此外，还要搞好产业协作配套，一是发展观赏石采集与挖掘产业，不断发现新石源；二是发展观赏石的包装与物流产业，加大营销力度。以观赏石产业为主体，拉动餐饮、住宿、运输和园林、根艺、书画等文化产业的发展，实现经济效益和社会效益的双赢。

B.8 新安澄泥砚发展存在的问题与对策建议

新安澄泥砚产业发展问题研究课题组*

摘 要： 澄泥砚起源于前汉，兴盛于唐宋，成熟于明代。目前澄泥砚的主要产地有河南洛阳、山西绛县、山东青州。新安县澄泥砚拥有"河洛澄泥砚""虢州澄泥砚"两大品牌，分析其市场营销、产品开发、企业形象策划、生产技术、产业规模等方面存在的问题，建议通过文化切入提升市场知名度、发展电子商务、提高产品开发水平、改进产品生产技术、拉长"澄泥"产业链、政府强化服务管理，努力打造成为洛阳华夏历史文明传承创新核心区的文化示范产业。

关键词： 新安澄泥砚 文化产业 存在问题 对策建议

近年来，新安澄泥砚已发展成为知名地方文化产业，生产厂商10余家，产品种类达300余种，年产值1000余万元。新安县澄泥砚厂、河洛澄泥砚厂、华夏澄泥砚厂、龙龟澄泥砚厂等都具有较高的知名度，随着一批批砚林精品的不断推出，已蜚声中外，并迅速走红日本、韩国、加拿大、美国、英国、法国、澳大利亚、新加坡、中国台湾、中国香港等国家和地区。

---

* 新安澄泥砚产业发展问题研究课题组，组长王彩琴，洛阳理工学院文学院院长，教授，博士；副组长刘保亮，洛阳理工学院文学院副院长，教授，博士；成员徐江平、廖桂华。

一 澄泥砚生产及发展历程

澄泥砚起源于唐代而兴盛于宋代，明代达至炉火纯青。宋代，澄泥砚兴盛，在黄河中下游先后形成了多个澄泥砚产地，虢州、陕州（今河南陕县）、泽州（今山西晋城）、绛州（今山西新绛）以及山东泗水、河北滹沱河、陕西骊山等地都有澄泥砚出品。到了明代，我国南方亦有制作。

目前澄泥砚的产地有河南洛阳、河北钜鹿、山东青州、山西绛县、湖北鄂州、四川通州和江苏宝山等地。国内澄泥砚文化产业集中在河南、山西、山东三省。山西澄泥砚的重新崛起始于20世纪80年代，山西省新绛县博物馆副研究员蔺永茂、蔺涛父子经过数年研究，多方搜集历史资料，不断进行产品实验，经过坚持不懈地挖掘、开发、复原、创新工作，最终使失传数百年的"绛州澄泥砚"再次问世，重新研制出了烧制"澄泥砚"新方，并申请注册为"绛州澄泥砚"。20世纪80年代以来的绛州澄泥砚，精心进行图案、造型设计，色泽秀丽典雅，雕刻形式多样，风格大方古朴。由于绛州汾河湾的泥质干，具有强度偏高、韧性强、手感滑腻、可塑性高等品质，使"新绛县澄泥砚传统手工技艺"于2008年入选"国家级非物质文化遗产名录"，填补了此方面的空白。另外，山西忻州定襄县河边村的澄泥砚如今也有一定的生产规模。

山东澄泥砚为鲁柘澄泥砚，产于泗水县柘沟镇，在春秋时期属于鲁国，因而得名。唐朝时已成为四大名砚之一。宋唐彦猷的《砚录》云："潍州北海县山所出烂石，土人研澄其末，烧之为砚，即柳公权所云青州石末砚。"宋李之彦的《砚谱》云："青潍州石末砚，皆瓦砚也。"宋欧阳修的《砚谱》（《居士集》卷七十五）载："青州、潍州石末研，皆瓦砚也。其善发墨非石砚之比，然稍粗者损笔锋。石末本用潍水石，前世已记之，故唐人惟称'潍州'。今二州所作皆佳，而青州尤擅名于世矣。"宋苏东坡论文房之"书青州石末砚"云："柳公权论砚，甚贵青州石末，云'墨易冷'。世莫晓其语。此砚青州甚易得，凡物耳，无足珍者。盖出陶灶中，无泽润理。唐人以此作羯鼓腔，与定州花瓷作对，岂砚材乎？砚当用石，如镜用铜，此真材本性也。"（《苏轼文集》第五册卷七十题跋）清沈心的《怪石录·附录》："石末，出潍县，以潍水中石碾极细末，复漂净，陶为砚，故名石末，自唐时已重之。"从上述典籍看，石末砚是将"烂石"碾碎，然后澄细为石泥，制成砚形，入窑烧制为石末砚。南宋以后，鲁柘砚工艺逐渐失传。时至中日建交的1972年，因日本访华团的成员要求购买鲁柘砚，由此引起有关部门的高度重视。泗水县此后多次进行调研，组织力量生产，但均未获得成功。在1989年孔子文化节期间，省内一些专家再次呼吁恢复生产鲁柘砚。泗水县决定成立鲁柘砚工艺研究所，并由出生在柘沟镇、喜爱且接触过鲁柘古砚的杨玉祯临危受命，承担起鲁柘砚的"复活"重任。1990年冬天第一窑鲁柘砚试烧，获得成功。鲁柘砚的特点是：温润如玉、沉静坚韧、声若金石、含津益墨，使用时手触生晕、发墨如油、不渍水、不损笔。鲁柘澄泥砚有墨、酱红、灰、花等十多个花色、品种。时任全国政协副主席谷牧1991年5月出访日本时，曾将鲁柘砚作为国礼，赠送给时任首相海部、中曾根等。鲁柘砚于2007年初，成为"山东省非物质文化遗产"。目前鲁柘砚在日本、韩国和东南亚享有盛誉。

　　河南省澄泥砚生产集中在郑州、新安、三门峡三地。郑州黄河澄泥砚的创始人王玲，从1989年研制澄泥砚，到1991年申请国家专利，通过近3年的努力，经过100多次试验，完全掌握了澄泥砚从选泥到风干、浸泡、过滤、和泥制坯、雕刻、烧制这一整套的过程。1992年，黄河澄泥砚作品获国家轻工业部、商业部、旅游局联合颁发的最高奖"天马金奖"。黄河澄泥砚的市场出售，主要是借助黄河风景名胜区，让游人有机会去了解、感受、购买黄河澄泥砚，有眼力的收藏家会趁此收藏自己中意的作品，有时也通过拍卖行去拍卖一些精品。①

　　三门峡市辖区为古代虢州所辖区域。据《陕州志》记载：虢州澄泥砚，唐宋皆贡，泽若美玉，击若钟磬，坚而不燥，抚之如童肤，贮墨不耗，积墨

---

① 刘玉：《黄河澄泥砚：在重生中升华美感》，《理财》2012年第10期。

不腐。三门峡生产陕州澄泥砚，主要集中在张村塬上的人马寨村。人马寨村属陕县宜村乡，位于三门峡市南部。该村历史悠久，仰韶、龙山文化遗址就位于人马寨村东北部沟边的台地上。村中从明代起，就一直有烧制澄泥砚的历史。到清代，特别是晚清，盛极一时，且以当地王氏家族所制澄泥砚最负盛名，出现了王玉瑞等一批制砚能手。他们在继承唐、宋时期虢州澄泥砚制作技艺的基础上，吸收了秦砖汉瓦、青铜器纹饰以及民间年画、剪纸等吉祥图案，别出心裁制造出许多极具地方特色和文人色彩的澄泥砚，受到了文人钟爱。清光绪二十八年（1902年），创立"陕州工艺局"，为官督商办的手工业工场。清末民初，人马寨村生产澄泥砚作坊有二三十家，在陕州城开有不少字号，当时的"王玉堂""永兴堂""永兴泰""永兴和"等享誉四方。抗日战争时期日寇攻打到陕州张村塬时，人马寨村生产的澄泥砚被日军全部打碎铺路，村人备受打击迫害，制砚无法生产，只得关窑停产。1993年，三门峡市文物局张建成经过向老专家、老学者、老艺人求教，1995年注册生产"虢国澄泥砚"。①

二 新安澄泥砚文化产业发展现状

河南澄泥砚生产以新安县澄泥砚最为出名。20世纪70年代起，新安民间工艺美术界立志传承历史文化瑰宝，经历多年的艰难探索，终于在继承制砚的古老工艺、技术的基础上，融会现代科学手段，探索整理出一套独特的制砚工艺，使这一传统文化产品得到恢复、继承和创新，出现了"河洛澄泥砚""虢州澄泥砚"两大品牌。新安"河洛"澄泥砚源远流长。1880年，清末新安秀才游文豪游学陕州后遂将陕州制作泥砚技艺融入新安澄泥砚制作工艺中，使新安澄泥砚之制作工艺更加完美，砚形古朴典雅，质坚如石，砚色窑变出世人推崇的极为珍贵的朱砂红、绿豆青、鳝鱼黄等颜色，而后传至下代游玉甫（广益）、游玉秀、游传禄等人，新安河洛澄泥砚这一传统绝技

---

① 瑞霖：《名噪一时的陕州澄泥砚》，《东方收藏》2014年第2期。

才得以传承至今。1973年，游敏用了8年时间基本上掌握了"河洛"澄泥砚全部制作工艺，并在形与色上取得了重要突破，不仅窑变出古澄泥砚呈现的朱砂红、鳝鱼黄等珍贵色彩，且神奇的窑变出罕见的"云水纹理"，为澄泥砚这门古老的传统工艺注入了新的活力。几十年来，他传授带徒102人，并创建了我国第一个澄泥砚专业艺术展馆"河洛澄泥砚艺术馆"。

新安"虢州澄泥砚"源自王玉瑞。李廷选随王玉瑞制砚十年，后回乡传子李虎，后又传李天祥、李德西、李中献，使这一流传千年以上的绝技在新安保留下来。20世纪80年代，李中献投资办起了新安县虢州澄泥砚厂，并注册了"虢州澄泥砚"商标。他在前人的制砚基础上承古而创新，产品坚持手工制作，采用药物熏蒸，通过火中涅槃而窑变百色，从而烧制出古代澄泥砚所少有的蟹壳青、檀香紫等珍贵色彩，产品坚实厚古、雅俗共赏。新安"虢州澄泥砚"的配方和中医处方的"君、臣、佐、使"的原理基本相似：以精挑细选的黄河新安段澄泥为主，构成砚台的主体，是为"君"；以一种能和黄河泥融合在一起的矿物质作辅料，以提高砚台的硬度、强度和耐高温度，是为"臣"；以另一种矿物质来提高砚台的柔韧和耐磨性，是为"佐"；最后再加一种矿物质，成分虽少，但能充分提高砚台的光滑和温润感，当触摸砚台时，如触童肌。最后一种矿物质充当了配方的"使"的角色。"君、臣、佐、使"构成了砚台配方的整体。李喜阳现为"礼智堂"创始人，注册有"黄河泥都"澄泥砚商标，先后研制出以古都洛阳文化为主体的"卢舍那佛"系列砚、"河图洛书砚"、世界文化遗产"龙门大佛"系列砚、国花"洛阳牡丹"系列砚等，纯手工批量化生产，其澄泥砚写字作画虫不蛀，嗅之有淡淡清香，堪与古砚媲美。

新安澄泥砚的主要特点：一是质地细腻。采用黄河中段新安境内沉积的优质澄泥为原材料，质地很细腻。二是坚实厚古。经高温烧制，坚如石，扣之声若钟磬。三是窑变奇特。每一窑都不尽相同，因而产生许多珍贵稀有之色彩，如朱砂红、鳝鱼黄、绿豆青等。四是形制多样。造型日趋丰富，雕刻技法日渐成熟，品种已有上千种，和其他三大名砚的石砚相比，它具有造型立体性强的特点。通过长期不懈努力，2002年10月，新安澄泥砚被洛阳市人民政府确定为三大旅游产品之一（澄泥砚、唐三彩、青铜器）。2003年9月，新安县被中国工艺美术协会评定为"中国澄泥砚之乡"。2006年新安"虢州澄泥砚"制造工艺，被列入"河南省非物质文化遗产项目保护名录"。

三 新安澄泥砚发展存在的问题

新安澄泥砚发展已有良好基础，也有力地促进了地方文化产业的腾飞，但同时也存在一些有待改进的问题。

1. 市场营销有待加强

新安澄泥砚其制作技艺自公元前114年新安修筑汉函谷关之时已经成熟，制砚技艺代代相传，而且新安在唐代地处繁华的西安、洛阳两京大道之间，北宋时又紧邻西京洛阳，深厚的历史渊源和优越的地理位置使新安澄泥砚具有较高历史知名度，也奠定了无与伦比的现实发展基础。由此出发，在国内澄泥砚河南、山西、山东市场的三分天下中，它应该独占鳌头。但事实上，新安澄泥砚无论是市场知名度还是市场销售份额，均已落伍于绛州澄泥砚。这一差距从一系列的荣誉对比中可见一斑：绛州澄泥砚，2006年被认定为"中国驰名商标"；2008年绛州"澄泥砚制作技艺"独家入选"国家级非物质文化遗产保护名录"；2003年以来，绛州澄泥砚四度蝉联联合国教科文组织"世界杰出手工艺品徽章"；四度蝉联"国之宝"最高荣誉称号；四度蝉联"中华民族艺术珍品"荣誉称号；2010年"东方之冠砚"被特选为上海世博会定制产品；2011年"荷塘月色砚"被北京、台湾两岸清华大学选为百年校庆特制礼品；2011年红色革命圣地系列砚，被延安、上海、遵义、井冈山等革命圣地纪念馆永久收藏；2012年"关帝夜读春秋砚"被特选为关帝圣像首次赴台巡游文化礼品。①

新安澄泥砚市场营销力度不够。从走访的"河洛"澄泥砚、"虢州"澄泥砚两家生产厂商看，近几年他们从未有计划、成规模地进行过市场调研，

---

① 吴喜德等：《绛州澄泥砚 潇洒世界行》，《农产品加工》2013年第10期。

而只是对上门求购客户简单询问,也未能系统建立客户群资料,未能追踪客户未来购买需求与意愿。澄泥砚销售的实体店数量不足,洛阳龙门石窟、白马寺等几大著名旅游区没有设立专卖店或销售点,市区内的店址也名气不大,靠客户相互打听而得知。营销渠道以熟人介绍为主,市场宣传造势、广告策划、文化活动几近于无。

2. 产品开发有待深化

新安澄泥砚产品数量已有300余种,但整体上吸引客户的畅销产品为数不多。从价格上看,一方面,产品高端化开发不够,高艺术设计、高技术含量、高市场价格的产品缺乏,致使其不能走向收藏,不能成为社会上层人士的奢侈品,不能更好地销售到海外市场;另一方面,产品大众化不够,缺乏瞄准普通游客的百元价位、携带方便的小型化产品,缺乏走进中小学校书法课堂、放置老年人书桌案头的日常砚台。从产品创新看,由于主创人员以家传为主,绝大部分年龄在30岁左右,尤其缺乏雕塑、绘画等艺术专业背景,造成产品创作的水平不是很高。在雕刻技艺上,花草虫鱼没有质感,鸟兽虽有其形却无其神,较差的更是纹不成纹,线不成线,雕刻语言缺乏,甚至不少澄泥砚实行倒模生产。在雕刻题材上,所雕内容陈旧,非星即月,非龙即凤,如果是动物则多为麒麟、青蛙之类,如果是植物则是瓜果、葫芦之属,无论是何种动物,往往一个圆点即为眼睛;无论是何种植物,树叶也往往只有一个模式,缺乏艺术味道。相比较,近几年定襄惠氏澄泥砚推出了十分畅销的"平步青云砚台",颇有诗情画意:砚台右上方祥云间满月悬挂,左下方拱手而立的书生站于团团祥云之上,微风拂过,云朵流动,衣带飘飘,整方砚中似乎有一股暗流旋转、流泻于外,内含寄寓"平步青云"的美好祝愿。相比较而言,新安澄泥砚产品总体上推陈出新力度不够,产品不能紧跟时尚文化变迁,不能充分体现河洛地域文化元素。从产品市场细分角度看,如何针对政府、企业、学校、游客以及个体消费者的不同需求,有选择和侧重地开发专用礼品砚、企业文化专用礼品砚、会议专用礼品砚、特色旅游纪念品以及个人专用礼品砚,在产品个性化设计、生产上尚需做好文章。

3. 企业形象有待策划

新安的澄泥砚厂多为私营中小型企业，因受到规模与资金的制约，其对外企业形象宣传有较大的地域限制。在电子商务方面，百度搜索显示新安澄泥砚只有两家厂商做有网页，而且网页内容简单，缺乏历史文化气息，产品也只是图片展览，没有进一步的详细说明和内涵介绍，客户对检索信息等的需求不能得到满足。网站的维护十分不力，更新特别缓慢，甚至两年来都没有什么变化，致使客户无法得到企业的有用信息。还有，企业产品在线订购功能缺乏，安全验证没有，网络营销有较大制约。因此在企业增效上，电子商务基本没有发挥其作用。当今互联网时代，新安澄泥砚生产厂家亟须开发电子商务，满足企业效益需求。

4. 生产技术有待提高

澄泥砚的制作工艺也是在由简到繁、由粗到精的过程中不断改进、日趋完美的。澄泥砚的燥与润、粗与细，首先在于泥材的结构，分子密度大时必细，密度小时必粗，密度是决定砚质是否坚实、是否发墨的主要条件；其次是澄泥中的金属成分，也是发墨与否的主要条件；再次是烧制的火候，火候高，泥的密度大，也会导致澄泥砚不发墨，滑润多于滞涩。澄泥砚的不同颜色也与烧制温度有关。古人在制作砚的过程中逐渐摸索出控制火候的技术，并试着在澄泥砚中加入不同的添加剂，如石末、黄丹等，以提高澄泥砚的质量。总的看来，在原料中加入添加剂，控制烧制温度和烧成后的处理，是澄泥砚制作成功的关键。① 澄泥砚的制作工艺复杂，选泥、晾晒、和泥、制坯、雕刻、烧制、熏蒸等环节都很重要，一个环节出现问题，直接影响着澄泥砚的质地、色泽和外观。

考察发现，新安县澄泥砚目前仍然处于典型的家庭作坊式生产，工艺及设备相当落后，致使生产效率低下，也不易保证泥料的工艺性能，进而影响制品的内在质量。以新安虢州澄泥砚的生产为例，其问题工序主要有：过筛、泥浆去水、练泥、烧成。过筛，采取多层化纤滤布自然过筛的工艺，其

---

① 王通：《华夏澄泥砚展销系统设计与实现》，天津大学硕士学位论文，2013。

缺点是过筛效率低,且泥料的控制细度偏大;泥浆去水,其缺点是脱水效率极低,且泥料的含水率不易控制(或控制精度差,只能凭经验掌握),易混入杂质;练泥,采取人工揉捻、摔打泥料的方法进行练泥,这种练泥方法一则劳动强度大,二则所得泥料不够致密、空气含量高,这将严重影响制品的成型与干燥质量;烧成,采用小型、简易的燃煤窑烧成,其缺点是热耗大、环境污染大、窑温波动大,成品率较低,只有50%左右。

5. 产业规模有待扩张

新安澄泥砚产业规模较小,只见企业不见产业。影响比较大的企业有两家,每家从业人员基本在二三十人,年产值在200万元左右,其他企业规模更小。澄泥砚生产组织形式主要是家庭作坊,经营管理以家庭成员为主,生产澄泥砚产品的主要原材料是陈年黄河泥,燃料主要是煤(因为用气、电难以控制产品质量),其产品的价值主要取决于创作人的智力劳动,经销半径以洛阳地区为主,因此,澄泥砚产业对其他产业的发展关联性较小,带动性不强,对地方经济社会发展的贡献有限。

四 新安澄泥砚发展对策建议

针对新安澄泥砚的发展现状与存在问题,提出以下建议。

1. 从文化切入提升市场知名度

从澄泥砚文化入手,着眼国内产业发展,建立产学研合作基地。一是依托企业成立澄泥砚研究院。以澄泥砚研究院为平台,加强与国内砚文化研究机构和行业协会的交流,特别是我国四大名砚生产企业之间的交流,彰显四大名砚的地位和身份,叫响四大名砚的品牌。二是牵头成立黄河澄泥砚产业协会,加强与黄河沿岸特别是河南、山西、山东三省澄泥砚生产企业的合作交流,提升经营理念和产品艺术水准,在竞争与合作中共同开拓国内市场。三是策划举办"澄泥砚文化节""澄泥砚书法艺术展"等全国性或地域性澄泥砚文化活动。

新安澄泥砚企业要加强宣传造势,灵活运用各种媒体进行广告宣传。注

重个性营销,通过与个人需求的充分沟通,提供产品设计方案,最大限度地满足私人定制的个性化需求,提高产品的边际贡献能力。要充分借助中国牡丹文化节、河洛文化节等节会活动,扩大产品影响。

2. 发展电子商务

新安澄泥砚生产企业多为私营中小型企业,发展电子商务是降低其成本的先进战略。中小企业随时面临着严酷的市场竞争,这就要求它们利用信息技术手段把握市场方向,提供更加先进的管理。通过调研发现,新安澄泥砚生产厂家需要发布的信息包括:企业介绍、企业荣誉、行业动态、产品信息等方面,应设计网站管理系统,包括网站设置、用户权限管理、数据管理等网站管理模块,可构建包含首页、信息发布与检索等功能模块。澄泥砚生产厂家应根据实际选择适当的方式参与电子商务,加强网站建设,充分利用网络信息环境,及时地对公司信息及产品信息进行发布、更新,使用户尽可能全面地了解公司状况,根据自身需要对产品进行查询、浏览,并在线咨询相关信息,实现在线购销,从而使企业以更小的投资获得更大的收益。

3. 提高产品开发水平

明确产品开发的定位。将澄泥砚产品区分为艺术品和纪念品两大类。前者注重澄泥砚的历史文化定位——四大名砚之一,找准澄泥砚与历史文化和砚文化的结合点,突出产品的艺术性,在仿古线路上下功夫,增加澄泥砚的文化价值和收藏价值。例如,产品设计主题方面,突出历史传说、神话传说、历史典故、历史人物、风景名胜,寄托人们的美好愿望。后者注重澄泥产品的观赏性、纪念性,以不同档次与价位满足大众文化需求,如构图设计上突出老百姓喜闻乐见的历史人物、动物、建筑、自然景观、花鸟鱼虫等,实现澄泥砚产品的市场价值。尤其在当今体验经济时代,澄泥砚产品要凸显文化,挖掘内涵,无论何种构图和造型,无不雕饰精美,栩栩如生,一方砚就是一首诗、一幅篆刻作品、一个美丽的传说、一幅优美的风景画、一个动人的故事,中华文化的博大精深,都可以在一方小小的澄泥砚上展现。要瞄准文化旅游市场,注重融入河洛文化元素,凸显洛阳文化符号,进驻洛阳旅游景区,或在大型文化园区设立澄泥砚专题体验区,以唤起人们的历史记忆与生命体验。收藏新安澄泥砚就是收藏河洛文化、收藏河洛艺术、收藏河洛历史。

4. 改进产品生产技术

适当提高澄泥砚生产的机械化程度，如过筛采用机器振动筛多次过筛，泥浆脱水采用小型压滤榨泥机，脱水后的泥料采用真空练泥机进行处理等。借鉴洛阳唐三彩、牡丹瓷的装饰技法，丰富澄泥砚产品的装饰方式。烧成窑可考虑改用由计算机程序控制的小型燃气梭式窑或电窑，以更好地保证产品质量，提高成品合格率，降低资源及能源消耗。

5. 拉长澄泥产业链

澄泥具有可塑性强的独特优势，以澄泥为材料可以制作砚台，也可以制作其他种类的产品。目前新安澄泥砚部分厂家的探索有了良好的开端，如制作十二生肖、书法镇纸用品、书房装饰小挂件等，但理念思路还不够开放。可以洛阳博物馆馆藏的地方特色文物为依据，以澄泥为材料制作各种系列收藏品、旅游纪念品。可以洛阳历史人文与自然山水为题材，制作各种尺寸形状、不同主题的澄泥壁画。可向日常消费领域进军，制作澄泥玩具、饰品、茶具等。以多样化多用途的澄泥制品，形成延伸澄泥产业链，最终建立打造一个澄泥产业集聚区，使其成为地方经济文化发展的一个支柱产业。

6. 政府强化服务管理

洛阳市相关部门和新安县要加强对澄泥砚生产企业的管理引导，改变其"小、弱、乱"的产品生产和营销现状，尽可能组建企业联合体，共同开拓市场，构建销售网络，进行产品研发，塑造品牌形象。政府部门牵头，组织申报洛阳澄泥砚国家非物质文化遗产，并做好大师级澄泥砚创作人员的挖掘、培育工作。市县两级政府要把澄泥砚作为洛阳古都文化名片之一，加大向外推广宣传的力度，并将其作为政府对外交往的礼品，加大政府采购量。设立澄泥砚专项扶持资金，以贷款贴息、补助、奖励等方式，对重点项目给予支持。

新安澄泥砚是河南省非物质文化遗产，它已超出县域范围而成为洛阳文化经济发展的一个重要品牌，成为打造华夏历史文明传承创新核心区的一个有机组成部分。当前，洛阳正在建设副中心城市文化示范区，需要动员全市力量真抓实干，以踏石留印、抓铁有痕的劲头，切实做好每一个工程、每一个项目、每一个品牌，期望澄泥砚发展能为洛阳文化示范区建设增辉添彩。

参考文献

[1] 王蕾：《河南郑州黄河澄泥砚的造型特点与制作工艺研究》，《美术大观》2014年第10期。

[2] 瑞霖：《名噪一时的陕州澄泥砚》，《东方收藏》2014年第2期。

[3] 史宏云：《绛州澄泥砚的艺术特征》，《民族艺术研究》2013年第2期。

[4] 刘铁梅：《河洛澄泥砚》，《中国统一战线》2010年第10期。

[5] 赵秋丽：《传承，留住我们的根——虢州澄泥砚略探》，《大众文艺（理论）》2009年第16期。

[6] 谭静：《明朝澄泥砚样式初探》，《文物世界》2009年第2期。

[7] 崔秀莲：《澄泥砚的前世今生》，《中州古今》2004年第3期。

[8] 崔松林：《虢州澄泥砚试探》，《三门峡职业技术学院学报》2003年第3期。

[9] 王通：《华夏澄泥砚展销系统设计与实现》，天津大学硕士学位论文，2013。

[10] 沈晓莜：《中国澄泥砚工艺研究》，中国科学技术大学硕士学位论文，2010。

专题篇

Report on Subjects

B.9
洛阳公共文化发展报告

曾庆华*

摘　要： 2014年，洛阳市扎实开展国家公共文化服务体系示范区创建工作，逐步建立起布局合理、设施齐全、功能完善、覆盖城乡的公共文化服务体系。报告通过考察洛阳公共文化服务体系发展的现状，分析了制约其发展的具体问题，在此基础上，从设施网络、队伍建设、经费保障、服务供给、考评机制等方面提出了加快推进公共文化服务体系示范区建设的对策建议。

关键词： 公共文化　服务体系　创建

---

* 曾庆华，洛阳市文化广电新闻出版局社会文化科科员。

近年来,洛阳市以"文化强市"战略为带动,以创建国家公共文化服务体系示范区为载体,文化体制改革逐步深化,文化单位活力明显提升,文化供给能力不断增强,文化服务活动蓬勃开展,居民文化生活质量显著提高,已基本形成文化设施配套齐全、文化市场繁荣有序、区域文化特色鲜明、文化产业基础优势明显和群众文化丰富多彩的文化发展大格局。

一 2014年洛阳公共文化发展概况

公共文化服务体系是以公共财政为支撑,以公益性文化单位为骨干,以全体人民为服务对象,现阶段以保障人民群众看电视、听广播、读书看报、进行公共文化鉴赏、参与公共文化活动等基本文化权益为主要内容,向社会提供的公共文化设施、产品、服务及制度体系的总称。公共文化服务体系建设主要包括公共文化设施网络、公共文化服务供给、公共文化服务组织支撑、资金人才技术保障和公共文化评估五个方面。[1] 2014年,洛阳市政府颁布《洛阳市创建国家公共文化服务体系示范区规划》,全面展开创建国家公共文化服务体系示范区工作,全市公共文化服务体系建设进入了新的发展时期。

(一)公共文化设施网络愈加完善

洛阳市图书馆、文化馆、博物馆均为国家一级馆。2014年又启动了市文化馆新馆建设,成立市文化馆和体育中心综合训练馆项目建设指挥部。12个县(区)级公共文化设施新建或改扩建工程全面开工。老城区新建图书馆、文化馆已实现免费开放,嵩县"两馆"、西工区图书馆改扩建工程完成,洛龙区"两馆"、栾川县文化艺术中心、伊川县文化中心、汝阳县文化活动中心、洛宁县洛书文化综合楼主体工程完工。

全面实施基层文化设施提升工程。洛阳市文化广电新闻出版局制定下发

---

[1] 张秀兰:《我国不同地区公共文化服务体系建设比较研究》,《新世纪图书馆》2013年第5期。

《洛阳市基层文化场所建设标准》《洛阳市乡镇（街道）文化服务中心和行政村（社区）文化活动中心验收标准》和《洛阳市公共电子阅览室建设方案》，部署开展基层文化设施建设和验收工作。全市乡镇（街道）文化服务中心达标数量由122个上升为176个，达标率达到97%。村级文化活动中心达标数量由1498个上升为2886个，达标率达到92%。已建成146个乡镇（街道）电子阅览室，设置率达到81%。行政村共享工程基层服务点2997个（含16个党员远程教育基层站点），设置率100%。农家书屋2997个，覆盖率100%，广播电视"村村通"覆盖率达到97%。[①]

（二）公共文化队伍建设得到加强

通过落实编制、政府购买服务、志愿者服务等途径解决基层公共文化服务单位人员不足问题，全市182个乡镇（街道）文化服务中心共有工作人员620人，其中在编人员达到3名的有146个，有2170个村（社区）落实了文化管理员财政补贴，配给率达63%。建立市、县（区）、镇（街道）、村（社区）四级文化志愿者服务队，已有登记在册的文化志愿者11460名，文化志愿者团队1353支。制定支持政策，鼓励发展文化体育类民间组织，目前登记注册的文化体育类社会组织已达443家，业余文艺团队3350支。加大培训力度，在图书馆、文化馆根据职能开展培训的基础上，洛阳市创建国家公共文化服务体系示范区办公室先后集中举办了5期培训班，提高了各级公共文化单位工作人员的业务素质。

（三）公共文化服务供给更加丰富

1. 提升免费开放水平

公共图书馆、文化馆（站）、博物馆、美术馆、科技馆在全部实现"无障碍、零门槛进入，公共空间设施场地全部免费开放，所提供的基本服务项

---

① 资料来源：本文数据除标明之外，均来自洛阳市创建国家公共文化服务体系示范区工作办公室。

目全部免费"基础上,结合创建工作实际,按照公益性、基本性、均等性、便利性的要求,探索服务形式和内容的多样性,切实提升免费开放的服务水平,并形成自己的品牌服务项目。如市图书馆的"洛图讲坛""洛图梦想影院""洛图读者沙龙""青少年健康成长系列讲座",市文化馆的"河洛大鼓书会""非遗讲堂",市博物馆的"河洛文明陈列",市美术馆的"艺术生活对话活动",市科技馆的"科普大讲堂",新安县"两馆"的"科技跟踪服务""少儿合唱团""黛眉女子合唱团",孟津县文化馆的"教你一招",偃师市"两馆"的"少儿影视空间""亲子课堂""摄影沙龙",涧西区文化馆的"姚铭工作室"和西工区的"四合如意大讲堂"。

2. 实施文化惠民工程

积极实施面向基层、面向农村的文化服务项目。采取"政府购买、剧团演出、群众受惠"的方式,2014 年组织各级文艺院团开展"河南省舞台艺术送农民"演出活动 232 场;组织市直文艺院团开展"百场公益性文化演出" 400 场,组织洛阳歌舞剧院演艺有限公司"周末剧场"演出 50 场,"欢乐进农村、欢乐进社区、欢乐进军营"公益性文化演出活动 16 场,各县(市、区)组织县剧团开展送戏下乡演出超千场。在省、市、县三级专业剧团开展送戏下乡的基础上,积极探索新的途径,扶持业余剧团,鼓励社会力量参与,不断满足基层群众看演出需求。新安县下发《关于组建乡镇业余剧团的通知》,要求每个乡镇组建一支综合实力较强的业余剧团,每年为辖区内各行政村提供 1~2 场公益性演出服务,县财政予以重点扶持并实施监督管理。伊川县出台《农村(社区)业余文艺团体管理及演出补助办法》,对 69 个规模较大的业余团体统一颁发了资质证书,鼓励其积极参加公益演出活动,按规定给予补贴。洛龙区将"百场戏"演出活动作为区委、区政府为民办实事重要内容,列入区政府重点工作督察事项。

3. 丰富群众文化活动

全市各级广泛开展"河洛欢歌"群众文化活动,全年举办各类文艺演出 2000 余场。第 32 届"河洛欢歌·广场文化狂欢月"活动在市区主要广场演出60场,第五届春节河洛文化庙会接待游客60余万人次,贯穿全年的"百姓大舞台全民健身广场舞电视大赛"如火如荼进行。"滨河之声""竹乡神韵""唱响新安""锦绣栾川""欢乐孟津""梦想汝阳""嵩州梨园""交响高新""和谐瀍河大舞台"等广场文化活动丰富了辖区百姓的文化生活,打造了广场文化品牌。洛阳市创建国家公共文化服务体系示范区办公室邀请国家艺术院团来洛开展"大地情深"志愿服务走基层活动,共演出精品剧目12场,满足人民群众多样化、多层次精神文化需求。将电影惠民放映活动扩展至所有城市社区,实现一村(社区)一月一场电影,全年共放映公益电影35544场,观众人数达到970万人次。

(四)文化体制改革逐步深化

1. 建立统筹协调机制

成立洛阳市创建国家公共文化服务体系示范区工作领导小组,定期召开会议,统筹协调全市公共文化服务体系建设。在实践中也进行了一些探索,主要体现在大型群众文化活动的组织和资源整合方面。每年河洛文化庙会和"河洛欢歌·广场文化狂欢月"活动筹备期间,都成立由市主管领导担任主任的组委会,宣传、文化、公安、工商、卫生、安监、质监、食品安全、水务、城市监察管理、园林等部门作为成员单位,组委会下设指挥部,统筹协调活动各环节,召开2~3次协调会,多次召开现场会,确保活动顺利筹备和实施。市政府与河南科技大学共同出资3.5亿元,合作共建洛阳市科技图书馆,积极探索校地合作、资源共享、互惠共赢的办馆模式,2013年4月该馆已建成并免费对外开放。① 为整合民间文化资源、拓展公共文化服务空间,市政府加大对民办博物馆的扶持力度,全市民办博物馆总数达34家,占全省民办博物馆总数的一半以上。为加强基层资源整合,2014年1月,洛阳市文广新局与市委组织部远程教育办公室联合下发了《关于进一步加强党员干部现代远程教育与文化信息资源共享工程资源整合工作的意见》,

---

① 刘婵:《以示范区创建推动区域文化协同发展》,《中国文化报》2014年11月5日。

55个红色教育网络家园试点开始运行。

2. 试点推进理事会制度

确定洛阳市文化馆和市古代艺术博物馆为洛阳市首批事业单位法人治理结构试点单位。制定了事业单位法人治理结构实施方案和有关配套措施，筹建了理事会，制定了章程。理事会名单通过了市事业单位登记管理局、市企事业单位改革领导小组和主管委局的审核。该项工作是公益性文化事业单位管理体制和运行机制的创新，通过建立责权分明、互动互利的运行机制，基本实现了对利益相关者的约束与激励，促使了事业单位法人的良性发展和社会公众的积极参与。

3. 推进综合文化站服务改革

按照文化部部署，洛阳市积极探索乡镇文化站与互联网上网服务行业合作模式，鼓励上网服务企业向乡村延伸服务，参与农村公共文化服务体系建设，一方面拓展上网服务企业服务范围，一方面弥补乡村计算机资源及管理人才的不足，增强乡村文化站和文化中心的服务功能。① 确定了洛阳创瑞拓网络服务有限公司多业态经营、孟津县会盟镇、伊滨区庞村镇"乡镇文化站网络服务室"和汝阳县付店镇"乡镇文化服务中心"三种试点模式。文化部副部长项兆伦在洛阳调研后指出，洛阳的试点工作方向正确，步子稳妥，已初见成效，探索出了一条值得推广的路子，对洛阳的转型升级试点工作给予充分肯定。

二 洛阳公共文化发展中存在的主要问题

尽管通过示范区创建活动，洛阳市公共文化服务体系建设取得较大发展，但是，与构建现代公共文化服务体系的要求相比，与人民群众日益增长的精神文化需求相比，仍然存在诸多制约公共文化服务体系科学发展的突出矛盾和问题。

---

① 周志军：《文化部推动互联网上网服务行业转型升级》，《中国文化报》2014年1月8日。

（一）公共文化城乡、区域发展不平衡

由于各县区经济发展存在差异，导致公共文化建设发展不平衡，全市40%的县级文化馆、图书馆还达不到国家三级馆标准，部分县（区）的村（社区）文化活动中心建设标准低，个别乡镇文化站和社区还没有标准配置的公共电子阅览室。经济条件好的县（区）和村镇对公共文化的投入较大，群众文化活动丰富，经济条件相对较差的县（区）和村镇群众文化活动相对较少。农村文化建设相对滞后，部分乡镇文化站和村文化大院设施不全、设备老化。农村群众能享受到的文化活动也较单一，有的县（区）文化活动的开展仅限于县城区重要节庆、假日文化活动，城郊和农村群众的文娱活动开展较少。

（二）公共文化人才队伍难以适应文化事业发展的需求

当前，公共文化单位人员结构不合理，专业性不强，专业人才年龄老化、青黄不接问题突出。城市区文化馆普遍存在人员不到位、专业不对口的现象，县文化馆职工教育与岗位培训较为欠缺，工作人员往往身兼数职，较大程度地影响着现有设施及部分功能科室的同时正常开放，影响着馆外农民工、未成年人等各类文化活动点的建设与活动开展。文化管理体制和运行机制尚不健全，乡镇文化站工作人员"在编不在岗"和"专干不专职"等现象普遍，农村文化管理人员缺乏、待遇偏低或者没有任何待遇，基层文化阵地作用发挥不够。培训机构不健全，培训经费匮乏，难以保证队伍素质的提高。

（三）公共文化服务供给同群众文化生活需求不相适应

随着经济社会的发展进步，群众精神文化需求呈现出多样性、多层次的特点，这就给文化供给的内容、风格、样式、品种等各方面提出了更高要求。当前各级所能提供的公共文化服务存在精致度不够、适应性不强、吸引力不足等问题，难以较好满足群众日益多样化的文化需求。送戏下乡、免费

电影放映等文化惠民工程部分剧目对群众的吸引力不够,造成文化服务趋多同群众文化生活单调并存的局面。乡镇(街道)文化服务中心和村(社区)文化活动中心设施简陋、设备不全、图书陈旧、活动单调,不能吸引群众参与,有的对社会宣传不够,不能按规定时间开放,阵地作用没有充分发挥。如何提高基层公共文化服务效能需要进一步研究加以解决。

(四)公共文化投入保障机制尚未建立

虽然近年来各级政府加大了对文化事业的投入,但由于历史欠账太多,投入缺乏制度约束和连续性,没有形成正常增长机制,总量仍然偏低,有限的资金投入主要集中在修建文化设施上,开展公共文化服务、组织群众文化活动的经费明显不足,加之公共文化活动市场运作困难,使部分文化活动"虎头蛇尾",影响群众文化活动的社会效益。部分县级财政只能保证人员工资和文化事业单位的基本运转,免费开放配套经费、购书经费、公益性文化活动经费等没有纳入经常性财政预算或预算不足,乡镇开展活动由县区根据情况被动进行资金拨付,村级组织开展活动时只能跑单位、拉赞助,困难较多。

三 推动洛阳公共文化发展的对策与建议

公共文化服务体系建设最重要的五个因素是:设施、人员、经费、活动、机制,前三者是基础和前提,也是中西部地区公共文化服务体系建设的难点,它受当地经济条件和政府重视程度等因素的影响。从制度上解决市、县、乡、村四级公共文化"设施、经费、人员、活动"落实问题是构建完善公共文化服务体系的关键。

(一)加快完善公共文化设施网络体系

1. 推进重大公共文化设施项目建设工程

加快市科技馆、文化馆、广电中心及栾川县、伊川县、汝阳县、洛宁县、宜阳县、孟津县文化中心建设步伐，到2015年，县级以上图书馆、文化馆100%达到部颁二级以上标准，从根本上改变市县两级公共文化设施落后的面貌。

2. 推进基层公共文化设施网络覆盖工程

切实加大投入，持续提升基层公共文化设施建设水平，使乡镇（街道）文化服务中心和村（社区）文化活动中心全面达到或者超过国家建设标准，同时要根据群众文化生活实际要求，不断完善设施设备。

3. 推进文化广场提升工程

城市区重点完成已有文化广场功能提升，各县（市）至少拥有一处大型中心文化广场，各乡镇和行政村都要建成一定面积的文体广场，能够搭建临时舞台和文体设施，满足群众娱乐健身及节假日开展文体活动的要求。完善镇、村两级文化阵地运行长效机制，巩固建设成果，满足群众开展文化活动需要。

（二）建立健全公共文化人才队伍保障体系

1. 夯实基层文化服务队伍

科学核定公共文化单位人员编制，乡镇文化服务中心（文化站）人员编制不少于3人，行政村（社区）至少有1名财政补贴的文化管理员，多元方式解决免费开放急需人员，保证公共文化单位基本队伍数量与质量。制定《关于支持群众业余文体队伍发展的意见》，每个社区、村业余文艺团队不少于2支，社会体育指导员达到本地区总人口的2‰。

2. 加强文化队伍培训

将公共文化服务内容纳入干部培训计划和市、县两级党校教学体系。建立公共文化单位从业人员继续教育制度，县级文化单位在职员工参加脱产培训时间每年不少于15天，乡镇、街道、村、社区基层文化专兼职人员参加集中培训时间每年不少于5天。

3. 创新文化管理机制

以实施乡镇（街道）文化服务中心管理体制改革为突破，打破条块分割,探索实现乡镇文化服务中心由县级文化部门统管的发展模式,充分发挥其基层文化主阵地作用,更好地服务群众。

4. 深入开展文化志愿服务

建立市、县(区)、镇(街道)、村(社区)四级文化志愿者服务队,广泛开展文化志愿服务活动。建立文化骨干进农村(社区)包片辅导制度。每年评选一批"金牌志愿者""银牌志愿者""铜牌志愿者",予以表彰奖励。

(三)建立健全公共文化经费保障体系

1. 加大对公共文化的投入

把公共文化产品和服务项目、公益性文化活动纳入公共财政经常性支出预算。人均文化事业费(按常住人口计算)高于全省平均水平。公共财政对公共文化投入的增长幅度高于财政经常性支出增长幅度,公共文化支出占财政支出的比例稳步提高。设立农村文化建设专项资金。

2. 建立公共文化发展专项资金

每年市级财政列支一定经费作为公共文化建设专项资金,主要用于基层文化设施建设、购买公共文化产品和服务项目、开展公益性文化活动。县级财政也要相应设立公共文化建设专项资金,重点用于支持农村文化建设和公共文化项目配套。

3. 制定财政支持引导政策

配套出台《引导和鼓励社会力量参与公共文化服务的意见》等相关政策,采取以奖代补、政府贴息贷款等方式,鼓励支持社会力量参与公共文化建设,开展公益性文化服务活动。

(四)丰富完善公共文化服务供给体系

1. 在公共文化服务效能方面实现新提升

建立群众文化需求反馈机制,及时准确了解和掌握群众文化需求,开展"菜单式""订单式"服务,使送戏下乡、免费电影放映等文化惠民工程更贴近基层生活，更受群众欢迎。

2. 在公共文化服务创新方面实现新提升

建立覆盖全市、均等便捷、实用高效的公共图书馆总分馆服务体系和文化馆网络化服务体系，促进优质资源共建共享。整合文化信息资源共享工程、数字图书馆建设工程、党员远程教育工程，搭建洛阳数字公共文化信息资源服务平台，建立网上图书馆、网上博物馆、网上文化馆、网上美术馆。在利用互联网有线传播的基础上，扩大无线网络覆盖范围，利用互联网终端、手机等传播手段，增强数字公共文化资源传播能力。搭建公共文化产品和服务平台，引入竞争机制，对具备一定市场竞争基础的演出、电影放映、文艺培训等项目，采取项目招标、政府补贴等方式，面向社会购买服务，推动公共文化服务社会化发展。

3. 在公共文化服务品牌建设方面实现新提升

加大一县（区）一特色、一乡镇（街道）一亮点的打造力度，组织和引导更多群众参加健康向上的文化活动。

（五）建立健全公共文化考核评价体系

1. 制定政府公共文化服务考核指标

把公共文化服务体系建设纳入各地科学发展考核评价体系，通过行之有效的公共文化建设考核指标体系，将公共文化建设任务细化、量化，作为考核评价领导班子和领导干部政绩的重要内容。

2. 加强公共文化单位考评管理

定期对基层公共文化机构进行考核，考评结果作为确定预算、收入分配与负责人奖惩的重要依据。加强对重大文化项目资金使用、实施效果、服务效能等方面的监督和评估。对在基层文化建设中有突出贡献的单位在政策、资金上给予倾斜，对管理人员在物质和精神上给予大力奖励。

3. 建立群众评价和反馈机制

建立公共文化服务群众评价与反馈机制，对政府配送的公共文化服务和

组织的公共文化活动，以公告栏、宣传页、海报、微信等各种形式向所辖区域的群众预告阶段性文化活动，提高群众知晓率和参与度。征集群众对各类公共文化服务的评价，根据群众反馈意见来衡量政府配送的文化产品和组织的文化活动效果，并作为政府采购时参考的重要依据。完善服务质量监测体系，研究制定公众满意度指标，建立第三方评价机制，增强公共文化服务评价的客观性和科学性。

B.10
洛阳文化产业分析及发展趋势

李国强*

摘　要： 洛阳市文化产业在2014年呈现出快速发展的态势，文化创意和设计服务企业成为文化产业的主导，人们对文化产品和服务的需求旺盛；但是，也存在着文化产业增加值占GDP比重偏低，文化制造业占比过低，产业结构不尽合理，文化企业呈现"低、小、散"格局，文化资源优势未能体现等问题，要推动文化产业发展，必须高度重视顶层设计，高度重视项目带动，高度重视宣传营销，高度重视体制创新，以引领文化产业发展，全方位提升洛阳美誉度，加快文化复兴步伐。

关键词： 文化产业　现状　问题　对策

2014年，洛阳市紧紧围绕加快建设名副其实的中原经济区副中心城市的总体目标，积极适应经济发展新常态，加大文化产业招商力度，推动产业跨界融合，推进重大文化项目建设，文化产业保持了持续快速增长势头。

---

* 李国强，洛阳市统计局总统计师、高级调查分析师。

洛阳蓝皮书

一 洛阳文化产业基本情况

（一）文化产业呈现快速发展态势

1. 文化产业法人单位大幅增加

文化及相关产业（以下简称文化产业）法人单位是推动文化产业发展的基础。第三次全国经济普查结果显示，2013年末，洛阳市共有文化产业法人单位3046个、从业人员74634人，均居全省第3位；文化产业活动单位115个、从业人员916人，分别居全省第4位和第9位；有证照的文化产业个体经营户6620户、从业人员20341人，分别居全省第4位和第3位。在文化产业法人单位中，按行业类别分，文化制造业单位346家、占11.4%，文化批零业单位373家、占12.2%，文化服务业单位2327家、占76.4%。①

2. 小微企业是文化企业的主体

小微文化企业是洛阳文化产业的重要组成部分。一是数量众多，是文化企业的主体。2013年末，全市共有小微文化企业2943个，占全部文化企业的96.6%。二是行业分布广，多数汇集在服务业。洛阳2943个小微企业广泛分布在文化及相关产业所涉及的100多个行业小类中，其中，文化服务业小微企业为2290个，占全部小微文化企业的77.8%，分别高于全省、全国平均水平18.6个和16个百分点。三是就业吸纳能力强，提供了五成以上的就业岗位。2013年末，洛阳小微文化企业从业人员39642人，占全部文化企业的53.1%。四是经营能力弱。2013年，在文化企业中占96.6%的小微文化企业营业收入为115亿元，仅占文化企业营业收入的45.5%；企业平均营业收入为390.9万元，不仅低于全国（495.3万元）、全省（547.3万元），更远远低于全市文化企业829万元

---

① 资料来源：文中数据除标明外，均来自洛阳市统计局。

的平均水平。

3. 文化产业增加值持续快速增长

洛阳文化产业增加值近三年均保持18%以上的增速。第三次全国经济普查结果显示，2013年洛阳市文化产业法人单位增加值63亿元，比上年增长18.2%，高于全省平均增速2个百分点，远远高于9%的GDP增速。在各个行业增速都在放缓时，文化产业的发展依然强劲，增速保持在两位数，体现出文化产业作为新兴行业发展的潜力和活力。

4. 文化服务业占绝对优势

从单位数量看，2013年，洛阳文化制造业、文化批零业和文化服务业法人单位数分别为346个、373个和2327个，占文化产业法人单位总数的比重分别是11.4%、12.2%和76.4%；从增加值看，2013年，洛阳文化制造业、文化批零业和文化服务业法人单位增加值分别为21.5亿元、3.9亿元和37.6亿元，占文化产业法人单位增加值的比重分别为34.1%、6.2%和59.7%，无论是从单位数还是增加值构成看，作为文化产业核心的文化服务业均占绝对优势。

（二）文化创意和设计服务企业成为主导

文化创意和设计服务企业（以下简称文创企业）是文化产业的重要组成部分，涉及广告服务、文化软件服务、建筑设计服务和专业设计服务等行业。2013年文化创意和设计服务的数据第一次发布，这是对国务院推进文化创意和设计服务与相关产业融合发展意见的落实和细化。第三次全国经济普查结果显示，2013年，洛阳文创企业共754家，占全部文化法人单位的24.7%，高于全省平均水平9.1个百分点；年末从业人员14282人，占全部文化产业法人单位从业人数的19.1%，高于全省平均水平10.2个百分点；主营业务收入126.4亿元，占全部文化法人单位主营业务收入的50.0%，高于全省平均水平40.8个百分点。在整体经济进入新常态、增速换挡的形势下，洛阳文创产业发展迅猛，表现出较强的抗衰性。

（三）文化产品和服务的需求旺盛

通常来看，人们在解决了衣食住行等基本生活需要以外，精神文化的消费需求会保持着比较快的增长速度。文化消费与物质消费不同，物质消费到了一定的程度要再保持快的增长速度是很难的，但是精神文化消费的支出却是潜力巨大的。随着洛阳市居民收入增长，群众文化消费持续升温。2014年，城镇居民人均文化娱乐支出1336元，比上年增长13.0%，其中文化服务消费增长32.0%；农村居民人均文化娱乐消费支出增长47.2%。从大众文化耐用品拥有量来看，城镇已经基本普及，2014年洛阳每百户城镇居民家庭拥有彩色电视机114.9台、手机215.4部、电脑75.1台；2014年每百户农村居民家庭拥有彩电为112台、手机为199.5部、电脑23.8台。

（四）积极参与申报河南省文化产业"双十"工程

2014年10月，洛阳市文改办会同市直有关部门经过认真筛选研究，推荐了龙门石窟世界文化遗产园区、洛阳日报报业集团等共10家重点文化产业园区和文化企业申报省级文化产业"双十"工程。经评审，洛阳日报报业集团获得2014年河南省文化产业"双十"工程重点文化企业称号。市文改办又筛选确定洛阳报业传媒集团"印刷出版创意文化产业园"和洛阳文化产业集团有限公司"全息数字化创意"2个项目申请2014年度省级文产资金，分别获得100万元和80万元资金支持。

二 洛阳文化产业发展的主要特点

（一）突出规划引领作用

根据洛阳市委十届十一次、十二次全会精神，为全面落实文化改革发展任务，加快文化改革创新，转变文化发展方式，推动文化科学发展，2014年9月，洛阳市委宣传部牵头，有关部门参加，成立了专题小组，研究编制

《建设中原经济区副中心城市文化示范区五年行动规划》(以下简称《行动规划》)。目前《行动规划》经过多次修改完善,已基本定稿。五年规划以洛阳市历史文化和山水资源为依托,以华夏历史文明传承创新为核心,以文化旅游产业园区建设为重点,以市场化运作为主导,以改革开放和创新驱动为动力,以重大产业项目和文化品牌为支撑,围绕"世界圣城、丝路起点、千年帝都、牡丹花城"四大城市文化名片,将全力实施文化旅游产业发展、城市文化形象提升、华夏历史文明传承创新、牡丹文化产业提升、现代公共文化服务建设、市民文明素质提升六大重点示范工程,打造具有洛阳特色、中原气派、国家水准的城市,建设名副其实的中原经济区文化示范区。

(二)重视体制改革保障

2014年8月,全省文化体制改革工作会议结束后,洛阳市委宣传部文改办牵头,市委文化体制改革专项小组全体成员单位参与,根据《全省深化文化体制改革实施方案》,结合洛阳实际,于9月拿出了《实施方案》初稿,征求了市文化体制改革专项小组全体成员单位意见后,经10月11日专项小组全体会议原则通过,正在进行第二次全面征求意见。《实施方案(讨论稿)》主要列出了加强社会主义核心价值体系建设、完善文化管理体制、建立健全现代文化市场体系、构建现代公共文化服务体系、完善华夏历史文明传承创新体制机制5个方面、25项改革任务、79条重要改革举措,明确了当前和今后一个时期全市文化体制改革的指导思想、目标要求和重点任务,对每一条改革任务都明确了牵头单位、责任单位、参加单位及时间进度要求,为洛阳市文化体制改革工作规划了路线图,明确了时间表。

(三)强化文化产业招商

洛阳市文改办充分利用自身优势,加强文化企业、文化品牌、文化元素的宣传推介力度,营造开放亲商的文化氛围,文化招商方面取得良好效果。

2014年9月25日，在2014年河南省现代服务业开放合作洽谈会暨河南省文化产业投资贸易洽谈会上，洛阳中国文化休闲（婚礼）产业园、洛阳天香文化旅游产业创意产业园、洛阳隋唐百戏城（杂技演艺产业园）、洛阳帝都百戏苑、虎山温泉度假乐园、洛阳白云山国家旅游度假区分区合作开发、50集电视剧《光武中兴》共7个文化产业项目参与签约活动，签约总金额达121亿元人民币，同时"中国动漫之都（洛阳）产业园"等15个文化产业项目在洽谈会上进行了招商推介，邀请了27位省内外重要客商参会。目前签约项目进展顺利，洛阳天香文化旅游产业创意产业园和虎山温泉度假乐园项目已相继开工建设，为洛阳文化旅游产业融合发展、文化旅游产业下步招商引资都打下了坚实的基础。

（四）注重文化项目推进

强力推进十大引领支撑项目，即龙门石窟世界文化遗产园区、隋唐洛阳城国家遗址公园、汉魏故城国家考古遗址公园、老城历史文化街区、白马寺佛教文化园区、包括华夏文明第一河在内的洛浦公园功能提升和伊洛河水生态文明示范区等文化休闲展示项目，伏牛山（含白云山和老君山）旅游度假区、灵山寺文化旅游园区等旅游度假体验项目，关圣文化产业园、中央新影中原影视文化产业园。另外，深圳世为集团中国动漫之都（洛阳）产业园项目、河南名阁影画文化传播有限公司三维数字虚拟技术舞台舞美创意制作项目、炎黄科技园中部数谷项目等一批文化创意类重点项目稳步推进。

三 洛阳文化产业存在的问题及原因

（一）存在问题

虽然当前洛阳市文化产业形成了一定规模，但仍落后于省内先进地市，与"十二五"规划目标仍有较大差距。

1. 文化产业增加值比重偏低

从河南省范围来看，洛阳与省内先进地区相比仍有差距。2012年洛阳市实现法人单位文化产业增加值52亿元，居河南省第4位，落后于郑州（173亿元）、许昌（72.4亿元）和开封（66.2亿元）；文化产业增加值占GDP的比重1.74%，仅居河南省第9位，落后于开封、许昌、郑州、焦作、新乡、南阳、漯河和濮阳。

2. 产业结构不尽合理

2012年洛阳市文化产业统计中，从制造业、批发零售业和服务业看，三者实现增加值之比为23.5∶3.2∶73.3，制造业占比只有23.5%，分别比全省（54.2%）和全国（40.1%）低30.7个和16.6个百分点，与全省和全国差距较大，制约了洛阳文化产业的发展。文化服务业占比高达73.3%，分别比全省和全国高32.7个和20个百分点，但缺乏在全国具有影响力的文化品牌。

3. 文化资源优势未能体现

洛阳作为历史悠久的千年帝都、文化圣城，具有丰富的传统文化资源，享有华夏文明肇始地、道教文化创始地、儒学文化兴盛地、佛教文化首传地、理学文化渊源地、帝都文化荟萃地、牡丹文化中心地、世界遗产集成地等美誉，然而这些资源并没有得到有效地整合，重点文化骨干企业培育不够，市场竞争力不强，尚未形成在全国具有一定影响力的文化品牌，缺乏像曲江集团、宋城集团、广厦集团、横店集团那样上规模、上档次的大型文化产业集团。

4. 文化产业骨干单位占比偏低

2013年洛阳市纳入文化产业统计范畴的"三上"（规模以上工业、限额以上批零业、限额以上服务业）企业只有103家，居全省第5位；占文化法人单位数的3.38%，比全省平均水平低1.09个百分点，比全国低1.12个百分点，居全省第14位。2013年，洛阳文化产业"三上"法人企业平均营业收入为13360万元，分别比全国、全省低7908万元和532万元。

（二）原因分析

影响洛阳市文化产业发展的问题是多方面的，其原因也是复杂的。经过剖析，洛阳市在历史文化资源开发利用方面主要面临四大困扰。

1. 顶层设计缺位

一是缺乏总体规划。对文化产业的发展缺乏一个科学、明晰的总体规划，对历史文化园区、街区和建筑没有编制有约束力的控制性详规和修建性详规。由于全市层面的文化产业发展战略规划尚未形成，致使各县（市）区各自为政，各行其是，影响了文化产业的整体合力。二是缺乏创意策划。国内许多城市并无历史文化资源，但由于重视创意策划，善于无中生有"编故事"，把文化产业搞得红红火火。而洛阳市的历史资源博大精深，却因缺乏创意策划而默默无闻。三是缺乏统筹融合。旅游是文化的载体，文化是旅游的灵魂。然而，洛阳市文化资源与旅游资源整合、协调发展不够，文化与旅游、休闲、园林等关联产业的融合发展水平不高，文化资源优势转化为产业优势的动力不足。四是缺乏政策体系。目前洛阳市虽然出台了一些政策，但是在推动文化产业大发展、大繁荣等方面效应不好。特别是在土地、规划、财政、税收、金融等方面缺乏一套完整的、管用的政策体系。

2. 开发利用滞后

一是项目建设滞后。洛阳市重点文化项目建设由于资金、规划、文物、征地、拆迁等因素制约，招商引资落地率较低、实施效果不好。在国际文化旅游名城建设17个重点项目中，有过半数项目进展十分缓慢，如老城历史文化街区保护利用、隋唐洛阳城九洲池、上清宫老子及道教文化旅游园区、涧西工业文化遗产保护开发等重点项目从规划到建设均在两年以上，基本没有形象进度。二是历史文化资源开发利用不够。洛阳市历史文化底蕴深厚，古代历史遗址众多，但绝大多数为"隐形"资源，能直接转化为经济效益的资源还不多，没有形成文化产业优势。如：洛阳市拥有历史遗址1074处，而对外开放的仅有1处；历代较大古墓葬1038座，而对外开放的古墓葬仅有2座；古建筑4932处，现对外开放的只有7处；大遗址遗存有7处，现对外开放的也只有1处。三是自然资源缺乏文化内涵。洛阳自然资源丰富多彩，但缺乏文化内涵丰富的旅游产品。比如，隋唐城遗址植物园，园林绿化的档次很高，成为广大市民休闲娱乐的重要去处，但由于缺少隋唐时期文化元素、文化内涵，使游客只能观其景，而不能知其魂。南部山区的不少生态景区，也普遍表现为文化和旅游的融合不够，就山水论山水，没有把文化内涵加以发掘和利用。

3. 融资渠道不畅

一是平台不大。资金瓶颈是困扰文化产业发展的主要问题，洛阳市文化设施建设长期投入不足，主要是融资平台狭小，目前仅有市文物局下设的洛阳文化投资管理有限公司一个融资平台。二是支持不力。文化产业需要政府加大扶持力度，各县（市）区多数没有设立文化产业基金，缺乏含金量高的奖励扶持政策，财政用于扶持文化产业的资金安排不足，洛阳市每年实际用于文化产业项目发展的资金仅为300余万元。三是开放不够。一方面，历史文化资源由于受文物保护法律法规的限制，社会资本及外资对于进入文化产业领域也感到顾虑重重。另一方面，洛阳市在文化产业项目的招商引资方面研究不够、包装不够、下力气不大，没有像推介工业项目那样推介文化项目，缺乏文化项目招商的"产业图谱"和路线图，招不来大项目、好项目，致使文化产业的开放招商长期处于不温不火状态。

4. 体制机制不活

一是领导体制传统保守。在推动文化产业发展时，一些领导干部不善于用市场的、法制的办法来推动，习惯于行政推动，习惯于搞临时突击，致使很多项目、很多工作虎头蛇尾。二是管理体制各自为政。洛阳市的文化资源分属文广新局、文物局、园林局、旅游局、民族宗教局等部门，相关单位条块分割，甚至相互掣肘，制约了全市文化产业的协调发展。三是经营体制效率低下。当前洛阳市文化产业市场化、集约化程度低，赢利水平不高，勉强维持生存。全市有25个文化专业村，都处于个体经营状态，还没有融合、集聚成具有竞争力的文化产业专业园区。多数文化资源、景点实行事业单位

管理经营，机制不活，使现有的资源不能有效转化为资产、资本，影响发展的规模和效益。

四 加快文化产业发展的对策与建议

2014年1月22日，国务院常务会议确定了推进文化创意和设计服务与相关产业融合发展的政策措施，洛阳要实现文化全面复兴、"让世界重回洛阳"的目标，就必须认清大势、抢抓机遇、乘势而上，在高度重视"文化产业化"的同时，更加重视"产业文化化"，即牢牢把握"文化+"和"互联网+"时代文化产业转型升级的新动力与新路径，结合洛阳实际，深入贯彻《国务院关于推进文化创意和设计服务与相关产业融合发展的若干意见》，大力发展"大文化产业"，切实走文化、科技、创意、服务融合之路。

（一）重视顶层设计，引领文化产业发展

定位至关重要，要明确洛阳在激烈竞争中的差异化角色定位。洛阳文化产业发展要围绕文化全面复兴、"让世界重回洛阳"这一目标，洛阳要打"中"字牌，占据"华夏历史文明核心区"战略定位，进一步明确"天下之中：华夏历史文明核心区"的差异化、唯一性战略定位，把文化产业培育成为洛阳国民经济支柱产业，使文化软实力成为洛阳的核心竞争力。按照前瞻性、科学性、特色性原则，聘请知名策划团队，科学编制洛阳文化产业发展总体规划。总体规划要以文化旅游产业融合发展为突破口，着力盘活文化资源，推动文化与文物、旅游、科技、园林、城建、交通、休闲、养生等关联产业融合发展。①

（二）重视项目带动，加快文化复兴步伐

2014年4月19日，洛阳市与华强集团签订合作协议，深圳华强集团将

---

① 《盘活文化资源 繁荣文化产业》，《洛阳日报》2014年11月27日。

投资28亿元在洛阳市建设洛阳华夏历史文明传承主题园项目。主题园项目深入挖掘洛阳悠久的历史文化资源，融合现代高科技手段，打造历史与现代交织、文化与科技融合的文化产业精品工程，为弘扬华夏五千年文化、实现洛阳文化转型升级探索新的模式。根据洛阳市实际，用3~5年时间，全力打造龙门石窟世界文化遗产园区、隋唐洛阳城国家遗址公园、白云山和老君山旅游度假区、中原影视文化产业园等十大引领项目。打造八大特色文化旅游品牌，即以隋唐洛阳城遗址公园、汉魏故城遗址公园、龙门石窟世界文化遗产园区为主的帝都文化旅游品牌；以白马寺国际佛教博览园为主的"释源祖庭、佛教圣地"佛教文化旅游品牌；以上清宫、老君山景区为主的道教文化旅游品牌；以黄河小浪底、伏牛山、黛眉山为主的山水文化旅游品牌；以牡丹观赏园、牡丹系列产品开发为主的牡丹文化旅游品牌；以丝绸之路博物馆、隋唐城定鼎门遗址区为主的丝绸之路文化旅游品牌；以二程故里、二程书院为主的理学文化旅游品牌；以涧西工业文化遗产街区保护为主的工业文化旅游品牌。通过实施十大引领支撑项目和打造八大特色文化旅游品牌，将文化产业与旅游产业深度融合，全面推进洛阳市文化旅游产业繁荣发展，加快洛阳文化复兴的步伐。

（三）重视宣传营销，全方位提升洛阳美誉度

一是开展国内营销。围绕"文化圣城、千年帝都、牡丹花都、休闲胜地、丝路起点"五大城市形象定位，制订宣传计划，创新宣传策略，构建推广体系，开展形象推介。二是开展国际营销。整合全市对外宣传资源，联系邀请国际著名媒体以及重点客源国媒体进行文化旅游宣传，在全世界开展洛阳文化旅游宣传和产品营销，吸引潜在海外客源。三是开展网络营销。利用网络、微博、微信、微电影等各种新兴媒体和社交网络，与谷歌、腾讯等网络巨头，乐途、携程、淘宝旅行等在线旅游企业开展深度合作[1]，对洛阳的文化旅游和品牌进行文化创意宣传营销，展示洛阳良好形象。

---

[1] 《盘活文化资源 繁荣文化产业》，《洛阳日报》2014年11月27日。

（四）重视体制创新，为文化复兴提供保障

一要创新市场体制。要充分发挥市场在文化资源配置中的决定作用，走出由政府包办文化产业的误区，按照"项目化运作、产业化经营、品牌化发展、规模化布局"的思路，建立"政府引导、市场运作、各方联动、企业为主"的运行体制和工作机制，增强发展活力。

二要创新融资体制。一方面，做大做强融资平台。建议成立市政府直属的文化产业投资集团，由少量财政资金托底，整合洛阳市各类文化资源，做大做强文化产业融资平台。由新成立的文化产业投资集团牵头负责相关文化资源的开发利用和文化产业项目的宣传推介、招商引资、项目建设、运营管理等工作。另一方面，加大金融支持力度。认真贯彻落实国家《关于金融支持文化产业振兴和发展繁荣的指导意见》，建立健全多元化、多层次、多渠道的文化产业投融资体系。鼓励引导社会资本参与重大文化产业项目建设、文化产业园区建设、文化科技项目研发和服务平台建设。鼓励各类风险投资基金、私募股权基金等积极参与新兴文化业态。

三要创新工作机制。一方面是协调机制。加强对文化产业发展的组织领导，特别是对文化产业规划的制定和实施、文化产业项目的实施和协调要加大工作力度。落实项目主体责任，落实推进时间节点，落实考核奖惩措施，确保项目建设中的问题及时协调解决。另一方面是服务机制。要优化环境，创新服务，实行联审联批，简化审批流程，缩短审批时限，按时受理办结。

在当下社会经济发展转型的浪潮中，文化产业对城市综合竞争力的分量自不待言。坐拥厚重历史文化资源的洛阳，必须抢抓经济发展新常态带来的新机遇，打好文化产业这张牌，走文化、科技、创意、服务融合之路。

B.11
洛阳牡丹文化品牌建设研究

扈耕田*

摘 要: 2014年,洛阳的牡丹文化品牌建设取得了重要突破。突出体现在:牡丹文化节成效突出,牡丹产业发展取得长足进展,牡丹景区建设居于全国领先地位,牡丹文化研究及艺术品创作成果丰富,牡丹对外展出及宣传活动丰富多彩,扩大了洛阳牡丹在国际国内的影响等多个方面。但是洛阳的牡丹品牌建设也存在着牡丹文化研究方面人才缺少、牡丹文化与牡丹产业融合不够、牡丹观赏园文化品位不高等问题。为此,应加大对牡丹文化研究及牡丹文艺创作的扶持力度,加强牡丹园区的改造提升,使洛阳在牡丹种植、观光、科研、文化研究、艺术创作、产品开发等方面均居于全国的中心地位,成为名副其实的牡丹之都。

关键词: 牡丹文化 品牌建设 建议

文化内涵与经济价值,是近年来牡丹文化产业发展的内在动力。作为历史上最著名的牡丹产地,"牡丹花都"已经成为洛阳最重要的四大名片之一,得到了海内外的广泛关注和洛阳市委、市政府的大力支持。2014年洛阳的牡丹品牌建设取得了重要突破,洛阳牡丹正走向国家品牌。牡丹品牌的建设是一个综合的工程,需要产业、科技、文化、产品开发、

---

* 扈耕田,洛阳理工学院科研处副处长、教授、博士,主要研究方向为元明清文学及河洛文化。

宣传等各个方面的共同努力。现就洛阳牡丹品牌建设的情况进行分析研究。

一 洛阳牡丹品牌建设的成就

（一）第32届中国洛阳牡丹文化节成效显著

一年一度的牡丹花会，是综合展现洛阳牡丹产业发展、科技水平的盛会，也是彰显牡丹文化魅力的盛会。2010年11月，经国务院和国家文化部批准，洛阳牡丹花会升格为国家级节会，更名为"中国洛阳牡丹文化节"，由国家文化部和河南省人民政府主办。现已入选国家非物质文化遗产名录，为全国四大著名节会之一。

2014年第32届中国洛阳牡丹文化节，洛阳市进行了认真准备。强调要更加突出发展主题、更加突出务实节俭、更加突出创新提升、更加突出惠民利民、更加突出统筹协调，把第32届牡丹文化节打造成为最具国际影响力的文化节会品牌；明确了第32届中国洛阳牡丹文化节开幕式、文化部推荐优秀剧目洛阳展演月活动、洛阳首届国际文化友好交流展演活动、洛阳特色工艺品展销、2014中国·洛阳（国际）"三彩杯"第二届创意设计大赛暨创意产业科技博览会、第32届中国洛阳牡丹文化节"河洛欢歌·广场文化狂欢月"活动、第32届中国洛阳牡丹文化节招商引资洽谈及签约会、2014中原旅游商品博览会、中国农业产业化龙头企业名优产品博览会、荣宝斋洛阳分店开业庆典暨全国当代名画家邀请展十项主体活动。①

第32届中国洛阳牡丹文化节于2014年4月5日至5月5日举行，历时一个月。共接待游客1970.56万人次，旅游总收入152.93亿元。旅游市场主要呈现以下特点：一是旅游高峰来得早，持续时间长；二是旅游与相关产

---

① 常书香：《我市召开第32届中国洛阳牡丹文化节动员大会——十项主体活动增辉牡丹盛会》，《洛阳日报》2014年2月14日。

业融合更加紧密，旅游与文化融合，旅游与商务会展结合，旅游与体育融合；三是旅游新兴业态不断涌现；四是县域旅游迎来新发展；五是旅游客源趋于多元化，游客客源市场不断扩大，旅游业影响力和辐射力显著增强。据中国文化传媒网2014年4月17日报道，第32届牡丹文化节把投资贸易洽谈会与项目签约仪式合并，取得了丰硕成果。共有12家国内外500强企业投资项目16个、战略性新兴产业项目25个，这些项目的成功引进，将加快提升洛阳主导产业的集聚度和竞争力，加快洛阳产业结构调整、经济转型升级，为洛阳经济"提速增量、提质增效"增添动力。

牡丹文化节举办32年来，洛阳已与40多个国家和地区，29个省（区、市）建立了投资合作关系，在洛投资的世界500强企业达24家、国内500强企业达37家。中国洛阳牡丹文化节已经成为洛阳对外开放的窗口、对外交流合作的盛会、吸引境内外资本投资融资的平台，既引进了资金，又引来了先进的技术、先进的管理理念和优秀的科技人才，为洛阳经济社会的持续健康发展注入了源源不断的动力。[①]

（二）牡丹产业发展取得长足进展

牡丹产业的发展是打造牡丹品牌的基础。2014年，洛阳牡丹景区建设、种植面积、产品加工等指标均居于全国领先地位。具体而言，包括以下方面。

一是大力实施牡丹观赏园升级改造工程，确保国际牡丹观赏中心的领先地位。观赏性是当今牡丹最具吸引力之所在，为此洛阳市对全市牡丹观赏园进行全面的升级改造。主要从调整、丰富品种结构，适度扩大种植面积，改善基础设施条件，丰富文化内涵，引进现代化展示手段等几个方面入手，使洛阳牡丹观赏能够历久弥新，具有持久的魅力。2014年国际牡丹园通过了国家AAA级旅游景区的评定，成为洛阳市首家AAA级牡丹景区。

二是牡丹种植面积取得历史性突破，产值大幅提升，在全市农村经济中

---

① 孙小蕊、李迎博：《开放的窗口 合作的盛会 融资的平台》，《洛阳日报》2014年4月14日。

地位日益重要。2014年洛阳牡丹种植面积历史性地突破15万亩，牡丹产业产值达到13亿元，从业人员达到4.5万人，牡丹种植已经成为洛阳农村经济的一大支柱产业。

三是牡丹产业发展日益多元化，以不同产品为目的的基地数量大量增加。洛阳牡丹的种植及产品开发，改变了过去以观赏为主的单一模式，分工日益精细。以基地建设而言，在催花基地之外，又建立了盆养基地、嫁接苗繁育基地、油用基地、鲜切花基地、出口基地等多种类型的基地。截至2014年，全市规范化基地达160多个。其中牡丹观赏种苗标准化、规范化种植基地在国内规模最大、品种最全，现有种苗品种300多个，种植面积6000多亩，市值达数亿元。鲜切花基地自2011年以来，与荷兰、美国、日本等国牡丹主要种植基地合作，采用引种、培育、扩繁等方法，目前已经选种适合洛阳生长的鲜切花品种100多种，种植面积达数百亩。

四是牡丹产业的集聚效果日益明显。为了提升种植的规模化与集约化，继续牡丹产业聚集区建设，聚焦区按"一区三园"的模式进行规划。一区即洛阳市牡丹产业集聚区，三园即以观光为特色的牡丹休闲农业观光园、以牡丹加工为主的加工产业园、以花卉交易为主的交易物流园。截至2014年底，已经有19家牡丹种植企业入驻，牡丹种植面积达1.5万亩。

五是洛阳的牡丹产业链不断延伸，牡丹加工产品种类日益多样。牡丹加工产品以前是单一的药用，即丹皮加工。目前则根、茎、花、叶、籽等全方位均得到了利用。牡丹红茶、牡丹全花茶、牡丹花茶、牡丹食品、牡丹酒、牡丹化妆品、牡丹精油、牡丹食用油等产品相继上市。这些产品大体可分为饮品、化妆品、食用油、食品、保健品五种类型，目前已经开发出200余种产品，延长了牡丹的产品生产链。其中牡丹油用价值的开发是洛阳市确定的牡丹产品开发重点。自2010年开始启动，通过政策引导、资金扶持等政策，截至2014年底，已经实现了12万亩的种植规模，第一期种植的5万亩已经开花结实，将为牡丹食用油产业的发展打下良好基础。2014年11月21日，洛阳自主研发的牡丹籽油超临界二氧化碳萃取生产线在洛阳一城花事牡丹生物科技有限公司投产。这不仅是全国首条采用该技术生产牡丹籽油的生产线,也标志着洛阳市油用牡丹深加工技术处于国内领先水平。[①]

牡丹产业链的延长、产品种类的增多,也改变了企业过去只搞种植或加工的模式,使企业能够更加充分地利用牡丹的价值,从而提升牡丹产业的利润空间,催生了一批新型的综合性牡丹产品企业。目前洛阳市已经有27家经营牡丹产品的龙头企业。

(三)牡丹花卉及牡丹产品销售状况良好

销售是牡丹产业发展面临的重要问题,同时随着销售渠道的畅通,大量的洛阳牡丹及相关产品走向国内重要城市,甚至走出国门,对于洛阳牡丹文化品牌的塑造也具有重要的意义。目前洛阳牡丹花卉及产品销售的内容主要包括三个方面:种苗与盆花、鲜切花、牡丹相关产品。为了进一步畅通牡丹花卉及牡丹产品的销售渠道,洛阳市向国家质检总局申报了"出口牡丹芍药种苗花卉质量安全示范区"。该示范区的建立,将促进洛阳市牡丹基地建设更加规范化、规模化,增强洛阳牡丹的国际竞争力。

种苗与盆花销售方面,截至2014年底,已经与上海、广州、深圳、重庆、南京、拉萨、台湾杉林溪等国内城市和荷兰、美国、法国、日本、澳大利亚等国家,以合作建园、组织花展、支援建设等方式,进行牡丹种苗种植、盆花展销等活动。目前盆花销售保持在100万盆左右。鲜切花方面,随着鲜切花品种的增多、切花保鲜时间的延长,牡丹鲜切花的销售也呈现出良好态势。2014年洛阳市牡丹(芍药)鲜切花销售120万枝,远销欧美、澳大利亚、东南亚及西亚地区。

牡丹相关产品销售方面,主要采用了展销及打造品牌产品等方式。2014年11月26~28日,在洛阳市会展中心召开了"2014中国·洛阳牡丹加工产品展销会暨油用牡丹发展研讨会"。此次展销会主要展示牡丹科研、生产、加工方面取得的新成果,包括牡丹食品、牡丹饮品、牡丹籽油、牡丹茶、牡丹化妆品、牡丹保健品、工艺文化品等11类200多个品种的加工产

---

① 郝洋:《我市自主研发的牡丹籽油生产线投产》,《洛阳日报》2014年11月22日。

品。陕西、山东、甘肃、安徽、北京、河南6个省市68家企业参展,其中,洛阳市参展单位39家。会展3天实现销售收入68.2万元。在品牌产品打造方面,依托万景祥公司建立了以"牡丹花都"特产为标志的牡丹加工产品营销网络。目前"牡丹花都"牡丹产品已经在郑州、三门峡、开封等地建立了形象店,并与中国台湾、美国西雅图等地进行了贸易洽谈。7月27日,万景祥牡丹花都特产专卖店在美国西雅图市正式开业,这意味着牡丹丝绸、牡丹精油、牡丹香皂、牡丹剪纸、牡丹书画等独具洛阳特色的产品,在国际市场上有了一个新的、大型的展示舞台。① 2014年,万景祥公司全年实现商品销售480万元,是目前河南省地方特产方面规模最大的公司,也是河南省牡丹深加工及文化创意产品的最大集散地。

(四)牡丹科研成就突出

科学研究对于洛阳牡丹的种植及产品的开发有着重要的意义,也是打造洛阳牡丹文化品牌的重要因素。

洛阳国家牡丹园年繁殖九大色系、品种齐全、花大色艳的优质商品牡丹30万株。截至目前,该园已成为野生牡丹引种驯化、新品种培育和商品牡丹繁殖的国内最大生产基地。同时,洛阳建立了世界唯一的牡丹种质资源迁地保护区。这些为牡丹资源的保护、种植、新种培育等提供了重要的前提。

自2011年开始,神州牡丹园、洛阳农林科学研究院与河南科技大学合作,积极引进、培育鲜切花新品种,开展牡丹(芍药)切花保鲜技术攻关。同时,还与荷兰、美国、法国、日本等国在鲜切花品种的引种、培育等方面进行科技合作。截至2014年,洛阳培育的牡丹(芍药)鲜切花品种达到100多种,切花保鲜期达到180天。洛阳国际牡丹园2014年度开展了两项洛阳市科技项目研究:油用牡丹容器苗育苗关键技术研究及开发、国外牡丹芍药名优新品种引进与繁育。新育成牡丹新品种10个,已通过专家验收。

---

① 赵佳:《让洛阳牡丹文化飘香五洲 让牡丹花都特产走出国门》,《洛阳日报》2014年7月28日。

该园的牡丹航天育种备受关注，曾经搭载神舟八号的30余株"太空牡丹苗"生长良好。

2014年度，洛阳高校及科研院所承担了多项国家自然科学基金项目、河南省科技攻关项目、河南省教育厅及洛阳市等不同类型的科研项目。依托这些项目，产生了一系列的科研成果，大致可分为五类：一是牡丹特性及培育、种植等方面的研究；二是牡丹病虫害的防治；三是油用牡丹的专题研究；四是牡丹药用、食用价值及产品开发方面的研究；五是牡丹切花技术方面的研究。另外，洛阳市绿化工程管理处、洛阳市绿化监察大队聂世焕、史建森的《牡丹在园林绿化中的应用分析》研究了牡丹在园林绿化中的应用现状、适应性、栽培要点，并提出了相关建议。

（五）牡丹文化研究及艺术品创作成果丰富

牡丹文化研究方面，也取得了一定的成果。第32届中国洛阳牡丹文化节期间，洛阳学者郑贞富在《洛阳日报》上发表了《牡丹珍品出寿安——宜阳牡丹说略》《元朝洛阳牡丹记——兼谈元朝洛阳的名园》《明朝洛阳牡丹记——兼谈明朝开封等地的牡丹》《清朝洛阳牡丹记——兼谈菏泽等地的牡丹》等文章，对洛阳牡丹尤其是元明时期洛阳牡丹的史料进行了钩沉，有一定的创新性。洛阳理工学院完成了河南省科技厅项目"中国古代牡丹整理与研究"，共搜集牡丹谱76种，而此前学者认定牡丹谱总数为40多种，因此这一发现具有一定的学术价值。同时该项目还对每种牡丹谱的作者等问题进行了详细地考证，纠正了此前的一些错误说法。洛阳师范学院李朝晖《中国洛阳牡丹文化节发展现状与对策研究——以第31届中国洛阳牡丹文化节为例》一文对中国洛阳牡丹文化节在宣传工作、文化活动、节会瓶颈、旅游消费等方面的问题进行了分析，并从加强创新、完善节会宣传模式等方面提出了解决问题的对策。洛阳牡丹瓷研究院贾晓莉的《牡丹瓷与中原陶瓷的发展》对依托河洛地区出土和传世且有牡丹纹饰的三彩陶瓷器而形成的新派艺术陶瓷——牡丹瓷进行了介绍。洛阳师范学院刘玉来的《特色专业村营销问题探讨——以河南平乐牡丹画村为例》从河南平乐牡丹画村的实际情况出发，研究了特色专业村的营销问题，认为，要打造名副其实的"中国牡丹画第一村"，必须制定强有力的营销因素组合策略，打造高质量的绘画人才和营销人才队伍。河南科技大学邢慧臻、任培红的《解析海报的图文互动意义及符际互补关系——以洛阳牡丹文化节一幅海报为例》以中国洛阳牡丹文化节一幅海报为例，分别从图像部分和文字部分两方面进行了分析。虽其目的不是为了对牡丹文化本身进行探讨，但对牡丹文化节的海报进行研究，也表现出牡丹文化节正在引起各个方面的重视。

在文艺创作方面，亦取得了一些成就。2014年3月17日，大型高清纪录片《牡丹》在北京首映。这是我国第一部以牡丹为创作主题的电视纪录片。该片以洛阳牡丹为焦点，于2012年11月1日开机。拍摄期间，摄制组曾在洛阳市区多个牡丹观赏园及孟津、栾川、嵩县、洛宁等地的牡丹基地进行拍摄。① 中央电视台总编辑罗明表示，该纪录片在宣传合作、题材探索、国际传播三个重要领域实现了积极有效的突破，具有十分重要的社会意义、文化意义和现实意义。洛阳邮政报请中国邮政批准，特发行"富贵双联"第三组"富贵双联 国色天香"牡丹系列邮票。该系列邮票共计15版，融牡丹文化、绘画艺术、集邮文化于一体，文化内涵丰富，艺术品位高雅，具有极高的收藏价值。洛阳青年剪纸艺术家王飞积极探索牡丹题材剪纸艺术，开发了牡丹剪纸挂轴、挂件、台屏等艺术品，拓展了牡丹艺术的门类，深受艺术界好评。

在牡丹艺术人才培养方面，孟津县平乐牡丹村加强了牡丹画的技术培训。一是实施"百日传帮带"活动。邀请王绣、文柳川等15名洛阳知名画家，每周六到平乐村辅导、讲座、点评。二是实施"三年培训"计划。在全镇中小学校增设牡丹画课程，有计划地组织青少年学习牡丹文化和牡丹画创作技巧，培养和储备后继新生力量。三是和劳动部门结合，将平乐牡丹画创作培训列入农民工创业培训。这些举措，对于牡丹艺术人才的培养具有重要的意义。

---

① 孙自豪：《四集高清纪录片〈牡丹〉在京首映》，《洛阳日报》2014年3月19日。

柳江虹、商立君、陈培元等共同创作了歌曲《啊，牡丹！中国的奇葩》。洛阳平乐牡丹书画院郭泰森发表了1组5幅牡丹画。洛阳虽然有许多优秀的牡丹画家，但2014年度有画集出版或者作品发表者不多。

（六）牡丹对外展出及宣传活动丰富多彩

为了让洛阳牡丹走出去，宣传洛阳在牡丹科研及文艺创作、工艺品制造等方面取得的成就，扩大洛阳牡丹在国际国内的影响，洛阳市组织了多次外展及学术文化交流。

2014年3月8日至5月8日，台湾杉林溪洛阳牡丹文化节在台湾南投县杉林溪举行。这是继2011年台北国际花卉博览会、2013年台湾杉林溪洛阳牡丹文化节之后，洛阳牡丹第三次赴台展出。展出期间，神州牡丹园技术部经理李临剑介绍此次活动的目的"主要是向台湾展示洛阳牡丹的催花技术和控花技术"。[①] 3月11日，作为本届台湾杉林溪洛阳牡丹文化节的主要活动之一，台湾杉林溪洛阳牡丹发展论坛在杉林溪森林生态度假园区举行。洛、台两地相关企业负责人就牡丹种植与牡丹深加工等内容进行了交流和研讨。洛阳神州牡丹园董事长付正林介绍了洛阳牡丹的栽培历史、现状。他说，经过长期栽培和引种，洛阳的牡丹品种已超过1200个，包括10种花型。洛阳的科技工作者针对牡丹自然花期短的特点，研究和实践牡丹催花技术，如今已能实现一年四季天天有花看、花开遂人愿，催花牡丹已成为宣传洛阳牡丹品牌和增加农民收入的重要渠道。此外，牡丹栽培技术的提升也带动了牡丹深加工企业发展，出现了许多有前景的特色产品。论坛上，洛、台两地牡丹种植技术人员还就栽培技术、如何做好做强牡丹深加工、促进牡丹产业整体发展及今后进一步合作发展进行了研讨。洛阳大唐官窑瓷业有限公司向大会展示了最新开发的牡丹瓷产品。

2014年7月27日，美国西雅图洛阳牡丹文化节开幕式在西雅图西华园

---

① 常书香：《500株洛阳催花牡丹飞抵台湾——我市2014年台湾杉林溪洛阳牡丹文化节参展团启程赴台》，《洛阳日报》2014年3月5日。

隆重举行，西雅图洛阳牡丹插花展和西雅图——洛阳经贸洽谈会同时开幕。西雅图洛阳牡丹文化节吸引了西雅图中文电台、西雅图新闻网及《西城时报》《西华报》《侨报》等多家媒体采访与报道。①

在牡丹艺术品方面，作为极具特色的农民画村，孟津县平乐村加强了宣传力度。首先是邀请新闻媒体走进平乐，多角度深层次对平乐牡丹画进行宣传报道。其次是组织画家走出去，参加各种画展及展销活动。同时又举办了两次重要的文化活动。一是4月22日至5月5日在平乐牡丹画创意园区举办了中国·平乐第四届农民画邀请展。借助这一平台，扩大了平乐牡丹画在国内的影响，同时也使农民画家在相互交流中提高了技艺与眼界。二是7月2日，举办了农民画师职称颁证仪式暨"百人百米画牡丹"活动。这是进一步规范管理平乐牡丹画、扩大宣传、擦亮名片的一次全新举措。另外，平乐村还对牡丹画产业实行市场化运作，统一制作宣传册、包装袋和包装盒。同时实行画师等级评定，按等级定价格。画家与中国平乐牡丹画有限公司签约，规定双方的权利和义务。以上举措，效果明显。仅2014年上半年，平乐村就完成牡丹画创作20万幅，实现收入4000多万元。

洛阳市还非常注重借助重要国际会议及国家重要外交活动对洛阳牡丹进行宣传。2014年APEC会议在北京召开，经过多方努力，洛阳牡丹成为了会议的重要礼仪用花。2013年底，李学武牡丹瓷在先后成为"市礼""省礼"后，被外交部指定为"国礼"。2014年"国礼"李学武牡丹瓷精品分批次交付外交部，总计100多件。这些产品由国家领导人在对外交往中赠送给100多个国家及地区的元首及领导人，受到国际政要的高度好评。

二 洛阳牡丹品牌建设存在的问题

洛阳牡丹文化品牌建设取得了令人瞩目的成就，但也存在着一定的问题。主要表现在以下几个方面。

---

① 陈占举、博艺：《美国西雅图洛阳牡丹文化节开幕》，《洛阳日报》2014年7月28日。

（一）牡丹文化研究方面的人才缺少

在牡丹科研方面，洛阳市各高校及科研院所均有重要的专家致力于此，而一些高层次人文社会科学工作者却鲜有专注于牡丹文化研究的，这使洛阳市牡丹文化研究的人才力量显得薄弱。

（二）牡丹文化研究成果少

与牡丹科研方面的成就相比，牡丹文化研究方面的成果较少，而且新材料的挖掘或者新观点的提出都不多。发表的文章多为介绍性、说明性、普及性，且多与前人成果重复。

（三）牡丹文化与牡丹产业的融合不够

特别是各个牡丹园对牡丹文化的介绍都不多，在景观设计方面没能融入牡丹文化元素，结果使游客只是简单地看花、拍照，没有办法深入理解牡丹文化的深刻内涵。

（四）牡丹园观赏内容雷同

牡丹观光景点内容相似，景观设计缺乏个性，缺乏新颖性、刺激性。这在一定程度上造成了游客的审美疲劳。随着全市牡丹种植面积的扩大，这个问题将越发突出。

（五）高山牡丹观赏园建设有限

高山牡丹观赏园有限，使牡丹观光的时间仍然过短。特别是洛阳周边的一些山地，没有被很好地开发与利用。

（六）牡丹宣传手法尚需创新

总体而言，洛阳牡丹在宣传方面，没有造成轰动性的效应，也没有长效的影响力。牡丹文化节期间，牡丹文化类的活动较少。

（七）牡丹艺术品出版较少

虽然有大量的牡丹书画、摄影及牡丹工艺品，但却很少有相应的出版物或公开放映的影视作品。

三 推进洛阳牡丹文化品牌建设的建议

（一）加大对牡丹文化研究及牡丹文艺创作的扶持力度

牡丹是洛阳重要的城市名片。洛阳城市的影响力、软实力，相当程度上依赖于牡丹文化。因此，充分挖掘、弘扬牡丹的魅力，使牡丹为更多的人接纳、喜爱，对洛阳而言具有战略意义。而这一点，无疑要靠牡丹文化的研究。牡丹文化文献丰富，资源丰厚，需要专门人才进行艰苦地挖掘、整理与研究。在此基础上，出版、发表相应的成果，对牡丹文化进行普及与弘扬。但是，由于牡丹文化在历史文化研究中是一个相对生僻、狭小的领域，需要专家学者从其研究的领域之内进行转向，而且其成果的发表等存在一定的难度。因此，市委市政府要把牡丹文化的研究放在城市发展战略的高度上看待。应当依赖洛阳市高校等人才密集单位，组建一支专门的人才队伍，以课题的方式对其进行资助，争取涌现出更多、更有学术创新性的牡丹文化研究成果。同时出台牡丹文艺作品出版发行方面的扶持政策，鼓励更多优秀作品问世，只有这样才能使洛阳成为牡丹文化研究的中心。

（二）加大牡丹观赏园区的改造提升力度

牡丹观赏园区的改造主要着眼点有三个：首先要融入牡丹文化。要把品种相关的典故、人物、诗词采用合适的方式展现出来，丰富景区的文化内涵。其次要实现园林化、个性化。苏州的古典园林众多，但各具个性。洛阳的园林却显得美感不足，有的甚至只是简单地种了一些牡丹花。为此，我们要根据中国古代园林美学的要求，借鉴其造景、借景等方法，对全市牡丹园进行改造提升，使其具有园林之美感。特别要使部分牡丹园在牡丹花开之后，仍然能够以其景观之新颖别致，吸引人们前来观光。最后是要采取高科技手段，增强互动情节与娱乐性。可以适当增加牡丹育种、培植等方面的活动，增强游客的体验性。

（三）建设一些特殊需要的牡丹园

在洛阳市区附近选择高山建设高山牡丹园，以延长牡丹花期，满足晚来人士观赏需要。牡丹花开时，有时雨水较多，特别是几个周末遇雨，这对洛阳牡丹观赏而言，会造成极大的不便。有的外地人士，甚至会因天气问题放弃洛阳之行。为此要建设1~2个能日容纳2万~3万人的室内（帐篷）牡丹观赏园，并在花开多雨之时加大对其的宣传力度。

（四）加大牡丹文化节的宣传力度

要加大牡丹文化节的宣传力度，丰富文化节的活动内容，使文化节期间牡丹文化的氛围更加浓郁。要有固定时间、固定地点、固定名称的牡丹文化研究论坛，使其成为世界牡丹文化研究成果发布的知名高地。要引进歌舞剧团等表演团体，表演牡丹文化相关的艺术剧目。目前洛阳市每逢牡丹文化节，都要将街头广告等换成牡丹艺术品，同时许多商家都打出了相应的标牌。但这还不够，比如说，能否让公交车、出租车、观光园都播放一些牡丹歌曲，能否让一些大、中、小学生穿上牡丹文化相关图案的衣服等，这些细节问题都要考虑。

总之，2014年是洛阳市牡丹文化品牌建设取得重大成绩的一年。尤其是一些长远规划的制定与实施，为未来洛阳牡丹业的发展奠定了良好的基础。但是也要清醒地认识到，牡丹品牌建设不仅要在园林建设、种植面积、观光业等方面加大力度，重视科技创新与文化创新，更应当凝聚各方面的人才，多方着力，使洛阳在牡丹种植、观光、科研、文化研究、艺术创作、产品开发等方面均居于全国的中心地位，从而成为名副其实的牡丹之都。

B.12
洛阳大遗址保护问题研究

薛妙勤 魏晓彤*

摘 要： 洛阳厚重的历史留下极其丰富的历史文化遗存，2014年大遗址保护取得了丰硕成果。只有深入把握洛阳大遗址的特征，重视保护展示工作中存在的问题，处理好保护与利用之关系，加大投入，创新方式方法，才能持续做好大遗址保护展示工程，进一步彰显城市特色，提升城市文化软实力，助推洛阳中原经济区名副其实的副中心城市文化示范区建设。

关键词： 大遗址 特征 保护利用 建议

作为十三朝古都的洛阳，历史厚重，历史文化遗存极其丰富。洛河沿岸自东向西不足50公里的范围内，分布着偃师商城、二里头、汉魏故城、隋唐洛阳城、东周王城、邙山陵墓群以及宜阳韩城七处大型遗址，遗址规模之大、内涵之丰、密度之高、跨越时间之长，举世罕见。2005年国家启动大遗址保护工程以来，洛阳市认真贯彻国家文物保护方针政策，坚持"政府主导、规划先行、文化惠民、彰显特色、服务经济社会发展"的大遗址保护理念，因地制宜，探索创新，创造了切实可行的大遗址保护"洛阳模式"，在隋唐洛阳城、汉魏洛阳城以及偃师商城等遗址保护展示工程中取得了显著成效，引起了社会广泛关注。[①]

---

* 薛妙勤，洛阳师范学院教授；魏晓彤，洛阳市委党校副教授。
① 《河南：新型城镇化下的洛阳大遗址保护》，洛阳市政府网，2014年11月7日。

一 洛阳大遗址的特征

洛阳是大遗址分布的集中片区，只有深入把握洛阳大遗址的特征，才能进一步做好大遗址保护展示工程，传承好中华文明，同时提升城市文化软实力，对洛阳打造名副其实的中原经济区文化示范区具有重要的现实意义。

（一）跨度时间长，历史延续性强

洛阳大遗址从夏商周到隋唐、北宋，历时三千多年，时代绵延更迭，历史延续性全国罕见，遗址展现的历史兴衰更替，是洛阳乃至中国古代历史的见证。

以汉魏故城为例，该城址始建于西周初年，废弃于唐初，故城先后经历有西周、东周、秦、西汉、东汉、曹魏、西晋、十六国、北魏、北周、隋、唐等时代的兴替，延续使用近1600年，尤为重要的是古城作为东周、东汉、曹魏、西晋、北魏等朝代的国都时间长达540年，可谓我国古代历史上定都时间最长、规模最大的都城遗址。邙山陵墓群，墓葬从东周到东汉、曹魏、西晋、北魏，历时跨度到五代的后唐，历史延续脉络清晰可见。

（二）历史文化内涵丰富，价值突出

洛阳片区大遗址因洛阳在中国历史上的独特地位，十三个朝代先后建都于此，遗址主要以都城遗址为主，在当时的历史条件下，都城无疑是国家的政治、经济、文化、军事中心，因而，洛阳片区大遗址也就代表着当时科技、文化、艺术等方面的最高发展水平，历史文化内涵极其丰富，文化价值突出。

以偃师二里头遗址为例，作为中国古代文明与早期国家形成期的大型都邑遗存，半个世纪以来，田野考古在二里头遗址发现了目前我国最早的宫室建筑群和宫城遗存、最早的青铜礼器群和最早的青铜冶铸作坊，经研究证明，它是当时中国最大的聚落，也是迄今为止可确认的中国最早的王国都城

遗址,具有重要的学术价值、文物研究价值和社会价值。

偃师商城遗址是迄今所发现的我国商代早期城址中年代最早、保存最好、文化内涵最为丰富的古代都城遗址。国家夏商周断代工程多学科交叉研究确认,偃师商城是商汤灭夏后建立的第一座都城,是夏、商王朝分界的界标,从偃师商城可以清晰地看到夏商文化发展的历程。偃师商城规划周密、布局合理,在我国都城建设史、建筑史上起着承前启后的作用。[1]

汉魏故城遗址,在文化内涵、文化特点和历史文化价值方面比其他王朝都城遗址更为丰富。东汉灵台遗址是当时进行天文观测的地方,明堂、辟雍等礼制性建筑的发掘为礼仪制度研究提供了考古依据。永宁寺塔基出土的泥塑佛像,以其精美的造型、精湛的技艺展现了当时文化艺术的发展水平;许多北魏时期的青瓷器及带有明显西亚风格的釉陶器记录了汉魏洛阳故城作为丝绸之路起点的东西方文化交流的过程。[2]

隋唐洛阳城遗址,反映出当时丝绸之路隋唐大运河的繁荣景象,都城的规划设计,既影响了当时国内的地方城市,也被相邻国家学习效仿,通过考古发掘的多处园林遗址,证明当时有极高的园艺水平,出土的众多文物,造型典雅、绚丽多姿,艺术价值巨大。

(三)遗址分布密集,规模宏大

洛阳大遗址密度之高、规模之大,为世所罕见。邙山陵墓群是邙山古墓的主体,它是全国最大的古墓集聚地,墓群占地面积达 756 平方公里,这里汇集了自西周至明清各个历史时期、众多类型的古墓葬群,墓葬分布之密、数量之多、范围之广、跨度时间之长堪称中国之最,纵观世界各国也极为罕见。

二里头遗址,面积 3 平方公里,长期的考古发掘发现了遗址中心区纵横交错的道路网,发现了我国最早的宫城及宫城城墙,发现了我国最

---

[1] 洛阳市委宣传部:《古都风貌与文物保护:洛阳"大遗址"保护》,新浪城市,2010年4月7日。
[2] 洛阳市文物局、汉魏故城文物保管所编《汉魏洛阳故城研究》,科学出版社,2000。

早的双轮车辙痕迹，发现了我国最早的宫殿建筑基址群，充分显示了二里头遗址是迄今可以确认的最早的具有明确规划且与后世中国古代都城的营建规制一脉相承的都邑，二里头遗址的布局开创了中国古代都城规划制度的先河。

隋唐洛阳城，规模宏大，占地面积达47平方公里。宫城正门应天门是隋唐洛阳城最具代表性的建筑之一，它南与皇城正门端门、郭城正门定鼎门，北与明堂、玄武门及龙光门等构成整个隋唐洛阳城的南北轴线，北面是宫城内华丽的主体建筑，南面与龙门双阙遥相对峙，位置极为优越，建筑雄伟壮观，无论是其建筑规格，还是其历史地位，在中国都城建设史上都是极其重要的，充分表现出了中国封建社会鼎盛时期雄伟壮观的都城建筑风格。应天门这一雄伟的建筑格局，既表现出城门的壮观威严，又加强了防御能力，它对后代都城建设有着深远的影响，如北宋汴梁宫城的宣德楼、元大都的崇天门以及明清北京城午门，无不是由这种形式演变而来的，同时对日本、朝鲜等亚洲国家都城城门建制也有深远的影响。

（四）考古成果丰硕，观赏性和展示性不强

洛阳大遗址以土质和土石结合的类型为主，独特的地理位置使洛阳历史上成为兵家必争之地，战乱频繁，都城屡次遭到战火破坏，导致洛阳地上文物遗存稀少，地下文物极其丰富，长达近半个世纪的考古发掘，成果显著，令学界惊奇，许多成果可谓中国考古学的里程碑。长期的考古调查和发掘为大遗址保护工作提供了扎实的第一手资料，为大遗址保护规划的编制和有效的实施提供了参考依据。

1983年发现的偃师商城，当时曾引起了国内外学者的普遍关注，联合国教科文组织将偃师商城遗址的发现列为1983年世界十七大发现之一，该遗址自发现至今，已进行了20多次有计划地大规模考古发掘，偃师商城经研究证明即古文献中所谓的"西亳"。汉魏故城由宫城、内城、金墉城和外郭城组成，古城的内城周长就达15公里，有10座城门，其中阊阖门被研究证明为汉魏时期宫城的正门，当时帝王登基仪式就在此举行，它是目前国内

考古发现的时代最早的带有双阙的都城城门。

大遗址本身具有占地面积大、观赏性差的特点。洛阳饱经战乱，历尽沧桑，都城几举几废，几建几毁，加上自然的风雨剥蚀和人为破坏等因素，使洛阳地上文物遗存稀少，地下文物极其丰富，遗址保护观赏性和展示性不强这一特点表现得尤为明显，从普通群众的文化需求和欣赏水平来看，大多数遗址及遗址展示项目观赏性差，缺乏吸引力，普通群众对遗址的关注度和认知度不高，兴趣不大。

二 洛阳大遗址保护现状及问题

洛阳曾创造出文物保护的"洛阳模式"。2014年，洛阳市全面推进大遗址保护展示和国家考古遗址公园建设，隋唐洛阳城、汉魏洛阳城以及偃师商城等大遗址保护工作取得新进展。隋唐洛阳城明堂、天堂遗址保护展示工程全面完工，汉魏故城西阳门大街、永宁寺塔基以及太极殿保护展示工程都取得了新进展，偃师商城宫城核心区考古遗址公园初具规模，汉魏洛阳城国家考古遗址公园成功入选第二批国家考古遗址公园，偃师商城国家考古遗址公园获准立项。但是，也应清醒地看到当前大遗址保护工作存在的问题，持续做好新时期大遗址保护工作。

（一）遗址保护与开发状况堪忧

大遗址保护的核心在于"保护"，但是，一些地方认识上存在偏差，忘记了肩负的保护文物的责任，甚至将遗址保护当成了向国家争取政策经费支持的工具，有些地方政府认为大遗址保护是文物部门的事情，对此项工作重视不够，不能发挥遗址保护的核心主导作用，导致洛阳片区大遗址保护面临的形势依然严峻，自然和人为破坏等诸多因素同时存在。人为破坏因素主要表现为在有限的土地资源条件下，城市建设、村镇建设、基础设施建设、农业生产等对遗址造成的破坏。自然破坏因素主要有洪水、暴雨、动植物影响等。同时，如何避免保护性破坏、利用性破坏和建设性破坏更应引起相关部门的关注。

如邙山陵墓群，在历史上就屡遭自然破坏或人为盗掘，目前，对邙山古墓冢的破坏常见形式有：水土流失、取土、建房、打窑洞、烧砖窑、开荒种地、改作他用、非法建设等，居民的生产、生活对陵墓群的蚕食侵占，更使陵墓群遭受到了严重的破坏，墓冢数量减少，墓室被盗掘，封土和陵园遗址被毁坏，多数封土几乎都无法显示其完整的形制，陵墓群被破坏程度相当严重。

宜阳韩都故城，由于远离现代城市建设的核心区域，虽然大规模的城市建设对其影响较小，城址的整体布局保存比较完整，但是，因保护滞后，自然的风雨剥蚀和农业生产、村镇建设、道路施工、现代坟茔、通信电力设施任意穿行遗址区，对遗址本体破坏也比较大。

（二）遗址保护展示用地问题突出

洛阳将22平方公里的隋唐遗址里坊区建成了遗址公园，创造了在洛南新区中心地段保存超大面积遗址的范例，但是，大遗址片区占地面积大，拆迁任务重，安置困难，用地问题依然突出。在实施保护和展示工程中，应结合大遗址保护实际和区域内群众实际，进一步出台相关优惠政策，切实保障搬迁居民的切身实际利益，使他们的生产、生活因遗址保护得到改善和提升，虽已引起有关部门重视，但解决起来确有实际困难，这已成为实施大遗址保护的瓶颈。

如汉魏故城遗址，特别是位于城区郊外的汉魏故城丝绸之路申遗和遗址公园建设，可以说是丝绸之路中原地区最大的遗产申报区，仅丝绸之路遗产区占地面积就达1088.38公顷（16325.7亩），遗址位于洛阳市洛龙区与孟津县、偃师市交界地带，现土地性质多为基本农田，目前存在的问题一是土地手续办理涉及三个行政区域，前期土地手续办理复杂，一些保护展示工程已完工，土地手续尚未办结。二是相关土地征用拆迁工作量大面广，群众有抵触情绪，地方政府工作起来难度较大。

（三）保护管理资金不足

洛阳市为大遗址保护项目争取或配套了大量资金，创造了被学者称为"以综合开发的建设项目形式开展大遗址保护展示设施建设"的新的洛阳模式。① 要实现大遗址保护的可持续发展，需要中央和地方共同努力解决保护管理资金缺乏问题。从中央来说，在进一步加大资金拨付力度的情况下，应由国家文物局和相关职能部门专题研究传统文物保护经费如何创新使用，进一步加强资金使用的平衡性，防范浪费风险，最大限度调动地方政府的积极性，发挥资金的使用实效。对地方政府来说，如何用好中央拨付专项费用，如何足额保证地方配套资金是两大突出问题。因为大遗址保护所需的地方配套的后期维护、管理费用是巨大的、长期的，因此，市委市政府应该在财政许可的范围内加强财政经费的制度设计，保障文物保护和展示这个环节的经费投入，解决大遗址保护经费短缺的难题。

如汉魏故城遗址的保护与展示，主要涉及国家考古遗址公园基础配套设施建设及后期维护费用问题。一是遗址保护展示工程完成后，因遗址公园区内的旅游服务基础配套建设资金缺乏，设施尚不完善，影响了开放宣传和服务管理质量，亟须加大投入，加强完善基础配套设施建设。二是需加大后期维护、管理、科研等经费投入。三是汉魏故城丝绸之路申报点多为土遗址，土遗址本身具有脆弱性和复杂性，会受到温度、湿度变化、水分、降尘、可溶盐、霉菌等因素的影响，保护汉魏城墙、太极殿等土遗址，资金需求量大。

（四）管理机构和人员尚需充实优化

大遗址保护政策水平要求高，专业性强，对管理者的文化素养、文物保护意识和观念、相关专业知识水平等要求较高，应配备一支懂专业、会管理、善经营的管理团队。从现有情况看，管理人员构成、人员数量、素质设

---

① 《新型城镇化下的洛阳大遗址保护》，洛阳网，2014年11月7日。

施设备以及管理模式等，与大遗址保护、管理的需要尚不完全适应。大遗址保护涉及面广、涉及部门多，单单依靠文物行政管理部门一家是远远不够的，应根据实际情况，组建一个包括文物、土地、建设、规划、金融、工商等相关部门参与的综合管理机构，明确职责，落实责任，统筹解决大遗址保护所涉及的各个方面的问题。①

如汉魏故城遗址、丝绸之路遗产点的管理机构性质为财政全供事业单位性质，人员编制偏少。汉魏故城文管所编制18人，目前在岗13人。受政策限制，工作人员多年只出不进，人员偏老龄化，且专业人员缺乏，需要对遗产管理机构的体制、人员数量、专业背景、设施配置等管理资源进行优化和完善，从而提升管理机构的管理能力和资源配置。

三 洛阳大遗址保护的建议

当前，洛阳大遗址保护工作正处于加速发展的"黄金机遇期"，认清洛阳大遗址的特点，反思洛阳在大遗址保护方面取得的成绩和存在问题，以积极的文化自觉、紧迫的历史责任感，处理好大遗址保护与地方经济发展、城市建设、民生改善和历史传承的关系迫在眉睫。

（一）转变保护观念，创新保护理念

大遗址作为中华文明和传统文化的载体，是极其宝贵的不可再生资源，对于传承文明、继承和弘扬中华传统文化有着独特的、至关重要的作用。近年来，洛阳市在大遗址保护与利用方面，因地制宜，坚持"政府主导、规划先行、文化惠民、彰显特色、服务经济社会发展"的大遗址保护理念，大胆探索和实践，取得了明显的成效。②

在加快工业化、城镇化和美丽乡村建设进程中，大遗址保护工作面临着

---

① 陆武：《陕西大遗址保护与利用的几点思考》，《西北工业大学学报（社会科学版）》2012年第9期。
② 《洛阳践行稳中求进的大遗址保护新模式》，中国文物信息网，2014年6月13日。

传统的、单一的、限制性的绝对保护模式与遗址区域内群众发展经济、提高生活水平之间的矛盾，此项工作一度出现令政府头疼、群众反感、专家为难的尴尬局面。如何使遗址保护工作让政府满意、群众拥护、专家认同，这亟须转变观念、创新理念。力争使大遗址的完整性和真实性得到保护，同时使大遗址区域范围内群众的生活水平得以提升；大遗址及其周边环境得到改观，城市文化品位和城市形象得以彰显；真正使大遗址成为洛阳最美丽的地方，在中原经济区建设中彰显洛阳特色品牌，成为名副其实的中原经济区文化示范区。应坚持"保护为主，抢救第一，合理利用，加强管理"的文物工作方针，始终把"保护"放在工作的第一位，在"政府主导、规划先行、文化惠民、彰显特色、服务经济社会发展"成功经验的基础上，结合洛阳实际，借鉴国际国内其他城市的先进经验，如陕西大遗址保护工作"中央引导、地方配合、确保重点、集中投入"的经验，充分认识洛阳片区大遗址的巨大价值，正确处理经济建设、城市发展、民生改善与遗址保护利用的关系，突出政府主导，强调公益性质，淡化商业气息，不给后人留下遗憾，实现大遗址保护的可持续发展，创新保护理念尤为关键。①

（二）强化政府主导，健全体制机制

大遗址保护工作开展以来，洛阳市成立了高规格的大遗址保护工作领导小组和大遗址保护办公室，专门负责全市大遗址保护管理工作，还成立了隋唐洛阳城、汉魏故城、邙山陵墓群等大遗址保护管理专门机构，卓有成效地开展遗址保护与利用工作。② 但是，大遗址保护是一项系统复杂工程，涉及面广，问题复杂，单靠文物部门难以奏效，亟须在政府主导的前提下，进一步健全大遗址保护的体制机制，形成政府主导、专业团队管理、社会广泛参与的工作氛围，扎实做好大遗址保护工作。

---

① 刘德胜、余杰、蔡丹：《洛阳践行稳中求进的大遗址保护新模式》，《中国文物报》2014年6月13日。

② 刘德胜、余杰、蔡丹：《洛阳践行稳中求进的大遗址保护新模式》，《中国文物报》2014年6月13日。

大遗址面积大，涉及面广，专业性强，对管理者的文化素质特别是历史文化素质、法律素质和管理能力等要求较高，应根据洛阳当地实际情况，进一步健全大遗址保护的体制机制，组建一个包括文物、规划、土地、建设、财政等相关部门参与的综合管理机构，明确其职责要求，减少推诿扯皮，提高管理水平，统筹解决大遗址保护涉及的各个方面的问题。同时，在政策上向遗址保护倾斜，公开招录选配一批懂专业、会管理、文化素养较高的人员充实保护队伍，解决专业人员少、年龄老化问题。

（三）加大经费投入，保障用地问题

在大遗址保护工作中，洛阳市在用好国家政策资金的同时，充分发挥市财政投入主渠道作用，加快大遗址保护工程建设。近年来，洛阳市财政投资17.6亿元，先后实施了三期隋唐洛阳城遗址保护工程，其中投资4亿元，建成了占地2800亩的隋唐洛阳城遗址植物园；投资13.5亿元，用于核心区明堂、天堂和应天门遗址、洛阳玻璃厂的整体搬迁。另外，还投资5000万元，实施了汉魏故城遗址和偃师商城遗址保护工程。为彻底解决大遗址保护资金瓶颈问题，市政府批准成立了由政府控股的文投集团，积极探索大遗址保护展示、文化产业园区建设的新模式。①

遗址保护展示工程完成后，后期维护、管理、科研等所需经费量大，而国家拨付的专项经费有限，地方配套建设资金不足，这已成为制约大遗址保护的瓶颈，亟须加大经费投入。陕西省政府和西安市政府组织实施了唐大明宫遗址公园。其中，唐长安城延平门遗址公园由西安市高新区管委会出资建设并实施维护管理，大唐西市遗址博物馆是民用企业资金投入运营管理，唐大明宫国家考古遗址公园则由西安曲江管委会融资建设运营，秦始皇陵国家考古遗址公园、汉阳陵国家考古遗址公园是文物部门直接建设管理。洛阳可借鉴陕西西安大遗址保护的经验，多方投入特别是通过政策引导吸引民营资

---

① 刘德胜、余杰、蔡丹：《洛阳践行稳中求进的大遗址保护新模式》，《中国文物报》2014年6月13日。

金,解决资金不足这一瓶颈问题。[1]

洛阳市在城市建设用地紧张的困难局面下,在大遗址保护上先后为定鼎门遗址保护工程征地158亩,为隋唐洛阳城明堂、天堂、应天门、九洲池遗址保护展示工程划拨土地近400亩。协调1500亩土地,用于汉魏故城国家考古遗址公园建设。虽然最大限度地满足大遗址保护的用地需要[2],但是用地矛盾依然存在,应加强地方立法,严格执法,确保大遗址保护的用地需要,防止人为因素对遗址的蚕食。洛阳市针对当地文物保护实际,目前已经出台并实施了《二里头遗址和尸乡沟商城遗址保护条例》《汉魏故城保护条例》《隋唐洛阳城遗址保护条例》《邙山陵墓群保护条例》以及《大运河遗产保护管理办法》等一系列地方性法规,以地方立法的形式明确当地政府及有关部门职责,建议在现有地方文物保护立法的基础上,凡涉及大遗址保护土地问题,严格依法办事。例如《洛阳市〈文物保护法〉实施细则》(修正)在全国率先规定:凡进行基本建设,没有文物部门的审批手续,土地规划部门不办理规划许可证,计划部门不立项,城建部门不颁发施工许可证。[3] 对国家遗址公园建设和丝绸之路遗产保护展示出台政策,采取一定的方式统一协调处理用地问题。例如,调整土地性质,可把世界遗产区整体划为文物保护用地,或创新土地利用方式,允许土地流转,用于与遗产保护展示或配套相关的项目等。

(四)创新展示方式,彰显城市特色

在大遗址保护工作中,应坚持以人为本,保护与利用紧密结合,将大遗址保护与改善居民生活条件结合起来,让大遗址保护成果惠及广大群众。近年来,洛阳市在遗址展示方式上进行创新,取得了令群众满意的良好社会效

---

[1] 陆武:《陕西大遗址保护与利用的几点思考》,《西北工业大学学报(社会科学版)》2012年第9期。
[2] 刘德胜、余杰、蔡丹:《洛阳践行稳中求进的大遗址保护新模式》,《中国文物报》2014年6月13日。
[3] 《洛阳市〈文物保护法〉实施细则》(修正),洛阳市人大常委会1989年12月30日发布。

果。隋唐洛阳城应天门、九洲池以及汉魏故城西阳门遗址等一批保护展示工程，使一大批湮没于地下的遗址形象地展示在世人面前，增加了城市的人文景观，提高了城市的文化品位，带动了洛阳旅游业的快速发展。特别是在中心城区，将占地22平方公里的隋唐洛阳城洛南里坊区建成了开放式的集休闲、娱乐、旅游、观光为一体的隋唐洛阳城遗址公园，增加了城市区的公共绿地面积，成为广大市民和游客休闲观光的乐园，这在全国可谓独一无二，彰显出了洛阳城市特色。①

为充分挖掘遗址的文化内涵，增强可读性、观赏性，提升遗址对普通群众的吸引力，应结合洛阳大遗址的特点，主动吸纳和借鉴国际、国内大遗址领域的先进经验，创新展示手段和工作方法，增强大遗址保护工程的观赏效果和吸引力。洛阳文化投资有限管理公司天堂复原展示工程值得推广，天堂作为武则天在皇宫内礼佛的重要宫殿，展示工程为凸显唐风佛韵，整个展厅除了采用传统的"模型+展板"的布展方式外，在天堂内部的墙壁和穹顶陈设了多张佛教壁画，每天还有宫廷茶艺表演，还使用了3D影片、虚拟漫游、全息模型投影等高科技手段增加游客体验度。为将天堂打造成精品，还投资拍摄电影《遗失帝国：洛城掘密》，以电影为蓝本，公司还将推出配套的寻宝游戏，以吸引更多的年轻游客。②

大遗址保护的目的是更好地传承中华文化，弘扬中华文化，保护中华民族的历史延续，增强我们民族的文化软实力，在保护第一的基础上，更好的利用才能让人民群众共享保护成果，才能彰显城市特色和魅力，洛阳历史文化资源独特，大遗址众多，必须有长远眼光，将社会的现实需求和未来发展统一起来，继续坚持政府主导、规划先行，加大投入，全民共建，全力推进大遗址保护事业的健康发展，实现中原经济区副中心城市文化示范区建设目标。

---

① 《解读大遗址保护的洛阳模式》，《光明日报》2014年6月18日。
② 刘小英、张明灿：《洛阳大遗址保护性开发探新路》，《中国旅游报》2014年4月28日。

B.13
洛阳非物质文化遗产保护的现状及对策

时丽茹　李晓霞*

摘　要： 洛阳作为非物质遗产保护大市,"非遗"资源丰富,数量众多,种类齐全,影响广泛。2014年,经过相关部门和人员的努力,洛阳的"非遗"保护工作取得了明显成效,但仍然存在一些问题需要解决,需要进一步研究和探索,特别是要细化法律规范,完善工作机制,为"非遗"保护提供强大的制度保障。

关键词： 非物质文化遗产　保护　传承　名录

洛阳是世界历史文化名城,非物质文化遗产十分丰富,不仅种类繁多,而且影响深远。2006年洛阳市就成立了非物质文化遗产保护中心,承担对非物质文化遗产的相关保护工作。2014年,洛阳市文化管理部门和非遗保护中心做了大量工作,非物质文化遗产保护工作取得了显著成绩。

一　洛阳非物质文化遗产保护现状

（一）持续开展非遗普查活动和申报认定工作

洛阳的非物质文化遗产种类繁多,数量巨大,在非物质文化遗产的六大

---

* 时丽茹,洛阳市委党校副教授；李晓霞,洛阳市非物质文化遗产保护中心办公室主任。

类别中都有存在，并且在洛阳民间广为流传。洛阳市非物质文化遗产保护中心一方面配合河南省文化厅持续开展非物质文化遗产项目及传承人的普查及资料整理，另一方面主动进取，创造性开展工作，截止到 2014 年底，在全市范围内共获得"非遗"线索 170799 条，完成项目调查 9946 个，采集文字记录 3000 余万字，形成了一套共 77 册的普查成果汇编，并积极向上级有关部门申报。

非遗保护的客体是非物质文化遗产，确认是非遗保护的关键环节。非遗项目是有等级的，不同等级的非物质文化遗产，其保护的要求也有所不同。准确认定非遗等级，对相关资料进行立档、研究、保存，才能使非遗项目得到有效保护，才能对非遗项目进一步宣传、弘扬、传承和振兴。洛阳市非遗中心每两年举行一次市级非遗代表性项目和传承人申报，目前已经组织举办了四批市级非遗代表性项目申报、四批省级非遗代表性项目申报、四批国家级非遗代表性项目申报。截止到 2014 年底，洛阳市已经申报成功国家级非物质文化遗产 8 项，包括曲艺河洛大鼓、民间文学河图洛书传说、传统技艺唐三彩烧制技艺和真不同洛阳水席制作技艺、传统美术洛阳宫灯、传统医药平乐郭氏正骨、民俗关公信俗和洛阳牡丹花会等；含国家级项目在内的省级非物质文化遗产 44 项，如洛神的传说、洛阳海神乐、大里王狮舞、通背拳、黄河澄泥砚、杜康酿酒工艺、象庄秦氏妇科、宜阳灵山庙会等；含省级和国家级项目在内的市级非物质文化遗产 135 项，如鬼谷子的传说、武皇十万宫廷乐、东关双龙、洛阳小调曲、洛阳心意六合拳、布贴、新安县烫面角、殷天章专门喉科、牛心山信俗等；含市、省和国家级项目在内的县级非物质文化遗产 650 余项。

（二）注重非遗代表性传承人和传习场所的发展

非物质文化遗产有"活态文化""文化活化石"之称，是一种依附在人身上的文化形式，靠的是一种人为的代际传承，一种师徒之间的言传身教，并需要相应的传习场所（传习馆）。一旦出现人才断层、场馆缺失，就会造成这一文化形态的失传甚至消亡。因此，确定和发展非遗代表性传承人和传习场所十分重要，因此，洛阳市加大工作力度，通过非物质文化遗产代表性传承人和展馆（传习所）的申报和确定，使这些非物质文化遗产代表性传承人、传习所和保护单位在保护和传承非物质文化遗产上进一步发挥作用，使洛阳的非物质文化遗产得到更好的传承和发展。

目前，洛阳已有国家级非物质文化遗产代表性传承人7名，如河洛大鼓代表性传承人陆四辈、唐三彩烧制技艺代表性传承人高水旺、真不同洛阳水席制作技艺代表性传承人姚炎立、中医正骨疗法（平乐郭氏正骨法）代表性传承人郭维淮和郭艳锦等。省级非物质文化遗产代表性传承人48名，市级非物质文化遗产代表性传承人136名，县级非物质文化遗产代表性传承人350余名。

洛阳市非遗保护中心还对国家级、省级非物质文化遗产项目32个保护单位进行认定，以切实加强保护力量；对全市的非物质文化遗产展馆（传习所）进行普查。在普查的基础上，申报了河洛大鼓传习所为国家级传习所，洛阳南无拳传习所、平乐正骨传习所为省级传习所，洛阳唐宝斋文化艺术有限公司、洛阳烟云涧青铜工艺博物馆为河南省非物质文化遗产展示馆，九朝文物复制品公司为国家级生产性保护基地，洛阳市真不同饭店有限责任公司、洛阳杜康控股有限公司为省级生产性保护基地。

（三）积极申请和筹措非遗保护专项经费

2014年，洛阳市文化管理部门和非遗保护中心积极向上级有关部门申请非遗专项保护经费，持续巩固非遗保护的财力支撑。根据《国家非物质文化遗产保护专项资金管理办法》和《河南省非物质文化遗产保护专项资金管理办法》的要求，在统筹各类别项目现状的基础上，对急需开展抢救性保护的濒危项目和有重大历史、文学、艺术和科学价值的项目率先申报保护资金。申报的专项保护资金使用重点为：①抢救性记录和保存。支持采取文字、图片、音像、多媒体等方式，真实、系统地记录省级代表性传承人口述史、传统技艺流程、代表剧（节）目、仪式规程等全面信息，包括资源调查、设备购置、采集记录、数字化加工处理、档案保存、成果出版等。

②传承工作。包括租赁传承场所、购置传承设备、举办培训、复排剧目、编写教材等。目前已经申请到国家级、省级项目保护经费共计300余万元,国家级传承人每人每年1万元补助,省级传承人(公司法人代表除外)每人每年3000元补助。这些专项资金全部用于对非物质文化遗产的抢救性记录和保存以及传承工作,使一些濒临灭失的珍贵非物质文化遗产得以保存和发展。

此外,在洛阳市财政资金比较紧张的情况下,市委市政府仍然加大对非遗保护的资金扶持力度,同时通过不断扩大非物质文化遗产在群众中的影响力来积极筹集社会资金,用于非遗项目的保护和传承,进一步促进了洛阳非物质文化遗产的保护。

(四)利用各种途径和形式加大非遗宣传展示

2005年12月22日,国务院规定,从2006年起,每年6月的第二个星期六为中国的"文化遗产日"。洛阳市非遗保护中心利用"文化遗产日"这个重要契机,通过不同形式、不同地点开展宣传活动。自2006年以来,在九个文化遗产日举办了非遗骑行、河洛大鼓、海神乐、南无拳展演等丰富多彩的宣传展览、展演、展示活动。同时,在春节期间举办的"春节民俗文化庙会"和4月举行的"中国洛阳牡丹文化节"期间,都会开展大规模的非遗项目展演展示活动,组织非物质文化遗产专场演出,邀请河洛大鼓、三弦铰子书、南无拳、二鬼摔跤等省级、市级非遗代表性传承人进行表演。

洛阳市积极鼓励和支持各种非遗项目参加各类评比活动,扩大洛阳非遗的影响。组织了"十六挂转秋"参加在开封举办的"中国秋千展演暨第十一届中国民间文艺山花奖·民间绝技绝艺(秋千)"评奖活动,"十六挂转秋"在此次评奖活动中获得金奖。组织黄河澄泥砚、面塑参加在山东省枣庄市举办的第二届中国非物质文化遗产博览会。组织唐三彩烧制技艺、黄河澄泥砚参加河南省非物质文化遗产生产性保护成果展。组织陶瓷类项目参加省文化厅开展的"第二届河南民间艺术展"活动,报送展品50件。此次展览活动中,高水旺、郭爱和两位艺人荣获"河南省工艺大师"称号,洛阳市非遗中心获河南省文化厅颁发的"第二届河南民间艺术展组织奖"。这些

活动都很好地扩大了洛阳非遗的社会影响和美誉度,激发了社会公众对非遗的兴趣和喜爱,有效地促进了非遗的传承和发展。

(五)全面记录和展示洛阳非遗成就

洛阳市非遗保护中心组织力量编辑出版了约56万字的《记忆洛阳——洛阳市非物质文化遗产资源汇编(2005～2012)》一书。该书是洛阳市第一部正式的非物质文化遗产资源汇编,是洛阳市近年来非物质文化遗产保护工作的整体展示,由中共洛阳市委常委、宣传部部长杨炳旭同志作序,内容包括洛阳市非物质文化遗产资源普查分析,国家级非物质文化遗产项目名录,省级非物质文化遗产项目名录,市级非物质文化遗产项目名录,县(市、区)级非物质文化遗产项目名录、洛阳市非物质文化遗产普查报告等多个方面,全面记录和展示了洛阳市非物质文化遗产的状况和成就,激发了洛阳人民对洛阳地区传统文化的自豪感。

(六)加强与媒体的交流与合作

洛阳非遗保护中心积极开展与中国文联旗下《神州》杂志的合作,每月定期报道两次洛阳市非物质文化遗产及其保护工作。目前已经报道了河洛大鼓、洛阳宫灯、杜康酿酒工艺、唐三彩烧制技艺、糖塑、放河灯等13期内容。与洛阳日报社洛阳新闻网联合策划、组织关注洛阳非物质文化遗产保护系列访谈,分别进行了"拿什么拯救非遗""河洛大鼓""还原关公信俗,促进交流沟通""洛阳水席背后的故事"四期访谈,邀请民俗专家、作家以及代表性传承人等作为嘉宾参加访谈,网络现场直播,《洛阳日报》和《洛阳晚报》进行了相关报道和访谈全文刊载。与《洛阳日报》和《洛阳晚报》展开合作,在报纸上开辟专栏,宣传洛阳市非物质文化遗产。和《洛阳晚报》联合展开"非遗骑行""非遗大讲堂""寻找地道洛阳头脑汤""河图洛书调研"等活动。不定期地在洛阳电视台、洛阳电台宣传洛阳市的非遗保护工作。通过加强与媒体的交流合作,提高了洛阳非物质文化遗产的社会影响力和知名度。

（七）开展对国家级非遗项目河洛大鼓的专项保护工作

流传于广大河洛地区的传统曲艺河洛大鼓是国家级非物质文化遗产项目，由于受到现代多种文艺形式的冲击，其传承发展面临极大困难，急需加强专项保护。作为河洛大鼓的保护单位，洛阳市非遗中心每年举办一次"迎新春庆双节河洛大鼓演唱会"，邀请李新芬、委要听等著名河洛大鼓艺人演出，受到群众的热烈欢迎，有1500余位观众前来观看表演。在洛阳市文化馆召开"河洛大鼓保护工作座谈会"，各县区的著名艺人、洛阳市著名民俗音乐类专家等33名有关人士出席了会议。成立了非物质文化遗产保护中心河洛大鼓艺术团，团员20名，均为洛阳各级河洛大鼓代表性传承人及演奏员，为团员制作河洛大鼓服装20余套。举办了七届河洛大鼓曲艺节，邀请来自河南省各地区的河洛大鼓艺术家们表演经典的河洛大鼓唱段，向洛阳人民展示珍稀的民间艺术。开办河洛大鼓培训班，组织张怀生、李明治等优秀艺人对河洛大鼓爱好者、初学者进行专业培训。每年不定期到各县区走访艺人，采集河洛大鼓音像资料，截至目前共收集到河洛大鼓唱段88个，记录、收集河洛大鼓艺人演唱视频时间1003分钟，演唱录音55.1小时。这些保护措施已经收到了明显成效，使河洛大鼓得到较好的保护和传承。

二 洛阳非物质文化遗产保护中存在的问题

虽然洛阳非物质文化遗产保护取得了长足进展，也有了可喜的成绩，但与非物质文化遗产保护的要求相比，还存在不少问题。

（一）非物质文化遗产保护仍然存在思想认识误区

一是看不到、看不起的思想。一些领导干部和工作人员，甚至是非遗项目本身的从业者都不了解非物质文化遗产的重要性，认为那都是属于旧时代的东西，是跟不上新时代发展步伐的"老古董"，没有必要保留和传承。像河洛大鼓、传统戏曲这种古老的民间艺术形式在群众中不流行，喜欢的人又不多,让它们自生自灭就行了,何必下力气花经费去保护和传承。看不到非物质文化遗产的深厚文化价值,看不起世代传承的非物质文化遗产,只一味崇尚现代的西方文化。而认识上的误区必然造成行动上的消极,上级文化部门要求做的,应付性地做一点,甚至敷衍了事。

二是重申报轻保护的思想。有些领导干部表面上对非物质文化遗产也十分重视,在申报高级别非物质文化遗产名录时热情高涨,积极努力争取申报成功。而一旦申报成功,就算大功告成,接着放任不管了。至于该项目以后如何发展,如何传承,如何进一步扩大影响,也就一概不问了。这实际上是一种文化上的虚荣主义,申报非遗项目只为拥有,只图面子好看、名声好听、名头厉害,而不愿去做更深入细致、更困难的保护工作,更谈不上对非遗的传承和发展了。

三是物质利益扩大化的思想。非物质文化遗产是文化宝库中璀璨的明珠,既有其不可估量的重要的文化价值,也有其不可轻视的重大的经济价值,如洛阳正骨和洛阳水席在当今社会中的经济效益十分显著。但绝大多数非遗项目的经济价值不大或者不能在短时期显现。有些人对待非物质文化遗产,两只眼睛只看经济效益,只盯着钱看,看这个项目能不能在市场中获利,能不能赚到大钱,而不去发现其蕴涵的文化意义,不去发挥非遗项目的文化作用。一个项目有经济利益可图,就高度重视,全力支持保护,甚至只看到经济利益,而忽略其文化价值,甚至为了经济利益而把非遗项目搞得面目全非,失去其传统文化的真意。而对没有经济利益可图或短期内没有经济利益可图的非遗项目,就不去保护传承和发展。甚至随着对外开放的进一步扩大和旅游业的日益繁荣,洛阳也像很多地方一样,在非物质文化遗产保护工作中出现了一些不良倾向,有些名为"保护"的民间艺术扶持活动,由于没有正确的保护意识和行之有效的保护手段,对保护对象随意修改甚至拆解,在客观上造成了对保护对象的破坏。①

---

① 王全乐:《保护非物质文化遗产,传承和延续古都洛阳的历史文脉》,《洛阳日报》2007年1月7日。

（二）一些非物质文化遗产生存传承艰难乏力

非物质文化遗产是在特有的经济和文化条件下生存和发展的，随着全球化发展趋势的加快和现代化进程的推进，洛阳的非物质文化遗产也不可避免地受到市场经济和现代文化的强烈冲击，本已非常缺乏的生存资源和狭小的空间逐渐被蚕食，一些依靠口授和行为传承的非物质文化遗产正在不断消失，一些传统技艺濒临灭亡，部分优秀的非物质文化遗产项目已处于濒危状态。以河洛大鼓为例，尽管已经入选首批国家级和省级非遗项目，但是它和其他的很多非遗项目一样，面临着后继无人的尴尬。在20世纪80年代的时候，洛阳的每个县都有一批河洛大鼓艺人。而现在主要在河洛大鼓的发源地偃师有一些，其他像新安县、宜阳县还有少量的艺人，但是也不再从事这个工作，所以演唱河洛大鼓的人越来越少。只有洛阳水席、杜康酒等少数非遗项目，因为有较大市场可以取得一定经济收入，所以除了非遗的代表性传承人之外，还有相当一部分人掌握。但对于绝大多数的非遗项目来说，都面临无人继承、无力发展、逐渐减少、濒临灭绝的危险境地。

（三）非物质文化遗产保护的法律法规不够完善

目前，我国对非物质文化遗产保护方面的法律法规依然不足，2005年6月制定下发的《国务院关于加强文化遗产保护的通知》仅仅是规范性的法律文件，此外就是2011年颁布实施的《中华人民共和国非物质文化遗产法》。国家层面的法律法规本来就少，还缺乏具体的实施细则，在实践中难以贯彻落实。洛阳市至今尚没有颁布实施非物质文化遗产保护的地方性法规，现行的法律政策依据是2006年11月颁布实施的《洛阳市人民政府关于加强我市非物质文化遗产保护工作的意见》（洛政［2006］181号）。对于有着丰富非物质文化遗产资源的洛阳来说，尤其需要对此项工作进行法律层面的制度设计和规范。而法律法规的不够完善，直接造成非物质文化遗产保护力量的薄弱，在机构建设、经费投入、人员保障等方面缺乏法律依据，缺乏长期性和规范性，不利于对洛阳的非物质文化遗产进行保护和传承发展。

（四）非物质文化遗产保护的体制机制仍不够健全

一是专门机构和人员数量少。目前洛阳市对非遗的保护机构是文广新局领导下的洛阳市非物质文化遗产保护中心，在洛阳市群众艺术馆挂牌，专职工作人员较少，多数为群艺馆兼职人员，对于数目庞大的非遗项目来说，专门的机构和人员明显不足。从社会保护力量来说，因为没有专业的保护机构和人员指导，没有专门的经费扶持，没有专门的时间保证，总体上仍然是力不从心。

二是保护经费严重短缺。虽然每年国家、省市各级文化部门都下拨非遗保护经费，但相对于洛阳市数量庞大的亟待保护的非遗项目来说，仍然只是杯水车薪。对于那些不能直接创造经济效益的非遗项目来说，没有经费就没有人愿意去保护和传承。

三是传承机制不明确。对于非物质文化遗产的传承，目前缺乏明确的传承标准、时间要求等细化的规定，包括对已经申报认定的非遗项目代表性传承人，也没有对他们下发传承任务的硬性指标，这就容易造成传承与否、传承多少、传承期限不明确、不易审核督促等问题。

四是对非遗项目和代表性传承人的权利保护不够。因为缺乏细化的规定，非遗项目和代表性传承人的权利得不到保护，各种侵权行为时有发生，严重挫伤了对非遗项目传承的积极性，极大影响了非遗项目的保护、传承和发展。

（五）非物质文化遗产保护的经验尚显不足

非物质文化遗产对传承、弘扬民族传统文化的作用益发显著，全社会对于非遗的关注程度不断提升，非物质文化遗产保护工作力度日益加强，实践中一些新问题也不断出现，一时之间尚难完全解决，即使有所顾及，也难免有疏漏。比如现在政府相关部门重视非遗保护，投资建立了一些非遗传习所，但这些场所的后期运营如何推进、经费来源如何保证，民众对非遗传承的积极性如何调动和保持、学习非遗的人数及管理人员匮乏怎么办等，都是下一步亟须思考和解决的问题。目前，对非遗保护中面临的新问题尚未形成一套完整、成熟、科学的应对方案和行之有效的方法，基层工作人员也普遍缺乏经验，还是在摸着石头过河，在摸索中前进。

三 洛阳非物质文化遗产保护的对策建议

（一）加强宣传研究，提高认识水平

1. 抓住关键少数，提升思想认识

非物质文化遗产在传承民族文化、提高国家软实力和促进社会和谐发展方面发挥着重要作用，要把保护非物质文化遗产上升到国家战略的高度来认识，上升到人民群众切身利益的高度来认识。如果非遗项目得不到很好的保护和传承，洛阳的传统文化有很大部分就不能很好地继承和弘扬，洛阳人的"根"和"魂"也将丧失。只有领导干部的思想认识提高，才能真正重视非物质文化遗产的保护工作，也才能够真正在保护传承的各个环节上给力，维系洛阳人的"根"和"魂"。

2. 扩大社会宣传，形成全民共识

在传统主流媒体如电视、广播、报纸杂志及网络上广泛进行非物质文化遗产的展示和宣传，各级图书馆、文化馆、博物馆和科技馆等公共文化机构要积极开展对非物质文化遗产的传播和展示活动。教育部门和各级各类学校要将优秀的、体现民族精神和民间特色的非物质文化遗产列为教学内容。普及非遗保护知识，提高全民保护意识，努力营造保护非物质文化遗产的良好氛围，使全民保护的意识成为社会的共识，调动广大群众积极加入到非物质文化遗产的保护工作中去，形成良好的社会氛围和群众基础。①

3. 加强理论研究，提供科学指导

非物质文化遗产保护工作是一项重要的实践工作，要组织专家学者和民

---

① 北京市人民政府办公厅：《北京市人民政府办公厅关于加强本市非物质文化遗产保护工作的意见》，《北京市人民政府公报》，2006年2月10日。

间力量进行非物质文化遗产保护的理论研究,举办学术研讨和交流活动,研究、总结、推介、宣传洛阳非物质文化遗产保护工作的成果和经验,进一步探寻非遗保护的规律,遵循非遗保护的规律,使非遗保护不仅要做,还要知晓为什么做、怎么做、怎么更好更有效率地做。

(二)完善法律法规,做到依法保护

推动省市两级立法部门,加快制定实施地方关于非遗保护的规范性法律文件,对非遗的申报、保护和传承以及承担的责任进行强制性规范,使非遗保护减少随意性,更加持续和规范。2011年10月1日,《广东省非物质文化遗产保护条例》开始实施,这是《中华人民共和国非物质文化遗产法》出台后,国内出台的第一部地方性配套法规。在全面推进依法治国的当下,河南省和洛阳市的相关部门,也要尽快制定实施非物质遗产保护的地方法规,细化非遗保护的相关规定,包括非遗保护传承的目标、主体、责任、奖罚等,为非遗保护提供具体的法律保障,并可从一定程度上改变"重申报,轻保护"的状态。

(三)健全工作机制,促进非遗传承

要坚持贯彻"保护为主、抢救第一、合理利用、传承发展"的非遗保护工作方针,以"河洛文化生态保护区"建设为统领,建立健全非物质文化遗产保护体制和工作机制。

一要发挥政府主导作用。洛阳已经成立了洛阳市非物质文化遗产保护工作领导小组,负责领导和统一协调非物质文化遗产保护工作。领导小组要建立具体的、协调有效的保护工作领导机制,进一步加强工作力度,领导和协调好非遗保护的各项工作。

二要建立持续稳定的经费投入机制。目前洛阳市已经申请到国家级、省级项目保护经费共计300余万元,国家级传承人每人每年1万元补助,省级传承人(公司法人代表除外)每人每年3000元补助。今后还要进一步加大经费投入力度,要把非物质文化遗产保护所需的经费列入年度财政预算,并根据

工作任务量进行适当增加，为非物质文化遗产保护提供坚实的物质基础。要根据具体情况设立非物质文化遗产保护专项资金，并加强资金的核算和监督管理力度，切实提高资金使用效益。要通过政策引导、资源共享等措施，鼓励个人、企业和社会团体对非物质文化遗产保护工作给予资助和投入经营。①

三要加强非遗保护和传承队伍建设。政府要加强对非物质文化遗产中的传统技艺的培训，帮助老艺人培养新的一代。可以在师范学院、河南科技大学、洛阳理工学院、洛阳文化艺术学校、职业技术学院以及中小学开设非物质文化遗产项目培训班和课程，培养青年学生和少年儿童对非物质文化遗产的认识和感情，激发他们传承非物质文化遗产的热情和兴趣，并培养相应的能力。这几年，河南科技大学的学生们创作的《洛阳话》系列作品，对洛阳的方言进行梳理和传承，并通过艺术加工制作出学说洛阳话视频、洛阳方言扑克牌等多种作品，在群众中广为流传。要大力支持、扶持、表彰和鼓励这样的创作和作品，推动非遗的保护传承。

四是不断完善非遗保护的基础设施。在全市建立非遗保护传承的博物馆、纪念馆和传习所，保留、展示和教习传承非物质遗产。建立非物质文化遗产代表性传承人（传承基地）认定、培训、补贴制度。加强对传统文化生态保持较为完整并具有特殊价值的乡镇、村落（街道、社区）等进行动态的整体性保护。目前洛阳已经申报了河洛大鼓传习所为国家级传习所，洛阳南无拳传习所、平乐正骨传习所为省级传习所，此外还有其他一些非遗生产性保护基地。今后还要进一步增加和完善非遗保护的基础设施建设，使更多的非遗项目能够实实在在地得以保护和发扬。

五要充分发挥社会各界力量，形成合力。广泛吸纳有关单位、社会团体等各方面力量，共同开展非物质文化遗产保护工作。要充分发挥非遗研究人员和专家学者的作用，成立专家组，建立专家咨询机制和检查监督机制。②

---

① 洛阳市人民政府：《洛阳市人民政府关于加强我市非物质文化遗产保护工作的意见》，2006年11月16日。
② 洛阳市人民政府：《洛阳市人民政府关于加强我市非物质文化遗产保护工作的意见》，2006年11月16日。

（四）搞好合理开发，打响非遗品牌

非物质文化遗产不仅有其重要的社会文化意义，其许多项目在经济发展中还产生着巨大的经济效益。如洛阳正骨医院的中医正骨，因其效果显著，早已名扬国内外，为洛阳的经济发展注入强大的活力，做出了很大贡献。洛阳每年一度的中国洛阳牡丹文化节是全国闻名的"四大节会"之一，每年牡丹盛开的时节，洛阳城人潮涌动，热闹非凡，"花开花落二十日，一城之人皆若狂"，牡丹花会成为洛阳的一张引人注目的名片。这些非遗项目得到了合理的开发，打响了古都洛阳的非遗品牌。

（五）加强学习交流，提升保护层次

对非物质文化遗产进行保护，需要在实践中探索，也需要开阔眼界，扩大交流，提升非遗保护的质量和层次。鉴于洛阳非物质文化遗产保护的经验不足、方法落后等问题，有必要加强与其他地区非遗保护的学习交流，借鉴他山之石，攻克洛阳之玉。如古都开封，通过清明上河园的生动演绎，具体体现了古老的民俗文化，活化了历史，愉悦了游人，传承了文化。洛阳必须以更加开放的心态和行为，更多地走出去，吸收借鉴外地更多更好的方式方法，使洛阳的非物质文化遗产能够得到更好的保护和传承。

B.14 洛阳民办博物馆建设的现状与对策建议

王支援 梁淑群*

摘　要： 民办博物馆作为具有鲜明特色的公共文化服务机构，是满足公民文化需求、彰显城市人文魅力、提升文化软实力的有效载体。洛阳市民办博物馆数量众多、类型多样、专题性强，但是普遍存在着管理不善、人才匮乏、运营困难、发展乏力等诸多问题。通过政策扶持、集聚发展、跨界融合、激活功能等措施，能够有效地促进民办博物馆的跨越发展，为洛阳建设华夏历史文明传承创新区、打造"博物馆之都"提供重要的支撑。

关键词： 民办博物馆　问题　对策

洛阳作为华夏文明的重要发祥地，文化底蕴深厚，文物资源众多。近年来，为更好地促进文化事业的大发展、大繁荣，多方面调动社会力量参与文化遗产保护，由此，民办博物馆建设呈现出快速发展的态势。民办博物馆的蓬勃发展，对洛阳整合民间文化资源、丰富群众精神文化生活、弘扬河洛文化、展示洛阳文化圣城独特魅力具有十分重要的意义。

---

* 王支援，洛阳民俗博物馆馆长、研究员，洛阳民办博物馆协会会长；梁淑群，洛阳民俗博物馆副馆长、副研究员。

一 洛阳市民办博物馆发展概况

民办博物馆作为国有博物馆的有效补充，是经济社会持续稳定发展大背景下公民文化需求增长的必然结果，是具有鲜明特色的公共文化服务机构。在市委市政府的大力支持下，洛阳市民办博物馆快速发展，以数量多、增长快、类型多、专题强和建馆方式多样成为国家、省、市各级新闻媒体和社会各界关注的焦点和热点，成为建设公共文化服务体系、打造"博物馆之都"和建设华夏历史文明传承创新区的重要力量。

（一）洛阳市民办博物馆的发展现状

洛阳厚重深邃的文化底蕴和悠久灿烂的古代文明，孕育了民间收藏的浓厚氛围和人文环境，拥有丰富藏品的个人收藏家比比皆是，其中不乏热心公益文化事业的企业家和有识之士。自2003年以来，洛阳市民办博物馆得到了快速的发展，目前共有34家民办博物馆通过了河南省文物主管部门的审批，数量位居全省第一位，有效地促进了洛阳市文博产业和事业的协调发展。

2003年，洛阳市第一家民办博物馆——洛阳龙门博物馆获得河南省文物局批准成立。2012年2月，洛阳碑志拓片博物馆、洛阳围棋博物馆、洛阳周氏银器博物馆、洛阳河洛石文化博物馆、洛阳唐三彩陶艺博物馆、洛阳三彩艺术博物馆、洛阳牡丹瓷博物馆、洛阳金石文字博物馆、洛阳爱心书法博物馆、洛阳驿站博物馆、洛阳唐艺金银器博物馆计11家获得省文物局批准成立。2012年9月，洛阳真不同水席博物馆、洛阳动漫博物馆2家获得河南省文物局批准成立。

2013年7月，洛阳市颁布了《关于促进民办博物馆发展的意见》，对民办博物馆给予建设用地优惠措施，在民办博物馆场馆建设、实施免费开放、举办临时展览和发展文化产业等方面给予财政扶持，对民办博物馆实行税费减免扶持、金融支持和人才培养支持。该意见的出台创造了有利于民办博物馆发展的舆论氛围，营造了全社会共同关心和支持民办博物馆发展的良好环境，激发了洛阳市社会力量兴办博物馆的热情，增强了民办博物馆的发展动力。

2013年7月，洛阳老雒阳饮食文化博物馆、洛阳老龙门农家博物馆、洛阳古典红木家具博物馆、洛阳树威古瓷鉴藏博物馆、洛阳古雒斋艺术博物馆、嵩县嵩州古灯博物馆、洛阳当代河洛碑林博物馆计7家获得省文物局批准成立。2014年8月，洛阳华源艺术博物馆、洛阳洛卫军品博物馆、洛阳钟鼎青铜艺术博物馆、洛阳唐白瓷艺术博物馆、洛阳保险文化博物馆、洛阳志成酒器博物馆、洛阳星月紫砂文化博物馆、洛阳古陶文化博物馆、洛阳无篱园石雕艺术博物馆、洛阳白河书斋晁氏藏书博物馆、洛阳汉林古代珍藏博物馆、洛阳上阳宫文化博物馆、洛阳汉画艺术博物馆计13家获得省文物局批准成立。

（二）洛阳市民办博物馆的类型

从博物馆法人情况来看，洛阳民办博物馆主要有三种：一是博物馆为收藏爱好者个人出资举办，没有企业作为支撑，如嵩县嵩州古灯博物馆、洛阳树威古瓷鉴藏博物馆、洛阳金石文字博物馆、洛阳洛卫军品博物馆等；二是博物馆法人有相关的企业作为支撑，如洛阳碑志拓片博物馆、洛阳汉画艺术博物馆等；三是博物馆法人兼具企业家或实业家身份，有实业或企业作为支撑，如洛阳唐三彩陶艺博物馆、洛阳古典红木家具博物馆、洛阳唐艺金银器博物馆等。

从举办和运营资金来源情况看，洛阳市民办博物馆绝大部分为博物馆法人自己筹措举办资金和运营经费，基本上为纯粹的民办民营型博物馆。嵩县嵩州古灯博物馆建成开放后，其博物馆场馆用地、日常水电开支由县政府提供资金支持予以解决。洛阳龙门博物馆在馆舍用地方面得到了洛阳市政府的支持。

从博物馆藏品类型来看，洛阳市民办博物馆大致区分为艺术类、历史类与科技类三个类型，其中历史类藏品的博物馆数量较少。

从举办动机来看，洛阳市已挂牌的民办博物馆均为非营利性博物馆，具

有鲜明的公益性。在已开放的民办博物馆中，收取门票的仅有洛阳动漫博物馆（目前已移交河南科技大学动漫学院）一家，主要是因为该博物馆没有实业或企业作为支撑，其开放成本（人员工资和开放费用）较其他博物馆高，收取门票的初衷是补贴其高额的运营支出。

二 洛阳市民办博物馆的特点

从当前洛阳市民办博物馆发展情况来看，主要呈现出以下特点。

一是特色鲜明，地域文化明显，文化内涵深厚，凸显古都洛阳悠久的历史和鲜明的地域文化特色。如发源、发展、成熟于洛阳的唐三彩艺术，闻名中外，是洛阳厚重历史文化的城市名片，洛阳唐三彩陶艺博物馆（唐三彩高仿工艺）、洛阳三彩艺术博物馆和洛阳牡丹瓷博物馆三个专题民营博物馆，集唐三彩复古高仿工艺、唐三彩平面釉画工艺和唐三彩立体雕塑工艺展示于一体，同时融入古都洛阳"牡丹花城"的文化元素。

二是博物馆藏品衍生的相关产业是具有市场发展前景的文化产业，如洛阳围棋博物馆所依托的洛阳双元泷本棋业有限公司是中国棋业龙头公司；洛阳古典红木家具博物馆依托的香港（洛阳）森傲家具有限公司是中国国内红木家具生产销售的知名企业；洛阳唐艺金银器博物馆所依托的洛阳锐泽工艺品有限公司是中国著名的金银器复仿制知名企业，曾成功复制闻名中外的唐代法门寺地宫舍利套函等出土的国家珍贵金银器文物，在国内享有盛誉。

三是类别多样，丰富多彩。馆藏展品包括唐三彩、碑志拓片、书法、明清瓷器、古典家具、邮驿文化、洛阳水席文化、金银器、紫砂文化、汉画艺术、保险文化等，从不同方面和角度展示了洛阳厚重深邃的历史文化内涵。

四是民办博物馆藏（展）品丰富了洛阳市博物馆收藏，展示内容是国有博物馆重要的、有益的补充。洛阳市民办博物馆藏品的内容，有不少是国有博物馆藏品体系当中少见或者没有的，比如晚近以来的陶瓷品类、金银器皿、现当代的军品收藏等。这些民办博物馆举办者的私人藏品展示，进一步丰富了洛阳市博物馆藏品展示内容，大大开阔和丰富了博物馆观众的文化视野。

五是积极服务社会,洛阳市民办博物馆奉行"小众所有,大众共享"的公益理念,基本上都对社会公众实行免费开放,收到了良好的社会效益。还开展丰富多彩的文化活动,社会影响力不断扩大。2014年,洛阳市民办博物馆积极参加了市文物管理局组织的各种公益性质的社会教育和宣传活动,比如"国际博物馆日"活动、"中国文化遗产日"活动、博物馆社教工作下社区进工地等,在社会各界产生了积极的影响,积累了良好的口碑。

三 洛阳市民办博物馆发展存在的问题

洛阳市民办博物馆发展态势良好、成绩喜人,但仍处于起步和发展阶段,普遍存在着资金不足、场地狭小、结构分散、运营困难等诸多问题:

(一)民办博物馆定位不清,发展思路不明晰

民办博物馆是利用或主要利用非国有文物、标本、资料等资产设立的博物馆。这类博物馆在运营过程中或多或少地存在着缺乏发展规划和专业指导的问题。部分民办博物馆在藏品的搜集上存在着片面追求珍品、孤品甚至是国宝级文物、艺术品的误区,而没有找到真正适合自身发展的生存空间。民办博物馆是一种社会的文化行为,但更主要的是其投资主体的个人或企业行为。在当前的博物馆行业中,国有博物馆始终处于主体地位[1],民办博物馆应主动地去寻找自身的发展空间,针对自己的目标观众开发好相关的文化衍生产品。

(二)布局分散,交通不便

洛阳市的民办博物馆大部分分布于县市区各地,交通的便捷性较差,难

---

[1] 沈坤荣:《浙江省民办博物馆的现状、趋势与对策》,《中国文物报》2005年12月30日。

以发挥民办博物馆的集聚效应和相关产业的效应。先期开放的 21 家民办博物馆所处位置十分分散，如洛阳唐艺金银器博物馆、洛阳古典红木家具博物馆位于洛龙区白马寺镇，洛阳古雒斋艺术博物馆位于孟津县麻屯镇董村，洛阳树威古瓷鉴藏博物馆利用的是新区居民楼，洛阳围棋博物馆位于老城区飞机场路附近。由于各馆所处位置分散，民办博物馆难以形成集聚效应，社会影响力受到严重制约。

（三）经费短缺，规模受限

洛阳市民办博物馆普遍存在运营经费困难、规模小、影响力弱、发展后劲不足的发展问题。民办博物馆的场馆多为租用场馆，存在博物馆场馆面积不足等现实问题，制约着民办博物馆的发展。主要表现为：一是租用场馆的费用高昂，增加了博物馆自身的运营维持成本；二是没有稳定的场馆，租用的场馆不是自主产权，一旦场馆变迁则需要重新设计和布展，大大增加了举办者的后期投入和发展；三是租用的场馆面积狭小，直接影响了民办博物馆举办者在展览上的资金投入和博物馆展品数量及陈列展览的效果。同时，民营博物馆举办者对博物馆场馆建设用地有着强烈的土地需求和强大的资金后盾，已批准的 34 家民营博物馆法人都有扩大场馆面积、集聚展示的强烈愿望，希望政府能提供更多的公益文化用地，同时愿意投入资金，兴建洛阳民营博物馆产业园区。

（四）陈展水平单一，专业人才匮乏

洛阳市民办博物馆主要定位于较为单一的企业文化、企业产品、个人收藏展示，举办者是基于个人兴趣、爱好进行收藏，展览也多是依据自己的力量设计和布置，专业化程度相对较低。展品大多是货架式的摆放或罗列，缺乏必要的信息，难以真正实现博物馆陈列展览、科学研究、社会教育、公众服务功能。此外，民办博物馆从业人员的专业化程度很低，由于资金和人才的制约，民办博物馆在活动策划、日常运营、文化产品开发等方面均存在严重的滞后。

四　洛阳市民办博物馆发展的建议

民办博物馆是博物馆事业和文化事业的重要组成部分，是促进文化大发展、大繁荣的重要力量，是社会文明进步的标志。为了促进洛阳"博物馆之都"建设，更好地弘扬河洛文化，更好地让群众共享文化发展成果，民办博物馆应在规划设计、集聚发展、创新功能等发面进行提升，实施可持续性发展，开创洛阳民办博物馆发展的新纪元。

（一）规划先行，引导发展

洛阳市确立了"打造以洛阳博物馆为中心，以国有专题性博物馆为支撑，以行业博物馆、民办博物馆为重要补充的博物馆体系"的博物馆发展体系，提出了到2020年使全市博物馆、纪念馆总数达到100家、使洛阳成为名副其实的"博物馆之都"的目标。民办博物馆的发展无疑是实现这一奋斗目标的重要力量。

第一，合理规划。在"十三五"期间，将洛阳市民办博物馆纳入当地文化遗产保护和博物馆事业发展规划，纳入市、县两级国民经济和社会发展规划，建立一批布局合理、类别广泛、特色鲜明、运行正常、服务优质的民办博物馆。鼓励优先设立填补洛阳市博物馆门类空白和体现区域特色、行业特性、地方文化特点，服务于经济社会建设和科学技术发展的特色博物馆。

第二，提升质量。要在非物质文化遗产传承基地建设上，发展一批民办博物馆；要在传统古建筑保护利用上，发展一批民办博物馆；要在优秀民间收藏家队伍建设中，发展一批民办博物馆；要在知名企业品牌文化打造中，发展一批民办博物馆。[①]

第三，加强指导，培养人才。文化行政部门要加强对民办博物馆陈列展览、社会教育和服务活动的指导，严格基本陈列内容审查，完善民办博物馆

---

① 续建伟：《民办博物馆——文化大市建设的新亮点》，《宁波日报》2011年8月10日。

开放服务制度。加大对洛阳市民办博物馆在人员培训、职称评定、科研活动、陈列展览以及人才、学术的交流、合作、奖励,政府政策信息服务等方面的政策性支持。加强民办博物馆行业人才队伍建设,组织开展各项藏品登记、管理、文物保护、陈列宣教、讲解等业务培训班。①

(二)整合资源,集聚发展

结合洛阳市建设中原经济区文化示范区重大战略和大遗址保护展示工作,通过着力打造和建设洛阳市民办博物馆产业园区,对民办博物馆藏品资源进行整合、优化,对现有的民办博物馆进行统筹规划,科学布局,集中展示。通过打造洛阳民办博物馆群,形成集文化艺术展示、教育、旅游产业为一体的文化产业集聚区,利用集聚效应,发展文博创意产业、文化休闲业、文化旅游业等,最终形成布局合理、门类齐全、内容丰富、特点突出的文化旅游产业集聚群。

首先,统一认识,因势利导。各级政府要切实提高对支持民办博物馆发展重要性的认识,明确民营博物馆集聚区的建设是助推洛阳市打造"博物馆之都"和建设中原经济区文化示范区的生力军和重要力量,能够进一步推动洛阳市国家级考古遗址公园公益性文化服务功能的发挥;明确社会化是博物馆事业的发展趋势,民办博物馆是社会参与公共文化发展、促进和谐社会建设、满足公民文化需求增长的积极力量。

其次,完善政策,强化保障。落实市政府促进民办博物馆发展意见精神,为洛阳市民办博物馆在建设用地、税费减免、人才培养、信贷融资、财政补助、用水用电等方面提供政策保障。要加强部门间的协调、沟通与合作,及时帮助解决用地、设施、交通、环境、经济来源等民办博物馆集聚区发展中遇到的困难和问题,保障其健康发展。

最后,强化集聚,链条发展。集聚区作为河洛文化传承创新的基地,一方面,通过对博物馆资源的统筹规划、集中展示,形成融文化惠民、文博创

---

① 国家文物局等:《关于促进民办博物馆发展的意见》,《中国文物报》2010年2月12日。

意产业、文化休闲为一体的文化园区;另一方面,在拓展博物馆文化功能的同时,要明确产业定位,强化产业集聚,拉长产业链条,形成产业规模,使之集研发设计、产业孵化、产品交易、信息服务于一体,逐步走上文化产业发展之路。

(三)激活功能,融合发展

博物馆不仅仅是文物展示的场所,更应跨界发展激活其更多的功能,形成特色鲜明的文化综合体,促使文化产业和旅游产业建立共谋发展的合作机制。促进文化与旅游的深度融合,实现文博资源与旅游市场的对接,以数字化、互动化、演艺化的表现形式提升民办博物馆的社会融合度,进而提升博物馆行业适应市场的能力。

第一,融入现代时尚元素。根据展品的内容,对博物馆主题进行场景化设置,在建筑风格、景观语言、内部设施、服务项目、娱乐设施等方面融入时尚元素,与游客的现代需求相结合,形成独特的意境和内涵,使游客能够身临其境,提高博物馆游览的效果。

第二,注重新技术的运用。民办博物馆通过加强与电信运营商或微信合作,为游客提供手机导览、微信导览、APP服务等,使游览者更方便地获取展品信息和博物馆最新动态,提高参观者自助导览的便捷度,满足其多样化的需求。

第三,"活化"文物展品。通过对展品进行故事化的演绎,以声光电等手段,变单一的平面展示为平面、立体、动态、表演相结合的综合体现,拓展文物藏品的深度与广度,展示其蕴藏的文化内涵、文化外延和文化渊源以及展品之间的文化联系,使文物"活"起来。

第四,建立数字体验区。文化传承不仅需要参观、赏析,更需要深度的认知和体验。可广泛运用展台式或者嵌入式触摸屏、互动投影仪、电子虚拟互动系统、多媒体互动游戏等现代设施,提供相应的服务和娱乐活动,设置游客参与环节,实现博物馆与游客的互动,增强民办博物馆旅游的吸引力。一些反映传统文化与民俗民间文化活动和展示的民办博物馆,可纳

入专题旅游线路,在更高层次上把文化、旅游资源和载体整合起来,实现互动发展。

第五,提高文化旅游服务水平。通过印制博物馆导引图向游客免费发放、开发设计主题分区的博物馆旅游线路、完善各项辅助设施,使游客在游览、观光、体验的同时更广泛地了解和品味河洛文化,提升洛阳文化旅游发展水平。

区域篇

Report on Regional Culture

B.15
偃师市文化发展报告

冯小六 吴利超*

摘 要： 偃师市历史文化资源丰富，文化发展基础良好。2012年启动的创建国家公共文化服务体系示范区活动，更进一步推动了当地文化发展。从公共文化服务体系建设入手，深化文化体制改革，强化文化市场监管，加强文化旅游宣传，有力地推动了当地经济的发展。本报告在汇总偃师市现有文化资源的基础上，总结了偃师市2014年文化发展现状，深入分析探讨了存在的主要问题，并提出下一步发展的对策建议。

关键词： 偃师市 公共文化 文化产业 发展

---

* 冯小六，洛阳市委党校副教授；吴利超，偃师市文化广电新闻出版局局长。

洛阳蓝皮书

偃师市地处河南省中西部，是洛阳唯一一个县级市。因公元前11世纪周武王东征伐纣，在此筑城"息偃戎师"而得名，历史上先后有夏、商等7个朝代在此建都，文化积淀深厚。悠久的历史给偃师文化发展提供了肥沃的土壤，培育了偃师文化独有的魅力。

一 偃师市文化资源概况

（一）历史文化遗产及文物资源概况

偃师历史悠久，文化灿烂，是中华民族历史文明的重要发祥地之一。境内历史遗存众多，有丰富的古文化旅游资源。洛阳五大都城遗址中，夏都斟鄩遗址、西亳商城遗址等均在偃师，向有"洛阳九朝古都半在偃"之美誉。东汉太学遗址是中国最早的国立大学所在地；还有西周伯夷叔齐墓、秦相吕不韦墓、唐太子李弘墓、升仙太子碑、东汉灵台等古迹。张衡、蔡伦、班固、王充等古代著名人物也曾在此创造了不凡业绩。目前，偃师入选国家级非物质文化遗产保护名录项目1个、省级非物质文化遗产代表性名录项目5个、洛阳市级代表性名录项目13个。

（二）公共文化服务体系建设基础

公共文化基础设施方面，截至2014年底，偃师市共有影剧院2个、公共图书馆1个、文化馆1个、博物馆1个、书法艺术馆1个、全民建设中心1个、青少年活动中心1个、镇（区）综合文化站11个、村文化活动中心226个、农家书屋226家。其中，图书馆为国家一级馆，文化馆为国家二级馆。公共文化活动方面，每年定期组织举办或参与春节文艺晚会、民间社火进城、农民舞蹈大赛、业余剧团会演、"古亳戏苑"擂台赛、河洛大鼓优秀书目展演、数字电影放映、摄影展、送戏下乡、舞台艺术送农民等大型群众性文化活动。

（三）文化产业发展现状

偃师得天独厚的文化底蕴，扎根民间的传统文化特色，为文化产业的发展奠定了坚实的基础。近年来偃师以文化产业项目为龙头，整合优势资源，不断培育、衍生产业发展链条，不断加快娱乐演出、印刷复制、书画艺术、旅游纪念品、石刻艺术、手工制鼓等产业的发展步伐，文化产业得到一定的发展。全市共有文化产业单位811个，其中法人单位163个；文化产业从业人员6743人，个体经营户645个。

（四）文化旅游资源概况

根据现有文化旅游资源分布，偃师旅游资源共划分三大旅游区，包括：（1）北线古都群旅游区。位于偃师市伊河以北，以"古"为特色，以夏都斟鄩、商都西亳和汉魏洛阳故城为中心，集中展示华夏文明的辉煌历史。其主要景区（点）有二里头文化遗址、偃师商城遗址公园、偃师商城博物馆、汉魏洛阳故城遗址、太学遗址、灵台遗址、汤王陵等，其他附属景点有吕不韦墓、杜甫墓、吕蒙正故居、颜真卿墓、王铎墓等。（2）东线唐文化旅游区。位于与登封、巩义毗邻的缑氏、府店镇，以集中展示唐代文物胜迹为主，其主要景区（点）有唐恭陵、玄奘故里、玄奘寺、缑山升仙观和女皇武则天撰书的升仙太子碑等。其特点是紧靠207国道，交通便利，古文化资源观赏性好，且地处平原与山地的交接地带，自然与人文景观巧妙结合，相映生辉。（3）西南线万安山自然生态旅游区。该区以万安山奇峻的山体、茂密的森林植被及高科技农业种植为依托，突出自然生态观光旅游主题。其主要景区（点）有双龙山省级森林公园、诸葛国家级高新高效农业示范园区、牛心山。附属景点有水泉石窟、宋陵采石厂、汉大谷关等。

二 偃师市文化发展现状

（一）公共文化服务体系示范区建设稳步推进

1. 文化基础设施不断完善

自2012年全市动员创建公共文化服务体系示范区开始，偃师市积极投

入公共文化服务体系的建设。偃师文化基础设施建设不断完善，市、镇、村三级服务网络进一步加强。偃师市图书馆完成亲子阅览室、视障阅览室和办证窗口等项目的改造，其中亲子阅览室是洛阳市县（市、区）级图书馆中首家亲子阅览室；偃师文化大厦（西剧院改造）项目主体建设完工；市中心文化广场演出舞台建设完工投入使用；文化馆新馆馆址位于偃师卫校，准备对其教学楼进行改造，目前改建方案、预算已通过，正在进行招投标工作；全市建成11个镇（区）综合文化站，已有的8个镇文化站按照创建标准，实施了标准化提升工程，新建城关、首阳山、大口3个镇综合文化站，正在配备各种设备；全市村（社区）达标文化活动中心从154个增加到201个，其余文化活动中心正按照示范区创建标准进行提升改造。

2. 免费开放工作稳步推进

一是采取暗访、曝光的形式，加快推进免费开放工作。市创建办、政府办、文广新局、电视台等单位相关人员，采取事先不发通知、现场反馈情况的方式，先后4次对全市11个镇（区）综合文化站免费开放情况进行暗访，将暗访情况在市电视台、电台、《西亳新讯》等媒体进行曝光。通过示范区创建工作督导促进会，通报暗访情况，督促免费开放工作。二是图书馆总分馆制顺利运行。依托市图书馆及农家书屋建立起来的总分馆制，实行统一采购、统一编目、通借通还的做法，购置新书7万余册，统一安装软件，配置书架、书柜、标牌和规章制度牌等，于2013年6月开通并投入使用，实现全市范围内图书通借通还。2014年为各村新配图书5万册、光盘2.3万张，并为12个特色产业村发放特色书籍2000册。以此为契机，全年持续开展"全民阅读"系列活动，举办图书公益讲座、新书推介、"少儿经典诵读"、"亲子课堂"等固定服务活动。三是增加免费开放场所。在"三馆一站一中心"（图书馆、文化馆、博物馆，镇文化站，村文化活动中心）免费开放的基础上，将张海书法艺术馆、青少年活动中心及全民健身中心3个场所的免费开放工作进行统一管理，加大开放力度。

3. 文化惠民活动持续繁荣

坚持以重大节庆文化活动为重点，开展丰富多彩的文化活动。在元旦、春节、牡丹文化节、国庆等重大节日期间组织元宵节社火进城、舞蹈大赛、牡丹歌曲大家唱等各类大型广场文化活动70余场，带动各镇（区）、村开展文化活动1000余场次，参演人员近4万人次，观众累计达30万人次。采取政府购买的形式，完成"送戏下乡"演出300场、"舞台艺术送农民"演出15场、大型文艺演出场200场、农村数字电影免费放映2712场、周末免费电影放映53场，观众累计达22.4万人次，丰富了基层群众文化生活；剧团新排、恢复《朱砂记》《苍娃招亲》两部剧目；豫剧团排演《芝麻官后传》，在中央电视台戏曲频道滚动播出20多次，《三愿意》在河南省第六届"黄河杯"小戏小品大赛中获得特别奖，团长王艺红获得"叱咤中原——河南戏曲排行榜""最具明星奖"和"梨园之星奖"；由翟景峰创作的河洛大鼓书《儿媳劝架》荣获第六届新农村电视艺术节年度"优秀对农电视作品奖"。

4. 公共文化服务体系示范区建设考评逐渐加强

2014年以来，偃师公共文化服务体系示范区创建工作前三季度在洛阳市分别获得县（市、区）组第三名、第一名、第二名的成绩。同时，对各镇（区）示范区建设分季进行考评，前三季度考评结果均通过报纸、网络等新闻媒体予以公布。

（二）文化遗产保护工作卓有成效

1. 多角度开展非物质文化遗产保护工作

对"鲍氏祭祀""传拓技艺""糖塑技艺""二鬼摔跤""会圣宫石砚雕刻艺术"进行文本、视频材料的整理，申报第四批河南省级非物质文化遗产项目。举办46场国家级非遗项目河洛大鼓优秀书目展演活动，36名艺人参与演出，观众达7000余人次。此外，为进一步普及非物质文化遗产相关知识，提高群众对非遗的知晓率，在火车站广场利用宣传版面、宣传页等对偃师近些年非遗保护取得的成果、新颁布的条例内容等进行宣传。

2. 积极推进全国可移动文物普查工作

按照《国务院关于开展第一次全国可移动文物普查的通知》精神，偃

师从2014年起正式开始了第一次可移动文物的普查工作,对各级国家机关、事业单位、国有企业和国有控股企业等各类国有单位所收藏保管的国有可移动文物进行了普查。偃师市文物旅游局严格按照国家、省、市文物局关于做好普查工作的相关部署和要求,抽调专业技术人员,成立了馆藏文物普查办公室,配备录入人员及拍照人员各两组,投资10余万元用以添置设备、改善普查条件,并先后组织十余人次,积极参加省、市文物局的普查业务培训,助力普查工作。通过登记核实,偃师473家国有单位中涉及收藏有文物的共4家,包括商城博物馆、偃师市图书馆、偃师市档案馆、张海书法艺术馆等,共收藏可移动文物4万余件。河南省文物局、洛阳市文物局组织专家对其进行了初步鉴定,较好地完成了现阶段的工作任务。

3. 大遗址保护工程稳步推进

2014年偃师共争取上级资金1648万余元,用于大遗址保护工作,其中:从国家文物局争取大遗址保护专项资金800万元,用于商城遗址宫城遗址保护展示工程的建设。目前,商城遗址宫城区一期(4号宫殿、池苑、宫墙)保护展示工程,二期(8号宫殿、2号宫殿高台建筑)保护展示工程已全部竣工并通过了初步验收;商城遗址宫城区一、二期景观绿化工程现正进行木栈道铺设工作;商城遗址宫城区三期保护展示工程已于2014年10月正式开工建设,现正进行垫土、基础处理等工作,待北京设计方与中国社会科学院考古研究所商城考古队进行图纸修改后,全面展开商城遗址宫城区三期保护展示工程建设工作;商城遗址宫城区三期景观绿化工程待市政府解决租地问题后尽快开工建设。争取国家大遗址保护资金848万元,用于二里头遗址宫城遗址一期保护展示工程。

目前,商城考古遗址公园规划立项报审工作已完成。委托河南省古建研究所设计编制的《唐恭陵保护规划》已报送国家文物局进行评审,待国家文物局批准后将抓紧进行保护展示方案的设计编制工作。《升仙太子碑保护规划》已获国家文物局评审通过,现正委托河南省古建研究所进行保护展示方案及施工图的设计编制工作。

4. 其他文物工作有序开展

2014年偃师全力配合洛阳市考古研究院进行考古发掘工作，共为70家基建单位提供了文物勘探服务，其中包括：万基新能源、恒生科技园、山化泉兴鞋业、高龙助威建材公司、首阳新区相国大道、开阳路、中原健康城、庞村产业集聚区等重大项目。文物勘探面积达240余万平方米。同时，还积极配合了洛阳市考古研究院对洛阳天林置业有限公司天林郡城、首阳新区开阳路、相国大道、中原健康城等项目的考古发掘工作，共发掘古墓葬20余座。

在2014年开展的文物执法工作中，偃师加大力度拆除了一处位于商城遗址保护范围内的违章建筑；对塔庄烧烤市场、双语实验学校等位于商城遗址保护范围内的违章建筑依法按程序进行了立案查处；对倒卖田野文物、盗掘古墓葬等违法行为进行了严厉打击，追回文物数十件，保护了田野文物的基本安全。

（三）文化市场管理日趋规范

1. 开展扫黄打非专项行动

2014年偃师对文化市场的风气秩序开展了针对性的整顿工作。组织召开"扫黄打非"工作会议，组织多部门开展"清源""秋风""净网"专项行动，共出动执法人员780余人次、执法车辆60台次，检查印刷复印企业51家次，检查书店42家次，检查店档摊点18个，行政处罚案件30起。

2. 加强专项行动执法力度

偃师坚持以打击娱乐市场和出版物市场各类违法违规经营为重点，文广新局、工商、公安等部门联合开展了清理整治校园周边文化市场、"闪电"、"一打击两整治"、节假日网吧专项整治、暑期文化市场整治、"反制香港政治性有害出版物"等专项行动，确保偃师文化市场健康发展。2014年全年共出动执法人员960余人次，检查各类文化经营单位1900家次，其中检查网吧1000余家次、电子游戏室歌舞娱乐场所90余家次，查处违规经营接纳未成年人6家，暂停网络服务8家，停业整改6家，取缔无证复印打字社1

家，收缴非法书刊300余册。

3. 规范文化行政许可

完善《行政处罚案件办理制度》《行政执法监督工作制度》等相关规章制度，受理、审核、办结文化市场重新审核登记、换证、许可事项93家，其中网吧经营单位71家、娱乐场所经营单位22家。

（四）文化旅游品质不断提升

1. 玄奘故里景区整体形象升级

2014年偃师集中力量对文化旅游重点项目——玄奘故里景区进行了整体的品质升级工作。对园区绿化进行了补植补栽，并加强了养护的后续工作，对景区绿化项目进行了全面的养护。组织材料印制了"河道安全宣传单"，分发到玄奘故里文化旅游景区周边村庄各家各户手中。连续两年在中央电视台播出了以"华夏王都、玄奘故里"为主题的宣传广告；同时组织整理《玄奘传说》资料上报省文化厅申请非物质文化遗产工作，使"玄奘故里"的社会知名度和市场吸引力不断增强。截至2014年底，有关启动景区封闭、安防提升改造、凤凰台、马蹄泉、西原墓地、瑶台庵、西行广场、河心小岛和滨河风景区的景观提升规划和设计工作的请示已提交市政府。

2. 隋唐风情小镇项目进展顺利

为了深入开发偃师历史文化资源，充分发挥偃师山水自然景观优势，2014年偃师持续推进隋唐风情小镇项目开发商福建港发（隋唐风情置业有限公司）的工程建设，通过与规划、交通、水利、审计、电力等部门的沟通和协调，项目的各项工程建设正顺利进行，截至2014年底：5号、6号、7号、8号、11号楼基坑已开挖并完成了灰土回填；1号、2号、3号、4号、9号、10号楼正在进行内部施工。

3. 进一步优化旅游发展环境

为了创造安全、健康、有序的旅游环境，偃师多措并举强化旅游安全工作：一是加大对景区的防火知识宣传和安全巡查力度，加强火灾隐患的排查和日常巡查。二是要求旅行社选择、租用车辆时，严把质量关，加强对导游人员的安全教育培训。三是对星级饭店加强消防设施的检查，提高员工"宾客至上、安全第一"的意识，严把采购关，加强食品卫生检查，防止食物中毒事件发生。四是采取日常检查、专项治理检查、突出检查相结合的办法，规范了旅行社合同管理、导游人员制度、旅行社参保、旅游景区、星级饭店、安全设施和救护设施。对检查中发现的问题，及时对其下发限期整改通知书，要求其按时进行整改。2014年，偃师全年共接待海内外旅游人数193万人次，旅游总收入3.7亿元，同比增长10%，无重大旅游安全事故发生。

三 偃师市文化发展存在的主要问题

（一）文化投入力度尚需加大

近年来，偃师财政对文化方面的投入不断增加，但财政投入的增长与文化发展的需求之间仍有不小的差距。受财政收入增长的制约，文化投入总量仍显不足，导致面对点多面广的大量文物，管理机构不完善，安全保护工作压力大；同时文物资源保护展示利用水平难以有质的提升，文物保护成果无法惠及群众。

（二）公共文化服务水平有待加强

一方面，公共文化设施配备不到位，部分镇文化站、村文化活动中心不能达到洛阳市示范区创建验收标准；另一方面由于设施建设、人员配备、资金待遇等各种因素影响，偃师镇级综合文化站和村级文化活动中心开放工作相对落后。

（三）文化人员队伍素质有待提升

偃师外地人才引进比较少，高层次人才严重不足。现有人才还存在专业不对口、岗位与专业不匹配等问题，导致一些工作开展不力，缺乏活力和创新。

（四）文化产业发展相对滞后

偃师在文化资源价值的挖掘和价值链的延伸上还存在很大不足，对河洛文化、都城建设文化、根文化（客家文化）、遗址遗迹、历史人文等资源的宣传形式单一、力度较小，需要进一步挖掘、包装、提升和宣传，提升品牌影响力。

（五）招商引资工作思路不够开阔

文化发展需要大量资金投入，但仅靠财政支持难以满足实际的发展需要。而偃师在文化资源开发方面，招商情况一直不理想，资金来源少，旅游项目建设力度还不够大，没有形成精品旅游景区，导致文化旅游资源的潜在价值难以得到充分释放。

四　2015年偃师市文化发展对策建议

（一）多层次做好公共文化服务体系建设

2015年，偃师市全力推动国家公共文化服务体系示范区创建工作，按照"镇级抓齐全、村级抓示范、窗口抓开放、队伍抓健全"的方针，巩固基础设施建设，推动镇（区）综合文化站、村级文化活动中心全面达标，顺利通过2015年国家文化部验收。

1. 抓好基础设施建设

继续按照公益性、均等性、基本性、便利性要求，加快推进公共文化设施建设，健全"市、镇（区）、村"文化服务网络。督促城关、大口、首阳山3个镇综合文化站及未达标的村文化活动中心按照创建标准配置设备，尽早达标；争取文化大厦（西剧院改造）建设项目在2015年底之前竣工并投入使用；多方协调加快文化馆新馆改建工程进度，争取2015年6月投入使用；争取增设图书馆自助借还系统，对图书借阅场馆实施暖气改造。

2. 提升免费开放水平

对"三馆一站一中心"（图书馆、文化馆、博物馆，镇文化站，村文化活动中心）和新纳入的张海书法艺术馆、青少年活动中心及全民健身中心免费开放工作加强督促检查，确保"应开必开"和"应开尽开"。进一步完善图书馆总分馆制，加强对图书管理员的培训和指导，实施动态管理，确保图书馆总分馆制正常运行。

3. 加强文化队伍建设

一方面，组织市、镇（区）、村基层文化专兼职人员定时进行培训。邀请省、洛阳市专家到偃师市开展高质量、高水平的舞蹈、书法、摄影等免费培训活动，带动以舞蹈为主的各项活动全面开展、提升水平。另一方面，组织开展文化志愿者培训。通过"传、帮、带"的方式，争取让全市文化志愿者都能获得轮训机会，提高全市文化活动水平；结合培训及文化活动开展情况，开展"最美文化志愿者"评选活动。

4. 组织群众文化活动

一是保障重大节日期间群众文化活动的顺利进行，积极组织开展非遗展演、社火进城、农民剧团会演、舞蹈大赛、电影放映、河洛欢歌等各类活动。二是深入推进公益电影放映、送戏下乡、舞台艺术送农民等文化惠民工程，确保完成2500场以上农村数字免费电影、52场周末免费电影放映，9场以上舞台艺术送农民、300场以上送戏下乡演出的任务。三是打造好"古亳新韵"系列群众文化活动。

（二）全面推进历史文化遗产及文物的保护工作

1. 做好非遗保护工作

加强国家级非物质文化遗产河洛大鼓保护，举办河洛大鼓培训班，对知名老艺人的优秀曲目进行整理，保存音像资料，争取资金出版，确定表演场所定期进行演出。完善古籍综合信息资源数据库，开展古籍整理、出版和修复工作；组织古籍保护专业人员培训。

2. 继续完善大遗址在建项目工程建设

包括商城遗址宫城区一、二期景观绿化工程和三期保护展示工程建设；商城遗址考古遗址公园方案的编制以及二里头遗址井字形道路和二号宫殿模拟展示。稳步开展博物馆建设，包括二里头遗址博物馆的立项、规划、设计等；商城博物馆陈展提升项目的立项。

（三）整顿升级文化市场和文化产业

1. 加强文化市场监管

一是实施网吧、游戏娱乐场所、校园周边环境和演出市场专项整治。重点查处网吧违规接纳未成年人上网问题，深入开展"扫黄打非"系列专项行动，净化文化市场和校园周边文化环境。二是加强新闻出版市场管理。强化版权管理，举办"4·26世界知识产权宣传周"活动，建立政府机关使用正版软件长效机制。以打击非法出版物为重点，严厉查处销售非法出版物经营行为，规范出版物市场经营秩序。严格对偃师出版物经营单位和复印企业开展检查核验。

2. 促进文化产业优化升级

偃师市政府将进一步转变政府职能，优化部门服务，实现由"办"产业向"管"产业转变，由偏重管理向管理、服务并重转变。以资源整合、创新体制、转换机制、面向市场、壮大实力、提高效益为重点，抓好文化产业的改革和发展。运用电子出版、数字影视、网络传输等现代技术，催生新的文化业态，大力发展文化创意、动漫游戏等新兴文化产业，提高文化产品和服务的科技含量，推动文化产业优化升级。鼓励中影国际影城实施影城扩建项目，该项目预计总投资1000万元，建筑面积5000平方米，扩建放映厅13～15个，共计座位1000个，购置激光放映等先进设备，提升群众观影感受。

（四）加强文化旅游管理工作

一是规范偃师旅游行业管理。从行业管理入手，加大旅游市场的管理力度，提高服务水平，优化旅游环境。同时抓好安全监督，进一步对旅游行业单位进行安全检查，逐步使旅行安全工作制度化、规范化。二是推动旅游重点项目建设。全力配合隋唐风情小镇项目建设等工程项目；创造条件，启动玄奘故里景区封闭工程和大门区域排水系统建设工作，全面提升玄奘故里景区整体形象，加大宣传力度，提高偃师旅游知名度。三是理顺文化旅游管理机制。打破影响文化旅游健康发展的部门藩篱，建立跨部门联合工作机制，加大融合力度，推动旅游产业发展水平，促进文化旅游业健康快速发展。

B.16
孟津县文化发展报告

张亚飞　张红涛　杨长生*

摘　要： 孟津县文化资源丰富，文化产业发展基础深厚。本报告在梳理孟津县基本文化资源的前提下，总结了孟津县2014年文化发展现状，从查找当前存在的主要问题出发，提出2015年文化发展的对策建议。

关键词： 孟津县　公共文化　文化产业　发展

孟津县位于河南省中西部、黄河中下游交界处，北依黄河，南接洛阳，历史悠久，文化底蕴深厚，是一个有4000多年文明史的历史文化名县，牡丹文化、书画文化、三彩文化、黄河文化交相辉映，"河图之源、六朝帝京、邙山福地、黄河明珠"四张文化名片享誉全国。近年来，孟津县先后获得"全国文化先进县""中国民间文化艺术之乡""中国书法之乡""中国最佳文化生态旅游目的地""全国柔力球之乡""河南省文化产业示范园区""河南省文化产业基地"等多项荣誉称号。

一　孟津县文化资源基本概况

（一）公共文化资源概况

孟津县文化馆现有建筑面积1635平方米，内设排练厅、展厅、综合活

---

* 张亚飞，洛阳市委党校讲师；张红涛，洛阳市委党校副教授；杨长生，孟津县文化广电新闻出版局局长。

动厅、辅导部、书法美术部、摄影部、非遗中心等，是一个综合性的文化服务场所，达到了部颁三级标准；县图书馆现有建筑面积 2050 平方米，馆藏图书达 8.7 万册，并以每年 3300 册左右的速度递增，年订报纸杂志 300 种，年购图书经费 5 万元以上，年均外借图书达 13 万册次以上，在全县镇、社区、企业、驻军等单位建有图书馆分馆 26 个，县图书馆 2013 年 12 月被文化部命名为"一级图书馆"；十镇各建有 300 平方米以上的文化站，基本达到文化部规定的"三室一厅、一场一院"要求；建设乡村学校少年宫 34 所，遍布全县 10 个乡镇及县城全部 4 所局属学校。孟津县近三年县级财政投入资金 1228 万元，改造提升镇级文化广场 8 个，建设村级小型文化广场 286 个。228 个行政村的文化大院拥有公共文化设施，实现了"农家书屋"和"信息资源共享点"全覆盖，90% 的村拥有"文化活动室""健身广场"，现正在建设实施的孟津县文化中心涉及博物馆、歌剧院、文化馆、图书馆等，建筑面积 12 万余平方米，总投资 3.26 亿元。初步形成了县级三馆（文化馆、图书馆、王铎书法馆），一团（曲剧团），一中心（老年活动中心）；镇（区）一站（综合文化站）、一广场（中心文化广场）；行政村一室（文化活动室）、一院（文化大院）、一场地（小型文化广场）的文化主阵地。孟津县已形成了以县文化馆、图书馆为龙头，以镇文化站为枢纽，以村级文化大院为基础，以文化个体户为补充的多层次、多体制的文化网络。

（二）文化产业发展状况

孟津文化资源丰富，《孟津县十二五文化产业发展规划》明确提出"加快以牡丹画、唐三彩、青铜器、黄河奇石为代表的文化创意园区建设，提高文化产业增加值在生产总值中的比重"。孟津牡丹文化产业园区，规划总面积 3.2 万亩，空间布局为"三区两园一基地"，其中牡丹画产业区规划占地 1.9 万亩，唐三彩产业区规划占地 2000 亩，青铜器产业区规划占地 1000 亩，王铎书法产业园规划占地 200 亩，黄河石画产业园规划占地 200 亩，牡丹种植基地规划面积 1.3 万亩。园区突出牡丹文化特色，以牡丹画、牡丹花、牡丹瓷为龙头，以黄河石画、王铎书法、青铜器为支撑，辐射带动文化旅游、工艺美术、休闲娱乐、酒店餐饮、会展收藏、新兴文化产业等多个领域，形成了个性突出、内涵丰富、产业发达、效益显著的文化产业园区。2012年6月被洛阳市评为"文化产业示范园区"，2013年7月被河南省文化厅评为第三批"河南省文化产业示范园区"，平乐牡丹画创意园区被评为"河南省文化产业基地"。在"2011河南省文化创意产业年度大奖"颁奖典礼上，平乐牡丹画产业园区获"最佳园区奖"，洛阳九朝文物复制品有限公司董事长高水旺获"杰出贡献奖"，粤钰青铜器产业区2011年被评为"洛阳市首批文化产业示范基地"，还有100多个文化产品获得国家、省、市奖项。4年来共参加国内外文博会、艺博会等交流活动30余次，作品获得省级以上奖项30余项，其中5人（次）获得全国一等奖（金奖）；组织参加境外文化交流（活动）2次，接待国外艺术团体2批（次），其中国家级非遗传承人高水旺大师在美国举办的"唐三彩世界巡回展洛杉矶站"引起了轰动，美国国会发去贺信并颁发证书，高水旺本人被美国书画艺术研究院聘为客座教授。

（三）非物质文化遗产状况

孟津县非物质文化遗产项目非常丰富，目前国家级非物质文化遗产项目有平乐正骨、唐三彩、河图的传说，省级非遗项目有秦氏妇科，市级非遗项目有洛阳龙马盘鼓、太仓毛笔制作技艺、刘秀传说、卦沟传说、象庄针灸、铁谢羊肉汤制作技艺、平乐脯肉制作技艺、黄氏青铜器制作技艺、洛孟赵氏高跷、翟泉王氏中医、石灰画烧制技艺、孟津剪纸技艺、唐白瓷烧制技艺、平乐郑氏中医外科、松鹤堂王氏中医、横水卤肉制作技艺、传统活血接骨止疼膏等。

（四）文化旅游发展状况

截至目前，全县旅游业共接待游客576.7万人次，旅游门票收入835.3万元，旅游综合收益7.15亿元。2014年6月以来策划推出"来孟津耍吧"系列活动，全县观光农业共接待游客100余万人次，实现旅游综合收益1.3

亿元。其中，承大山庄综合收益达175万元（2013年全年收入135万元），同比增长40%；洛建观光园综合收益达7500万元（2013年综合收入6000万元），同比增长25%；2014年5月开业的银滩观光园综合收入达2800万元；十里香草莓园综合收入1300万元（2013年综合收入1000万元），同比增长30%。汉光武帝陵、龙马负图寺、王铎故居等文化景区实现了接待人数和门票收入基本翻番。2014年全县共确定了14个重点文化旅游项目。其中塞拉维文化旅游创意园区，卫坡古民居保护提升，小浪底体育休闲苑，承大山庄房车自驾游露营基地，银滩、渡口生态苑等文化旅游项目进展较快。

二　孟津县文化发展概况

孟津县2014年高度重视文化工作，着力推进文化事业和文化产业的快速发展，抓硬件，促软件，推重点，创特色，以灵活多样的方式为突破口，以丰富多彩的活动为载体，全面提高了孟津县广大干部群众的科学文化素质，促进了全县文化建设蓬勃发展。

（一）公共文化基础设施逐步完善

2014年以来，主要启动了孟津县文博中心建设及城关、横水、麻屯三镇文化站建设。目前文博中心正加紧建设，三镇文化站硬件设施已全部到位，初步具备免费开放的条件；九镇文化广场已全部建设完毕并已投入使用，麻屯文化站已完成设计，近期即可开工。争取资金为会盟、常袋、平乐三个镇文化站配备了电子阅览室设备；为城关、横水两镇文化站配备了基础设施，同时信息共享设备合同已签订。为30个行政村的文化信息资源共享服务点配发了价值6万余元的电视机、机顶盒、宽带猫等设备，新修建了村级文化活动广场30余处，演出舞台1个，新修（改）建了镇级文化活动广场3处。为全县228个行政村的"农家书屋"增配了价值53万元的图书2.74万册，又向上级争取了36万元的专项资金，完成采购添置任务。图书馆积极推动总分馆建设，与十镇文化服务中心建成互联网局域网，为实现下

一步资源共享、图书通借通还打下基础。购置电子借阅机1台,为读者提供手机阅读平台;新购置图书6000余册,组织开展"世界读书日""图书馆服务宣传周""暑假少儿读书"等活动,让更多的人了解、走进图书馆。

(二)基层群众文化活动广泛开展

县文化馆充分发挥龙头作用,开展送文化下乡活动,定期开展送戏活动;以"教你一招"为抓手,文化馆组织举办书画、摄影等展览12期,参展作品达3500余幅;举办各类培训班27期,培训骨干学员2100余人,组织开展了孟津县"牡丹歌曲大家唱"大奖赛、洛阳市"河洛欢歌"孟津专场演出、"京都杯"舞动花城百姓大舞台全民健身广场舞电视大赛等群众喜闻乐见的赛事,提高群众参与文化活动的积极性。

(三)文化人才队伍建设逐步扩大

全县还利用社会力量办起"孟津美校""县艺术学校""刘建宗书法学校"等,培养出一大批艺术创作表演人才。全县党政人才、文化经营管理人才、文化艺术专业人才、高科技人才、文化科技人才和公共文化服务人才等专业人才的数量由原来的不足1万人猛增至现在的2.5万多人,全县拥有农民新风剧团22个、柔力球队209个、排鼓队111个、秧歌队20个、舞蹈队110个、唢呐队7个、狮舞表演队14个;驰名省内外的王良民间艺术半职业艺术表演团队38个,全县从业人员达2万多人;拥有书法、绘画、剪纸、三彩制作、文学戏曲创作等各类人才5000多人。

(四)非遗保护取得明显成效

为了更好地保护全县非物质文化遗产项目,县非遗保护中心全体人员深入基层,认真细致对全县具有一定特色的非遗项目进行搜集、整理,完善项目的文字、视频资料,经过申报、审核、专家评审、社会公示等程序公布了第二批、第三批县级非遗保护项目名录;同时向上级申报非遗项目传习所,取得较好的效果。完成洛阳市第三批、第四批非物质文化遗产项目申报工作，全县非物质文化遗产保护项目有国家级保护项目3项、省级保护项目1项、市级保护项目18项、县级保护项目15项。

（五）文化旅游业得到发展

1. 推出了宣传促销"组合拳"

一是报纸宣传方面。在《中国旅游报》上占了两期共三个整版生态旅游宣传版面；在《河南日报》刊发了一期《踏青去孟津，来孟津耍吧》新闻稿，在《河南日报·农村版》，以"孟津特色旅游打造地域名片"为主题向全县倡议，引导发展新生项目；在《洛阳日报》刊登了12期宣传文章；在《洛阳晚报》以8个主题分16期（每期半版）刊发广告，刊发新闻5期（每期半版）；在《东方今报》上进行了一次《孟津旅游燎原之火》专题宣传报道；在《新孟津》转发、刊发孟津休闲旅游专题文章5期。二是电视宣传方面。2014年7月初，邀请市电视台到全县制作了《美丽洛阳我的家（孟津版）》30分钟电视宣传片，于7月24日在洛阳电视台进行了首播；8月18日邀请河南电视台4套对全县卫坡古民居等文化旅游资源和生态旅游资源进行了集中拍摄。三是网络宣传方面。注册开通了孟津旅游官方微博、微信公众平台，及时补充、完善、更新旅游资讯；在大河论坛注册用户名，分别在走遍河南、发展河南、食话实说、魅力郑州、躬耕南阳、腾飞焦作、洛阳城事、明珠三门峡、新城济源等版块发布了全县旅游资讯。四是户外宣传方面。在洛阳市区筛选了200部楼宇电梯轿厢和1140个电梯室外电视进行了为期2个月的宣传推广。把全县官方微信平台和框架广告相结合，印制了二维码，市民在观看框架广告的同时可扫描二维码进入官方微信。五是旅行社合作方面。邀请洛阳好时光旅行社、洛阳铁鑫旅行社等14家旅行社负责人对全县生态旅游园区进行了集中踩线，各休闲园区与旅行商进行了深层次沟通对接，达成了合作意向，并启动了短线周末游线路。

2. 举办了一系列旅游节会

2014年，孟津共举办了草莓采摘节、桃花诗会、梨花节、郁金香观赏

节、红叶碧桃文化节、桑果采摘节、玫瑰观赏节、荷花和薰衣草观赏节、小浪底观瀑节、红提采摘节、石榴采摘节等一系列旅游节会活动。接待游客40余万人次，实现旅游综合收益5000余万元。策划了"孟津观光农业摄影大展赛""承大山庄山地越野车邀请赛""黄河音乐节歌舞晚会""会盟银滩新米季"等活动，邀请《人民日报》、新华社、中新社、《河南日报》、河南电视台、凤凰网、新浪网、大河网、21世纪房车网等32家新闻媒体和河南省旅游集团、河南省青旅、欧亚旅行社、省海外旅行社、E路同行等25家旅行商到孟津踩线、录制节目。

三 孟津县文化发展存在的主要问题

（一）农村文化基础设施相对薄弱

目前全县尚有12个农村文化大院未达标，其中城关镇上店、马步等6个村因拆迁原因尚未建成文化大院；横水镇铁楼、小浪底镇柳树滩等6个村因村委会大院建筑严重老化、面积较小而无法达标。

（二）农村文化经费投入不足，运转困难

全县农村文化活动经费运转困难，文化专干多由村两委干部兼任，这些兼职干部由于工作繁忙或专心不够，影响了工作的开展，且县政府常委会确定的每月260元文化专干补助资金没有全部落实到位，文化专干普遍存在工作积极性不高、不能有效组织各类文体活动的现象。

（三）农村文化队伍的整体素质仍然偏低

具有专业水平和工作能力的文化人才缺乏，西部部分村多为留守老人与儿童，尤其是原黄鹿山乡、王良乡的部分村缺乏文化活动人员，群众业余文化生活贫乏。

（四）缺乏社会力量参与基层文化活动扶持政策

具有地域文化特色的文化生态尚未形成，缺乏文化产品的宣传推广和后续配套机制，大多数文化产品缺乏创意和创新，缺少能够体现全县地域特色和人文风情的文化精品，企业参与程度很低，不能有效调动企业参与文化活动的积极性。

（五）非遗保护传承与保护前景堪忧

缺乏政策性资金，缺乏大型会展中心，不能有效形成文化产品的生产、供给、消费循环，上下游各个环节尚未形成紧凑的产业链，像平乐太仓毛笔制作、送庄朱寨舞狮技艺、白鹤赵岭竹马高跷等非遗项目后继乏人，存在失传的危险。

（六）旅游业缺乏大型项目

全县的文化资源还没有得到充分有效的整理挖掘和开发利用，缺乏叫得响的文化品牌，景区景点建设普遍存在"富资源、穷开发""大资源、小开发""整体资源、零星开发"的现象，资金投入不足，开发档次较低，资源利用率有待进一步提高；旅游要素不完善。全县旅游景区基本都存在食宿、停车场、公厕、标识标牌缺失现象，有待进一步提升。

四 2015年孟津县文化发展对策建议

（一）多措并举，发挥政府在公共文化发展中的主导作用

1. 完善文化基础设施

对于城关镇上店、马步等6个村因拆迁尚未建成的文化大院，要在督促其尽快完成拆迁任务的同时，把文化大院的建设提到议事日程上来，高标准建成新的文化大院；对横水镇铁楼、小浪底镇柳树滩等6个村村委会大院建

筑严重老化、面积较小问题，要详细调查原因，制定切实可行的整改方案，更新设备，扩大面积，确保其满足文化活动开展的基本需要，对于其他文化馆、群艺馆、文化站、文化大院等基础设施要制订活动计划，充分发挥现有资源的作用，提高群众的文化素质。

2. 实施"金种子"文化志愿者培训计划

为尽快提高文化志愿者素质和志愿服务队的服务能力，制订"金种子"基层文化骨干培训计划，计划由县文化馆负责培训文化骨干1万名。同时安排基层文化管理人员到发达地区脱产学习，邀请外地专家、教授、文化团体到孟津开展讲座、授课、艺术交流，重点培训镇、村两级文化（文艺）骨干，使他们像"金种子"一样撒遍全县城乡。

3. 加强对农村文化管理员的财政支持

建立农村文化管理员补助专户，拨付专项资金，由县财政或文广新局统一进行管理，按时足额发放，提高文化专干的工作积极性，推动农村文化活动的开展。

（二）因地制宜，打造孟津文化产业发展的产业链

1. 以产业园为依托延伸文化产品产业链

孟津牡丹文化产业园区已经初具规模，但在宣传和上下游产品的开发方面要进一步延伸，不仅要发展牡丹画、黄河奇石、唐三彩等核心产业，还要发展上游的创意设计研究机构、专业人才培训机构，加大下游的包装、运输、宣传和推介力度，形成完整的产业链，实现利益的最大化。

2. 走品牌化发展道路

商标是将一个企业的产品或服务与另一企业的产品或服务区别开的标记，是一种可被视觉感知的标识。孟津有很多文化项目和产品具有浓郁的地方特色，可以注册为商标，以后可以通过法律维权，使品牌得到保护，实现文化产业的经济效益最大化。

（三）文旅结合，以旅游和遗产保护作为文化发展的着力点

1. 加大非物质文化遗产保护力度

成立县级非物质文化遗产保护专项基金，加大对县域非物质文化遗产项目的挖掘、保护、传承力度。一是全民宣传，深化对非物质文化遗产重要性的认识；二是重视对非物质文化遗产的研究，进一步完善和加强对县域内的非物质文化遗产的清查和登记工作；三是创造保护、传承、发展非物质文化遗产的良好氛围，传承优秀历史文化遗产。

2. 开发特色旅游项目

除了遗产游、风景游，还可以把牡丹画、唐三彩、黄河奇石的产业园开发出来，挖掘文化内涵，体现文化元素，实现文化游。把非物质的传统文化遗产生产工艺以实物的形式进行展示。

（四）政策支持，增强社会力量参与孟津文化发展的积极性

政府应出台社会力量参与公共文化建设的鼓励政策，在税收、设施使用等方面给予优惠，成立专门的机构协调社会力量参与文化事业、产业的发展，保证他们获得合理的回报，有明确的发展方向和进步空间。

B.17
新安县文化发展报告

张胜利　王书林*

摘　要：	新安县历史文化资源丰富，2014年紧紧围绕"文化强县"的目标，以创建国家公共文化服务体系示范区为契机，不断加大对文化事业的政策支持和资金投入，进一步推动了当地文化发展。报告总结了新安县文化发展现状及存在的主要问题，提出了加快新安文化发展的对策建议。
关键词：	新安县　公共文化　发展　展望

近年来，新安县紧紧围绕"文化强县"的奋斗目标，以创建国家公共文化服务体系示范区为契机，不断加大对文化事业的政策支持和资金投入，加快推进文化事业繁荣发展。先后获得"中国书法之乡""中国澄泥砚之乡""中国门球之乡""国家一级图书馆""国家一级文化馆""全国特色文化广场""全国文化先进县"等荣誉称号。

一　新安县文化资源概况

（一）历史文化资源状况

新安是河洛文化的主要发祥地之一，有实物为证的历史可追溯到新石器

---

* 张胜利，新安县委党校讲师；王书林，新安县文化广电新闻出版局局长。

时代。从秦时置县至今已有2200多年的历史，境内有多处古文化遗址，地上地下文物资源丰富。目前，全县有国家级文物保护单位2处、省级文物保护单位6处、市级25处、县级17处。其他各类型的历史文化遗产，涉及近现代的116处、石窟寺及石刻19处、古遗址129处、古建筑547处、古墓葬103处。有著名的国家重点文物保护单位千唐志斋，还有汉函谷关、王乔洞、洞真观等人文景观。

千唐志斋位于洛阳新安县铁门镇，是中国唯一的墓志铭博物馆。现存各类藏石1419件，其中西晋志1件、北魏志2件、隋志2件、唐志1191件、五代志22件、宋志88件、元志1件、明志30件、清志2件、民国志7件，此外尚存有墓志盖19件，其他各类书法、绘画、造像、经幢、碑碣等54件。所藏唐志上起武德、贞观，历盛唐、中唐以迄晚唐，其中武则天的改元、安禄山的僭号，无不尽备。千唐志斋是研究唐代三百年文治武功和书法艺术的史料宝库，因其丰富的内涵被誉为"石刻唐书""唐书法演变史"等。千唐志斋藏有历代书画大家郑板桥、董其昌、米芾、王铎及近人吴昌硕、于右任、康有为等所作书画石刻，皆为罕见艺术珍品。

（二）公共文化资源状况

县级设置有图书馆、文化馆、博物馆、广电演播中心、新华书店、体育馆、千唐志斋博物馆、奥斯卡影城、世纪文化广场、黛眉地质文化广场等公共文化服务设施，从事文化服务人员约300人（其中图书馆、文化馆在职37人，专业技术人才30人）。乡镇设置综合文化服务中心11个，从事文化服务人员44人，每站编制4人，每年服务文化工作不少于240天。村级设置文化活动中心306个，从事文化服务人员306人。全县共有文化娱乐场所115家，从业人员约1100人。全县共有戏曲、歌舞、美术、器乐等艺术培训机构30余家，从业人员2000余人。县级专业剧团1个，乡镇业余剧团18个，村级自办业余剧团、唢呐班、管乐队、舞蹈队、社火表演队等350多个。

（三）民间文化艺术项目状况

全县已普查到的民间艺术项目有黄河神龙、九莲灯、新安花鼓、新安花棍、威风锣鼓、女子排鼓、河南坠子、河洛大鼓、高跷、竹马、旱船、麦秸画、郑板桥字画、千唐刺绣、河洛澄泥砚、虢州澄泥砚、黄河澄泥砚、龙龟澄泥砚、黄河奇石、北冶黑陶、烫面角、小丸药、小碗汤、峪里柿饼、柿子醋、山野菜、大粒樱桃、黛眉手织布、根雕、盆景等30余个。

二 2014年新安县文化发展现状

（一）公共文化服务体系初步完善

1. 城乡文化设施基本健全

截至2014年底，新安共建成城乡文化服务设施320个，其中县级3个、乡镇11个、村级306个（不含农家书屋和资源共享工程建设）。县文化中心总规划占地面积23350平方米，建筑面积13800平方米（包括图书馆、文化馆、博物馆）。图书馆、文化馆均为国家一级馆，博物馆是洛阳市仅有的两家县级博物馆之一，并被市委市政府确定为"爱国主义教育基地"和"科普教育基地"。在省文化厅首批乡镇综合文化站评估定级中，城关镇、南李村镇、正村镇、北冶镇四个乡镇综合文化站被评为"一级文化站"；磁涧镇、石寺镇、铁门镇三个乡镇综合文化站被评为"二级文化站"；石井镇、仓头镇、五头镇、曹村乡四个乡镇综合文化站被评为"三级文化站"。先后完成投资1500万元，建成306个村级文化活动中心；完成投资150万元，建成306个村级文化信息资源共享工程服务站（点）。文化活动中心全部规范设置了各项制度和标识标牌，每个行政村各配备1名专职文化管理员，保证了村级文化场所正常开放。

2. 群众文化权益基本得到保障

新安县政府采取积极措施，组织开展了一系列文化惠民活动：一是把送戏下乡列入惠民实事项目，实施政府购买服务，每场演出补贴3000元，每年为农村送戏300场。二是大力实施农村数字电影放映工程，组织11个流动放映队，每年为农村放映电影近3500场。三是开展送图书下乡活动，全县设立16个基层图书流通点，年均更新量达8000册次。特别是利用"4·23世界读书日"等节日，组织工作人员送书到户、送书到田间地头，给农村群众提供方便快捷的优质服务，激发全民读书热情，收到了良好的效果。四是各乡镇自办民间文艺团队，每年为群众提供演出达500余场。五是招募文化志愿者1000余人，每村达到2~3人，组建服务队20个，全部经过专业技能培训，坚持开展志愿服务活动，基本满足群众文化生活需求。六是大力推进农村党员现代远程教育工程和文化信息资源共享工程有效整合，广泛开展党员远程教育活动和优秀文化资源展播活动，实现了党的方针政策直接到基层，科技、卫生、法律知识直接进农村，文化信息直接送农民的"三个直接"目标。

3. 文化服务能力持续提升

新安县图书馆、博物馆、文化馆（站）等坚持免费开放和免费培训，其中图书馆每周免费开放时间达到56小时以上，博物馆、文化馆（站）每周免费开放时间达到42小时以上，并将特殊群体和弱势人群服务纳入公共文化服务体系。一是建成了盲人阅览室，配备了图书、电脑、报纸杂志等资料和设施。二是建成新安地方特色数据库6个，录入图书300种、图片1700张、文档资料5000篇。三是县图书馆建设分馆17个，群众借阅图书实施一卡通。四是坚持举办图书展览活动和图片展览活动，每年举办活动20期以上。五是坚持举办基层文化管理员培训班，每年培训2期，年培训达600余人次。六是坚持举办文化艺术培训班，每年为农村培训艺术人才1500余人。七是组建了黛眉女子合唱团，坚持每周免费进行培训，目前已初步打造成特色文化品牌。八是开展了"诵读经典 放飞梦想"青少年诵读大赛活动，全县共组织参赛队216个，参与活动的有5000余人。九是开展了两届文艺作品征集活动，共征集到文艺作品400余件，并将优秀作品搬上舞台在全县进行巡回演出。十是各乡镇综合文化站、村级文化活动中心积极

开展读书活动和文体活动,坚持举办文化艺术培训班,基本满足人民群众精神文化生活需求。

4. 系列广场活动丰富多彩

一是每年一度的春节、元宵节文化活动,县委、县政府都要重点部署,召开专门会议,制定活动方案,形成县、乡、村三级上下联动,积极参与,创造良好和谐的节日氛围。二是每年的"七一""八一""十一"等重大节日,县文化主管部门都要积极联合相关单位、协会开展文化艺术进景区、进军营、进厂矿、进社区演出活动,丰富基层群众文化生活。三是每年组织开展"中国洛阳黛眉旅游文化节"活动和"河洛欢歌·唱响新安"广场文化活动。为创新活动形式、扩大活动覆盖面,除常规的文艺专场、戏剧专场、器乐专场外,还开设了"广场舞大赛""戏曲票友大赛""歌手大赛""折子戏大赛""新安名家演唱会"等活动项目,提高了基层群众参与的积极性,每年组织群众性文艺演出达100余场,受益群众约30万人。在搞好广场活动的同时,选出优秀文艺节目参加省、市举办的文化活动,获得全省"百城万场"广场系列文化活动先进单位荣誉称号;分别在第29届、30届、31届"中国洛阳牡丹文化节河洛欢歌广场文化狂欢月"活动中获得优秀组织奖,戏曲选段《花木兰》《朝阳沟》《抬花轿》等获得优秀节目奖。

(二)文化市场逐步规范

2009年新安县实施文化市场管理体制改革,组建了县文化市场综合执法大队,并根据工作需要成立了稽查队伍,使文化市场综合执法工作做到了有机构、有队伍、有场地、有经费。为了推进文化市场规范化、制度化、法治化建设,一是每年坚持举办法律法规知识培训班,提高经营业主的法律意识,规范经营行为。二是互联网上网严格执行每周巡查制度和逐日上网登记制度。三是出版物市场严格执行进销货登记制度和检查备案制度。四是歌舞娱乐场所严格执行国务院《娱乐场所管理条例》。五是组织文化、工商、公安、网通、电信等部门,积极开展"扫黄打非"、安全专项整治、网吧专项整治、歌舞厅专项整治活动,严厉打击了文化市场违法经营行为。另外,还在全县老干部、老模范、教师、共青团干部、妇女干部中，聘请了十几名乐于奉献的同志，组建了"网吧义务监督员"队伍和行风评议员队伍，在媒体公开了举报电话，建立了举报制度，初步形成了"群防群治"的综合治理体系，2014年度被评为全省群众满意基层站所。

（三）文化产业初具规模

一是发展书画产业。全县17个书法协会及分会，年创作各类书画作品6万余幅，书画创作、研究、经营形成专业化，被评为"中国书法之乡"。

二是发展千唐刺绣、郑板桥字画。依托国家重点文物保护单位千唐志斋，与旅游开发相结合，积极发展千唐刺绣、郑板桥字画等文化产业，丰富了旅游文化商品，取得了较好的社会效益和经济效益。

三是重点发展黄河奇石。黄河奇石集玩、赏、收藏于一体，主要集中于石寺镇下灯村，该村群众收藏奇石起始于爱好，得力于政府因势利导，近年来，累计投资1200万元，建成了奇石一条街；投资1800万元，建成了奇石文化广场，为群众发展奇石业提供了良好的环境。该村群众由部分发展到全体收藏，几乎家家经营奇石，目前，有黄河奇石展馆86所，共藏石10万余方，有数百件作品获国家级奖项，被誉为"奇石之乡"，也被河南省命名为"特色文化产业村"。2013年9月，总投资2000万元、规划占地31亩的中韩奇石馆开工建设，2014年底一期工程建成并投入使用。

四是大力发展黄河澄泥砚。黄河澄泥砚被称为中国四大名砚之一。在继承历代工艺制作的基础上，挖掘澄泥砚工艺制作潜力，取黄河泥为材，技术精益求精，不断推陈出新，引起了社会各界的高度关注，中央电视台、《人民日报》等媒体做了专题报道。目前，全县有黄河澄泥砚厂4家，砚台品种240余种，产品远销海内外，被中国工艺美术协会命名为"中国澄泥砚之乡"。

（四）非遗保护初见成效

为抢救、挖掘、保护非物质文化遗产项目，近年来，新安县拨出专项资金，对县域范围内的非物质文化遗产进行全面普查、挖掘、整理。目前已挖掘整理一大批非物质文化遗产项目，传统民间艺术有威风锣鼓、新安花棍、新安花鼓、女子锣鼓等；民间曲艺有河南坠子、河洛大鼓、社盘等；民间舞蹈有黄河神龙、狮子、高跷、旱船、花棍、九连灯等；传统工艺有河洛澄泥砚、虢州澄泥砚、黄河澄泥砚、黄河奇石、瓷窑烧制等。根据普查整理结果，建立了新安县非物质文化遗产名录库，县政府分三批公布了县级非物质文化遗产项目。其中，黄河澄泥砚（传承人：李忠献、游敏），九连灯（传承人：王汉宾），黛眉手织布工艺（传承人：陈小团）被列入河南省非物质文化遗产保护名录，烫面角（传承人：王银栓、方鸿仪），消食丸（传承人：陈发曾），瓷窑烧制技艺（传承人：介长来）被列入市级非遗项目，并有34项列入县级非遗保护名录。

三 新安县文化发展存在的主要问题

一是公共文化服务体系建设还有差距。按照创建国家公共文化服务体系示范区的要求，目前全县尚有少数农家书屋藏书量未达到2000册以上的标准。

二是广场文化活动还没有形成常态化。每年开展活动仅限于7、8、9三个月，并且老城没有分会场，受时间限制和区域限制，群众不方便参与，也达不到周周有文化活动的效果。同时各乡镇组织群众文化活动相对较少。

三是文化文艺培训力度不够。存在培训次数少、周期短的问题，导致农村开展活动困难，也是村级文化设施不能充分发挥作用的主要原因。

四 新安县2015年文化发展展望

2015年，新安县以党的十八大及十八届三中、四中全会精神为指导，紧紧抓住洛阳市创建国家公共文化服务体系示范区的重大机遇，以保障全县群众基本文化权益为根本目标，进一步加强对文化事业的合理规划，逐步建立健全"结构合理、实用实效、覆盖面广"的文化服务体系,更好地满足人民群众精神文化生活需求,努力建设"文化强县"。

(一)继续推进公共文化服务体系示范区建设

1. 进一步完善文化设施网络

一是搞好图书馆总分馆制建设。在各乡镇文化站和部分村级文化活动中心建立图书馆分馆,将所有图书信息一并录入,建立图书资料库,搭建城乡公共图书一体化服务数字平台,使群众借阅图书真正实现"一卡通"。二是积极筹措资金,在县城主要街道、社区、人员密集场所等安装电子图书借阅机,为群众阅读图书、查看资料提供方便服务。三是开展第二批公共文化服务示范村创建活动,重点搞好图书、报纸杂志配送和开放窗口规范化设置工作,全面实施村级文化场所提升。四是规划建设文化长廊,重点展示新安历史名人、古诗词、书法作品、摄影作品、黄河奇石、澄泥砚、紫砂、黑陶以及群众文化活动等新安特色文化。

2. 积极推进文化服务能力提升

县图书馆、文化馆(站)等公共文化单位要进一步规范免费开放,更要为特殊人群提供多样化文化服务。县级"两馆"要深入开展基层流动服务活动,每周至少到农村(社区)开展辅导培训或流动服务活动1~2天。县文化馆、曲剧团、数字电影放映队广泛开展文化艺术进基层活动,为老年人、农民工、留守儿童、农村群众提供公益服务最大化活动。文化馆组织文化志愿服务队到各乡镇行政村开展结对子、帮文化活动,重点搞好文艺培训和小型文艺演出,逐步把送文化变成种文化,推进城乡文化均等化发展。达到乡镇综合文化站全年开展文体活动在20次以上,辅导培训活动在10次以上,数字化服务活动在6次以上。

3. 努力推进文化服务创新

图书馆探索建立书吧,为群众创造休闲阅读环境,吸引更多的读者开展图书阅读活动。文化馆加大对黛眉女子合唱团的培训力度,按照专业标准要求,增加培训次数、时间和内容,更多给予舞台实践机会,力争参加文化部主办的全国性大赛,提高黛眉女子合唱团知名度,形成特色文化服务品牌。积极探索事业单位法人治理结构改革,组建由县重点企业代表、社会文化团体代表、企事业单位代表等共同组成的图书馆、文化馆理事会,搭建社会力量共建共享文化事业的活动平台,促进文化事业繁荣发展。

(二)积极发展文化产业

推动文化与文物、旅游、科技等融合发展,借力传统文化,打造黑陶、紫砂等特色产业。放大中国书法之乡、中国澄泥砚之乡的品牌优势,做强书法、澄泥砚等文化产业。加大石井寺坡山、东山底、仓头孙都、铁门薛村等传统村落的保护和开发力度,铸造新安文化游新名片;做好文物资源保护利用新文章,让地下变地上、让"馆舍天地"走向"大千世界"、让文物资源变文化产品。

(三)提升文化旅游业发展水平

积极发展旅游新业态,推进乡村游、文化游、自驾游、探险游、红色游等有序发展。强化文化旅游融合联动理念,推进旅游信息全覆盖,依托微信、微博、微电影等平台,携手同程网、去哪儿网等知名网站,创新宣传营销,唱响新安旅游"好声音",塑造"丝路汉关、山水新安"新形象。倾力营造最美旅游环境,实施青要山谷山水库、峪里水库等聚水工程,不断增添新安"绿色底蕴",努力构建山清水秀的生态之都,把新安打造成为中原地区的"大观园"。

B.18 宜阳县文化发展报告

徐志萍 李万军[*]

摘 要： 宜阳历史文化底蕴深厚，文化资源丰富。2014年，宜阳县充分利用已有优势，围绕创建国家公共文化服务体系示范区这一目标，以繁荣群众文化生活为切入点，着力打造地方特色的品牌文化，文化建设取得了很大发展。该报告总结了宜阳县的文化发展现状，分析了存在的主要问题并提出了加快宜阳文化发展的对策建议。

关键词： 宜阳县 公共文化 发展

宜阳历史文化底蕴深厚，文化资源丰富。近些年来，宜阳县立足自身已有的文化资源，以创建国家公共文化服务体系示范区为契机，通过不断增加财政投入，加强公共文化基础设施建设，大量文化惠民活动深入民心，有效提升了公共文化服务水平，丰富了群众的文化生活，满足了群众的精神文化需求。

一 宜阳县文化资源基本情况

宜阳历史悠久，文化灿烂。夏、商、西周、春秋为京畿之地，战国时曾为韩国国都，后置宜阳县，至唐时改福昌县，元代福昌、寿安合称宜阳至今。宜阳置县距今已有2400多年历史，境内文物古迹及山水名胜众多。全

---

[*] 徐志萍，洛阳市委党校讲师；李万军，宜阳县文化广电科技局办公室主任。

县有古城址15处，宫殿17座，庙堂41处，亭台、楼阁19个，祠、庵、寺、观78处，古驿站9处，古桥梁29孔，古墓葬38个，馆藏文物5200余件。其中4处被列为省级文物保护单位，分别是邵窑遗址、苏羊遗址、灵山寺、五花寺塔。

宜阳山水名胜星罗棋布，海拔1831.8米的"花果山"被确定为国家森林公园；千年古刹灵山寺是释源祖庭白马寺的姊妹寺，也是豫西地区唯一集名山、名寺、名泉、名树于一体的著名佛教圣地和生态文化旅游景区；省级森林公园香鹿山生态园，是河南省最大的县级城郊森林公园；锦屏山被唐女皇武则天御笔题名"锦屏奇观"。悠悠洛河自西向东横贯宜阳全境，流程64公里，是宜阳旅游业发展的宝贵资源。

二 2014年宜阳县文化发展现状

（一）公共文化服务体系建设取得新进展

1. 文化设施不断健全

近年来，宜阳县按照"政府主导、城乡统筹、整合资源、整体提升"的思路，夯实硬基础，丰富软环境，小事办实，实事办好，不断完善县、乡、村三级文化设施网络。截至2014年底，宜阳县有县级公共图书馆、文化馆各1个，文化信息资源共享工程县级支中心1个，村级服务点350个。建成乡镇综合文化站16个、农家书屋353个、村文化大院353个。

2014年11月正式开工的图书馆、文化馆新馆建设项目，投资4437万元，占地26亩，总建筑面积1.9万平方米。新"两馆"建成后，图书馆总藏书量可达60万~70万册，可容纳阅览座位600余个，文化馆可更全面、更高档次地开展各种文艺培训活动、艺术展览。滨河文化广场是由县财政投资的公益性群众文化活动场所，占地6000平方米，可容纳观众2400人，内部设备设施齐全。截至2014年，"滨河之声"群众广场文化活动已在此成功举办13届，成为享誉省内外的一张知名文化名片，年受益群众近20万人次。县城还建有李贺文化广场、廉政文化广场、白庙文化广场、香鹿山文化广场以及滨河游园十里长堤休闲区等大型文化广场，可供城乡群众开展各种文化娱乐活动。

目前，全县16个乡镇综合文化站已全部建成，平均建筑面积在300平方米以上，配置有室外文化广场、电子阅览室等设施和专职文化管理人员；353个行政村农家书屋建设实现了全覆盖。每个农家书屋都配备了不少于1500册的图书、25种报刊。农家书屋的面积都符合标准，在20平方米以上。全县乡镇文化站和农家书屋累计配备各类藏书38万册、电脑近300台、电视机70台、投影仪89套。这些文化设施全部免费对外开放，已成为广大群众开阔视野、汲取知识、开辟致富的新途径。

2. 文化队伍不断壮大

基层文化工作，队伍是关键。截至2014年底，宜阳县发展文化志愿者共计800余人，组建业余文艺团队223支，村财政补贴文化管理人员353人，开展各种文艺活动1141场（次），已成为政府公共文化服务的重要补充，繁荣了农村文化生活。2014年，全县共举办各种文艺演出1059场（次），举办文化活动1765次，放映电影4236场，均实现了每个行政村每月1场电影，每年3场文艺演出、5次文化活动的目标，很大程度上满足了群众日益增长的文化需求。

3. 文化活动蓬勃发展

每逢重大节庆，宜阳县专门成立群众文化活动指挥部，制订活动实施方案、应急预案等，开展丰富多彩的、群众喜闻乐见的文化活动。截至2014年底，群众自编自演的文艺节目多达1100余场，观看群众达1000多万人次。广场群众文化活动因其持续时间长、规模大、效果好等，被中央、省、市多家知名媒体全方位、多层次宣传报道，取得了良好的社会影响。春节、元宵节期间，举行"书法家义写春联"活动，服务群众5000余人次；举办书画作品展，吸引参观群众3000余人次；巡回展映优秀影片600场，覆盖全县各行政村；持续30多年的传统文化调演，融入了市、县级非物质文化遗产表演，并以比赛形式激发活动创新力，每年使3万余名群众尽享"文

化大餐"。

4. 文化惠民活动深入民心

宜阳县以活动见实效、群众得实惠为目标，扎实推进公共文化服务体系建设，让文化惠民的新曲唱响宜阳大地。

一是举办"全民读书活动"。宜阳县由县图书馆牵头，充分依托乡镇文化站、农家书屋等文化平台，坚持开展每年正月初八至二月初八的全民读书月活动，引导群众丢下麻将牌，走进书屋读书看报，在广大农村形成了爱读书的好风气。同时，农家书屋还与所在村的中小学校对接，"兼职"图书室，解决了农村中小学图书缺少的难题，实现了农家书屋最大限度的资源共享和社会效益的最大化。

二是举办"送戏下乡"活动。改革改制后的文艺院团活力再现，每年面向基层、农村，组织"送戏下乡"文化演出活动百余场、"舞台艺术送农民"演出活动近30场、"百场戏曲送农民"演出活动353场。

三是举办公益性培训活动。从2014年5月开始，宜阳县以实施"三区"人才支持计划为契机，选派了17名优秀文化工作者分成4个工作组到各乡镇，举办乡镇文化站、村文艺爱好者广场舞培训40期，戏曲培训50期，受训人员达2000余人次。

四是举办走基层帮扶活动。宜阳县每年都会在"六一""七一"等节日期间，积极开展走基层帮扶活动。

5. 免费开放政策全面落实

宜阳县图书馆现有藏书3万余册，每周开馆时间56小时，全年图书借阅量1.6万册次，年接待读者2.6万余人次。同时延伸服务链条，丰富服务内容，开展"图书进学校、进农村、进军营"活动，为驻军部队、锦屏中学、赵保大众图书馆等送去各类图书、杂志，开通数字图书馆。

宜阳县文化馆每周开馆时间达42小时，每年培训各类艺术人才500余人次，年接待或举办书画作品展览近10次，每年举办各类群众文化活动100余次。各乡镇综合文化站和村文化大院，一律实行零门槛无障碍服务，为基层群众提供各类致富信息。

（二）非物质文化遗产保护工作见成效

2014年，宜阳县非物质文化遗产普查工作进展顺利，初步做到家底清、现状明、记录全，并实现"不漏村、不少类、不丢项目"的普查目标。基本摸清全县非物质文化遗产资源分布，对全县境内非物质文化遗产项目的种类、属地、现状进行基础性造册登记。调查项目涵盖14个大类50多个种类，其中以民间文学、民间舞蹈、人生礼俗、传统技艺、游艺等项目居多。全县普查采集非物质文化遗产线索34200条，经过认真整理筛选，全县共确定立项1025个，整理文字55.3万字，收集照片1250张、录音录像52小时。其中民间文学721个，民间美术10个，民间音乐14个，民间舞蹈7个，传统戏曲4个，曲艺10个，传统手工技艺53个，传统体育、杂技与竞技35个，民间习俗82个，民间信仰25个，民间知识2个，传统医药58个。同时还对非物质文化遗产做了项目升级保护，筛选出最能代表宜阳县的5个非遗项目："种德堂针灸""韩城羊肉汤烹饪技艺""谷氏积善堂中医处方""刘秀的传说"和"李贺的传说"，并对这5个项目进行了资料整理。宜阳县不仅完成了洛阳市第四批市级项目的申报，还为申报国家级保护项目打下了扎实的基础，对3项省级非遗项目："灵山庙会""苏羊竹马"和"聂麟郊膏药"进行了资料整理和补充工作。

近年来，宜阳县还致力于国家级非物质文化遗产河洛大鼓艺术的挖掘和传承，不断编写反映召伯廉政文化内容的唱段，广泛宣传颂扬。河洛大鼓传承人王玉功先生多次参加省、市文艺演出活动及周边地区的文化交流，特别是编写的《召伯文化美名传》已演出50余场，受到广大群众的喜爱，对当前营造"干部清正、政府清廉、政治清明"的良好政治环境起到了积极的推动作用。

（三）文化产业项目进展顺利

目前宜阳在建的文化项目，是今后宜阳文化产业发展的风向标。其中最受瞩目的文化产业项目是宜阳汉唐文化主题公园，从2013年开建至今进展

顺利。主题公园投资2.1亿元，包括李贺广场、李贺纪念馆、大成宝殿、汉光武庙修复、玉皇大帝庙和窑洞式菩萨院等工程。其中一期投入6000多万元的工程已经基本完工。工程开建之初就得到了宜阳文化局和社会各界的大力支持，将来必定会为宜阳的文化风景增添一道亮丽的风景线。

（四）文化旅游融合发展

宜阳县旅游资源丰富，山水古迹众多。"十二五"时期，宜阳把"旅游名县"纳入中长期战略发展规划，提出了打造国家旅游名县和河洛文化旅游目的地的旅游产业发展定位，通过深入挖掘历史文化和人文生态资源，采取"政府主导、市场运作"模式加快旅游项目建设，初步形成了以花果山、锦屏山、灵山、汉山、香鹿山、灵山寺、阳光水岸、李贺故里为代表的"五山一寺一水一名人"生态文化旅游格局，吸引着越来越多的游客前来。

三 宜阳县文化发展存在的主要问题

尽管宜阳县的文化事业在近几年来发展迅速，但是与宜阳自身悠久的文化资源相比仍不相称，与人民群众日益增长的文化需求也存在着不小的差距，主要存在诸如投入不足、文化队伍素质不高等问题。

（一）经费投入不足

近几年来，宜阳县不断加大对文化事业的投入，文化事业经费不断增长。但是与县财政增长速度相比，公共文化设施建设和管理的经费增幅明显偏低。目前，虽然乡镇文化站、村（社区）文化大院等阵地已建成，但由于经费不足，部分相关配套措施不到位，无法满足群众需要。

（二）专业人才亟待扩充

"两馆"人员编制数不能满足开放需要，"两馆"缺乏专业技术人才，业务人员占职工人数的比例还没有达到80%。

（三）管理激励机制不够

近年来，虽然公共文化设施不断更新，很多硬件设施达标了，但是由于对文化建设认识不到位，没有真正意识到文化的重要作用，"重建设、轻管理"现象普遍存在，导致了基层文化建设仍存在大量问题亟待解决。

（四）投融资体制不健全

政府的财政投入是文化建设的主要来源，各种限制使民营资本无法顺畅进入公共文化服务领域。同时在文化管理体制上仍然存在条块分割的现象，这些都制约着文化的发展。

（五）文化产业发展滞后

文化产业没有形成产业化、规模化，文化拉动经济的手段不多，在现阶段加快经济发展方式转变中的作用不太明显。

四 加快宜阳县文化发展的对策建议

2015年，宜阳县将在已取得成绩的基础上，通过继续加大财政投入，不断创新管理方式方法，探索文化建设的新路径，不断促进文化事业和文化产业快速发展。

（一）继续推进公共文化服务体系建设

1. 转变观念，提高对公共文化工作的重视程度

一要继续加强政府在公共文化建设中的主体地位，充分发挥政府的主导作用，明确政府的主体责任。

二要实现公共文化建设的均等化，重点加强对文化基础设施薄弱地区的扶持力度，不断完善基层的文化基础设施建设。

三要处理好建设与管理的关系，改变以往"重建设轻管理"的错误做法，通过加强管理，实现对公共文化设施的有效利用，引导群众不断提高其文化生活水平。

2. 完善政策，做好公共文化建设的经费保障工作

一是建立公共文化设施建设的刚性投入机制。不断提高对公共文化建设重要性的认识，逐年加大对公共文化建设的投入力度，并形成制度保障。

二是做好免费开放工作的经费保障。根据公共文化设施免费开放的实际需要，建立健全公共文化机构正常运转经费保障机制，保证公益性文化机构，特别是基层文化机构正常运转和开展公共文化活动所需的必要经费。

三是通过改革不断提高公共文化财政资金的利用效率，改变政府投入方式单一的问题，可以充分利用市场有效配置资源的作用，通过公开招标、委托代理、项目外包等多种途径，不断创新公共文化服务投入的方式。同时通过实施绩效评估，根据绩效评价的结果对管理单位实施补贴，进一步完善财政资金使用的监督管理。

四是引入市场机制，将社会资本引入公共文化建设领域，打破公共文化投资主体单一的问题。不断探索各种方式，通过降低门槛、政策激励、宣传引导，逐步形成以政府投入为主，多渠道筹资、多主体投入、多种所有制并存的城乡公共文化设施新格局。

3. 整合资源，提升公共服务供给能力

一是要资源整合，完善县、乡（镇）和村三级公共文化设施网络。对于农家书屋工程，首先要做好图书及时充实更新服务，扩充内容和品种，增强实用性、针对性、指导性和服务性，真正解决群众看书难的问题。同时还要做好管理工作，通过有效及时的管理，让群众能很方便地看书。

二是进一步提升公共文化的服务能力，通过送戏下乡、送图书下乡、送文艺下乡等方式，努力实现公共文化资源共建共享，着力解决基层文化设施分散、重复建设、使用效率不高的问题，使有限的资源得到充分使用。

三是配好配齐文化专职人员，加强人才队伍建设。基层公共文化活动的有效开展，离不开一支素质高能力强的专业队伍。因此，首先要大力引进文化专业人才，解决基层文化队伍不专业的问题；其次要解决工作人员的编制

和待遇等问题，将相关政策落实到位，让文化专干能专心；最后，要加强对文化队伍的专业培训和素质培训，着力打造一支专业高效的文化队伍。同时，要积极做好民间文化队伍的建设工作，加大对民间文艺团体的支持力度，不断繁荣发展群众文化艺术。

（二）加快文化旅游产业发展

一是围绕创建4A级景区的目标，加快灵山文化旅游产业集聚区在建项目进度，完善景区配套设施，加大营销宣传力度，全面提升灵山景区的形象和魅力。二是发挥洛河宜阳城区段25公里水系资源优势，加快水上运动基地建设，承办好全国皮划艇激流回旋春季冠军赛，组织赛龙舟、摩托艇比赛等体育活动，积极申报全国水利风景名胜区。三是加快汉唐文化主题公园后续项目建设，力争早日开门迎宾。四是发挥锦屏山作为历史文化名山和地质公园的影响力，加大市场开发力度，提升锦屏山公园的品位和档次。

（三）提升文化市场管理服务水平

首先，文化行政管理部门和综合执法机构之间的关系要进一步理顺，职责要更加明晰，要形成各负其责、相互监督、相互促进的文化市场管理长效机制。其次，加强队伍建设，内强素质，外塑形象。转变工作理念，从管理转向服务，树立服务意识。再次，健全制度，规范执法行为。通过学习借鉴外县市文化市场综合执法的经验，结合宜阳实际，不断完善文化市场管理制度。最后，注重工作联动，高效处置群众举报。不断完善文化市场技术监管平台，提升文化市场信息化水平，使文化市场监管不留死角。

B.19
洛宁县文化发展报告

王鲁豫 卫万里*

摘　要： 洛宁县文化底蕴深厚，地域特色突出，文化发展基础良好。2012年启动的创建国家公共文化服务体系示范区活动，成为当地文化发展的"助推器"。本报告从分析洛宁文化资源基本概况入手，重点介绍了洛宁公共文化发展情况，进而探讨了洛宁文化存在的主要问题，并就如何发展洛宁公共文化提出了相应的措施建议。

关键词： 洛宁县　公共文化　文化事业　发展

洛宁县地处豫西山区、洛河中游，隶属十三朝古都洛阳市。洛宁古称"崤地"，是中国古代沟通东（洛阳）西（西安）两京的官道，地理位置十分重要。在北魏太和十一年（公元487年）设崤县，唐武德元年（公元618年）改称永宁，民国二年（公元1913年）更名洛宁至今。

一　洛宁县文化资源基本概况

（一）历史文化遗产及文物资源概况

洛宁是河洛文化的发祥地，境内有标志中华文明渊源的"洛出书处"

---

* 王鲁豫，洛阳市委党校讲师；卫万里，洛宁县文化广电新闻出版局局长。

"仓颉造字台""伶伦制管"等众多历史文化遗存，是名不虚传的中华文明之源、文字之源、音乐之源。洛宁文化积淀厚重，文物古迹遍布全县。西王村遗址文化内涵深厚，为研究晚期的仰韶文化提供了参考；禄地龙山文化遗址和坡头商文化遗址等众多的古遗址颇具研究价值，为研究不同时期的河洛文化提供了重要借鉴。洛宁古建筑美轮美奂，东宋程氏旧宅气势恢宏、古色古香，城村张氏旧宅结构严密、蔚为壮观，河底乡山陕会馆建筑精美、工艺精良。又有众多古墓葬如隋炀帝陵、宋礼墓、韦仪墓等，还有颇多古碑刻如洛出书处碑、二程祠碑、复修龙泉观碑等。目前，洛宁入选国家级非物质文化遗产保护名录项目1个、省级非物质文化遗产代表性名录项目2个、洛阳市级非物质文化遗产代表性名录项目5个。

（二）公共文化服务体系建设基础

公共文化基础设施方面，截至2014年底，洛宁县共有公共图书馆1个、文化馆1个、艺术研究室1个、镇（区）综合文化站18个、村文化活动中心388个、农家书屋388个。其中，省级先进文化乡镇2个、省级示范文化大院1个、省级文化产业村1个。在公共文化活动方面，洛宁每年定期组织迎春晚会，举办或参加洛阳牡丹文化节洛宁专场演出活动，组织牡丹歌曲大家唱比赛活动及牡丹戏曲票友大奖赛活动，举办夏日广场活动，此外洛宁还完成了公益电影播放，举办了社会戏曲演出，举行了舞台艺术选农民等大型群众性文化活动。

（三）文化产业发展现状

洛宁深厚的文化底蕴资源及独具特色的文化内涵，为文化产业的发展提供了扎实的根基。近年来，洛宁以文化产业项目为抓手，以资源整合、培育完整产业链条为核心，加快发展演艺娱乐、动漫游戏、剪纸、竹编、麦秸画、根雕、奇石等相关产业，进而使洛宁的文化产业日新月异，发展势头强劲。截至目前，全县共有文化产业单位235家，其中法人单位86家、个体经营户149家。

（四）文化旅游资源概况

洛宁历史悠久，文化灿烂，山水秀美，生态良好，旅游资源十分丰富。目前洛宁的旅游资源可以分为四个板块，分别是洛书文化圣地、金门绿竹风情园、西子湖景区及神灵寨景区。洛书文化圣地以"文化寻根"为其标志性特征，众多的历史文化遗存、独特的文化和生态优势使这一圣地特色鲜明、独树一帜。这里的主要景点有龙头山、仓颉造字台及老子墓等，附属景点有禹门河大禹治水导洛处、神龟出水处、八卦田等。洛宁竹文化源远流长，人文始祖黄帝的乐官伶伦取洛宁金门山嶰溪谷之竹制成乐管，创制了十二律吕，金门绿竹风情园即以此作为自己的打造亮点。这里的主要景点有乐祖祠、三步两孔桥、老子隐居地等，附属景点有铁链桥、扳倒井、蟒桥等。西子湖景区则缘于西施、范蠡在此遨游旅居，并以此作为开发挖掘的重心，这里的主要景点有龙泉观、莲花山庄、城隍庙等，附属景点有沫子洞、象形石等。神灵寨景区以奇峰怪石、浩瀚林海及高山草原为标志，主要打造水体自然景观旅游及自然生态景观旅游。这里的主要景点有中华石瀑群、地质博物馆、神灵岳庙等，附属景点有水帘洞、万丈琴台、古栈道、贴心石等。

二 2014年洛宁县文化发展概况

（一）公共文化服务体系示范区建设稳中求进

1. 文化基础设施根基日稳

2012年洛阳市动员创建公共文化服务体系示范区，洛宁县积极响应市委市政府号召，主动投身于建设公共文化服务体系之中。其中，较为突出的成就体现在洛宁的文化基础设施建设不断完善。2014年洛宁新建洛书文化综合楼一幢，该项目位于县商务中心区文化休闲区洛书广场内，由图书馆、文化馆、青少年活动中心等组成。其中文化馆建筑面积6250平方米，图书馆建筑面积6310平方米。洛宁县完成图书借阅、电子阅览、远程教育等项目的建设，为满足群众高品位精神文化需求奠定了基础。此外，洛宁县、乡、村三级公共文化服务网络逐步增强。2014年，全县建成了八镇十乡的综合文化站，其中已有的14个乡镇文化站根据创建标准，进行了相应的提升改造，新建了长水、马店、赵村、河底4个乡镇综合文化站，并统一配置开展文化活动的必备器材；全县388个行政村，村村建起了文化大院。2014年，洛宁对100家文化大院和388个农家书屋进行了设备配置、资金补助和图书补充。

2. 文化惠民活动日益丰富

洛宁坚持以村村建有文艺团队为重点、以节庆活动为载体，开展形式多样的文化活动。目前，洛宁全县388个行政村建有文艺团队700多支，每个行政村平均有2支以上文艺团队。在春节、元宵节、牡丹文化节、绿竹风情节、上戈苹果节等重大节日期间组织戏曲演唱赛、全民健身广场舞选拔赛、全民歌唱比赛等各类大型广场活动，并以此为核心带动各乡（镇）、村开展文化活动达到7000多场次。此外，洛宁县还在近两年承接了"央视星光大道冠军得主全国巡演""天天邮戏、戏送万家"等大型文艺惠民活动，极大地丰富了当地群众的精神文化生活。2014年，洛宁县完成了"社会举办戏曲"演出1000余场、"舞台艺术选农民"演出28场、"2013工程"放映公益电影4656场，组织了"县宏源演艺传媒有限公司百场公益演出"等，这些活动让百姓享受到了文化权利，逐步让村民培养起健康向上的生活方式，洛宁的社会风气也为之一变。

3. 免费开放渐成常态

第一，适应社会需求，扩大图书馆接待容量。洛宁县图书馆始建于1984年，原馆舍简陋，地处偏僻，难以开展正常的业务工作。由于全县经济的快速发展，人民群众对文化生活的需求日益增强，建设新馆成为各级政府部门的共识。经过多方努力，2014年洛宁县图书馆新馆正式向读者开放。较大的占地面积、较多的图书报刊、较全的馆舍配置，极大地丰富了全县群众的文化生活。第二，定章立制，免费开放渐成常态。洛宁县图书馆建立了公示制度，完善了基本服务项目，实现了网上服务，配置了流动服务车，深

入基层开展流动图书服务。2014年,洛宁县图书馆年接待读者1.7万人次,图书流通1.5册次,建立了数字书目库,开展了"全民阅读活动"、"服务宣传周活动"、电脑基础知识培训活动,利用流动服务车开展送书下乡活动达50余次。第三,以"书香洛宁"为重点开展全民阅读活动。洛宁从古到今都崇文敬贤,读书修德,为发扬优良传统,洛宁在全县范围内开展了"书香洛宁"全民阅读活动。洛宁在全县范围内收集地方史料,并在县图书馆、档案馆、文化馆设专柜收藏乡土文化作品,这些作品集中在县图书馆进行了展示和阅读,从而向全县的读者普及了乡土文化,增进了他们的爱国情怀。

(二)文化遗产保护卓有成效

1. 全方位对非物质文化遗产进行抢救及传承

洛宁县遵循"保护为主、抢救第一、合理利用、传承发展"的原则,"河图洛书"已成功入选国家级非物质文化遗产名录。"洛宁剪纸""洛宁垛子"成功入选河南省级非物质文化遗产项目。此外,2014年洛宁县还对"河洛响器""洛宁花鼓戏"及"洛宁竹编技艺"进行了相应的文字材料和视频资料的整理,将其申报为河南省级非物质文化遗产项目。为进一步宣传《河南省非物质文化遗产护条例》,介绍洛宁非物质文化遗产情况,洛宁县在县政府大门西进行了相应的展板宣传。此外,洛宁县还在2014年春节和牡丹花会期间,在市王城公园和周王城广场进行了6场"洛宁花鼓戏"专场演出。

2. 积极进行可移动文物录入上报工作

为贯彻执行《国务院关于开展第一次全国可移动文物普查的通知》,洛宁从2014年起正式开始可移动文物的录入上报工作。为确保可移动文物信息的完整性、真实性和准确性,洛宁县从县统计局、编办、工商等部门收集了辖区内各国有企事业单位名录,并对其进行了分类。洛宁县普查办还召开了可移动文物普查工作动员会,对这一工作进行了宣传和动员。为做好这项工作,洛宁县积极组织工作人员参加省、市两级各类业务培训。经过普查核实,洛宁共录入上报可移动文物300多件,录入市级以上文物保护单位分布资料,录入国家文物保护单位西王村仰韶、龙山文化遗址的"四有"建档工作。

3. 不可移动文物保护稳步推进

洛宁人文历史遗存丰厚,全县共有532处不可移动文物保护点,其中省级重点文物保护单位11处、市级重点文物保护单位28处。为加强对文物的保护和修缮,洛宁加大队伍设置、安全经费、基础设施建设方面的投入,规范和完善了安全责任制度和日常工作制度,使全县文物保护能力明显提升。2014年洛宁聘用文物保护员对"洛出书处"古碑实施原址保护,进行了防风化处理,增加了防护设备。洛宁县还争取省保资金50万元,完成了对"洛宁文庙"大成殿西山墙的维修加固工程和"程氏旧宅"官邸楼屋面的抢救性维修保护。

(三)文化市场管理日趋严谨

1. 开展暑假扫黄打非专项行动

2014年洛宁展开暑假期间扫黄打非行动。针对文化市场特别是校园周边宣扬淫秽色情等图书、报纸、期刊、音像制品、电子出版物、非法出版物的游商地摊、无证照经营者,黑网吧,无证照经营的歌舞娱乐场进行了联合集中检查。查缴非法出版物1260册,送市扫黄办集中销毁非法出版物860册(盘),为青少年健康成长营造了良好的暑期社会文化环境。

2. 加强专项行动执法力度

2014年,洛宁公安局、工商局、文化市场综合执法大队、关工委、文明办等部门共同参与,就文化市场综合执法全年开展了"闪电1~5号"专项行动、"清源行动"、"秋风行动"。专项行动共出动执法人员1000余人次,查处违规违法经营网吧45家(接纳未成年人上网的25家,未按规定核对、登记上网消费者身份证的8家),查处2家无证经营演出团体,没收用于非法经营的点歌系统服务器3台,从而确保了洛宁县文化市场的良性运转。

（四）文化旅游迎来新篇章

1. 红色旅游发展势头强劲

洛宁县底张乡地处洛宁县南部山区，是先烈李翔梧、温旭阳的故乡，属革命老区。2012年中高村文化广场建设时依托李翔梧家乡，重点建设了李翔梧故居，将李翔梧的生平事迹、革命奋斗历程进行了整理并予以公开展览。2014年，李翔梧故居被确定为洛宁县爱国主义教育基地，这里同样是豫西廉政建设的重要场所。2014年有市内外多家单位到此接受革命教育，重温革命历史，感受革命情怀。目前红色旅游异军突起，备受游客青睐。如何将烈士故居与红色旅游有机结合、突出主题、打造亮点，成为洛宁文化旅游工作的重点。

2. 地方文化展览成为新亮点

2014年为宣传地域文化的特色，洛宁成功举办了洛宁文化产业地域文化展览活动。在活动现场展出了极具洛宁地域特色的文化产品竹编、剪纸、书画等作品300件（幅）。这为广大群众和外来游客奉上了一场盛大的艺术盛宴，佳评如潮。

三 洛宁文化发展存在的主要问题

（一）基层文化人员素质有待加强

公共文化的载体和阵地主要在基层，以乡镇综合文化站及行政村农家书屋为主。但目前洛宁公共文化队伍的文化素质和业务素质都不尽如人意，文化素质不高、专业水平有限、年龄老化，从而导致一些工作难以如期开展。

（二）基础文化设施利用率有待提高

虽然近两年，洛宁的公共文化设施总量在不断加大，但由于管理和相关配套措施的滞后，致使公共文化设施作用难以充分发挥，基层公共文化设施整体运行状况不甚理想。一些乡镇的综合文化站、农家书屋由于服务水平有限、管理手段欠缺,导致这些文化设施利用率不高。

(三)公共文化投入力度有待加大

尽管文化事业经费总量逐年有所增长,但与新增财力增长速度及其他社会事业投入增长相比,公共文化投入经费增幅明显偏低,导致了文化的投入与文化的需求之间仍有一定的差距。由于缺乏经费保障,公共文化服务功能得不到应有的发挥。

(四)文化产业发展相对滞后

洛宁文化产业总量偏小、份额偏低。目前洛宁的文化产业仍处于初级发展阶段,总体规模较小,对国民经济贡献份额不高。文化企业生产规模小、科技含量低、竞争力不强、产业组织集约化程度较低,这与经济的快速发展很不协调。

(五)文化资源研究有待深入

从总体上看,洛宁尚未对历史文化资源进行更深入的研究。一些重要的史实、事件和评估尚未理清,丰富的文化遗产也有待于进一步开发利用。文化资源研究的滞后,在一定程度上影响了洛宁文化的后续建设。

四 2015年洛宁文化发展建议

(一)全方位做好公共文化服务体系建设

2015年完成创建国家公共文化服务体系示范区工作任务,实现县、乡、村三级公共文化服务全覆盖。以政府为主导、以公益性文化单位为骨干鼓励全社会积极参与,按照发展均衡、网络健全、运行有效、惠及全民的原则,以实施文化惠民工程为基础,以加大政府投入为保障,以改善服务、增强活

力为重点，努力建成贯通城乡的公共文化设施网络。以设施网络为依托，增强各级政府部门的服务水平，形成实用、便捷、高效的公共文化服务体系。2015年洛宁县初步形成以公有制为主体，多种所有制共同发展的文化产业格局。以文化发展促经济发展，以文化进步推动社会进步。此外，洛宁还应发挥文化在加快经济发展方式转变中的作用，深入挖掘、保护和开发利用洛宁优秀的历史文化资源，形成具有洛宁历史文化内涵的地域特色文化，打造文化洛宁。

（二）政府主导，完善文化事业建设机制

1. 优化文化事业发展环境

2015年，各级党委和政府要切实加强对文化工作的领导，把文化工作作为执政为民、促进经济和社会发展的大事来抓，建立健全以"五纳入"为主要内容的文化事业发展机制；把文化工作纳入政府工作目标，纳入新农村建设考评。应建立健全县、乡二级文化市场治理稽查网络，充实乡镇文化站力量，发挥文化站职能，增强开展群众文化活动的服务能力。

2. 加大对文化事业的扶持力度

认真贯彻落实国家一系列文化经济政策，多渠道增加对文化事业的资金投入，确保文物工作"五纳入"落到实处，保证文化事业建设费的15%用于文物景区景点的保护和维修。除财政投入之外，充分发挥政府的主导作用，制定相关的优惠政策，积极引导和鼓励社会对公益性文化建设的捐赠和投入，设立文艺创作基金和非物质文化专项基金。

3. 深化文化体制机制改革

适应新形势下文化建设要求，基本形成以文化行业治理与文化市场建设为中心、文化公益事业为主体、文化产业发展为支撑点、多种所有制共同办文化的具有地方特色的文化发展格局。一是转变政府治理职能，实行政企分开、政事分开、管办分开，理顺政府与文化单位、文化单位与市场的关系；二是实行分类指导，加快文化企事业单位的改革；三是改革人事制度，在文化企事业单位全面推行全员聘用制，建立健全公开招聘、双向选择、竞争上

岗、能上能下、能进能出的用人制度；四是对现行的职称评聘制度进行改革，实行按能授职称，鼓励优秀人才脱颖而出；五是推进机制创新，建立科学合理、灵活高效的运转机制。

4. 加强统筹协调

鼓励和扶植个体、私营、外资等经济成分参与兴办文化事业。一是鼓励和扶持多种所有制的民间职业文艺团体和业余团体；动员、组织社会力量兴办儿童文化事业，举办各类文化艺术培训，兴办文化设施；二是鼓励现有机关、团体、企事业单位的文化资源、文化设施向社会公众开放。

（三）多措并举，促进文化产业持续发展

1. 做好产业规划

把文化产业发展纳入洛宁县经济和社会发展总体规划，在各种招商引资活动中，大力引进项目，引进大的文化产业项目，加大对文化重点行业和企业的扶植力度，拿出一定的资金扶持企业创建自主品牌，提高企业的市场竞争能力。

2. 放宽市场准入条件

按照国家、省、市统一要求，积极推进行政审批制度改革，降低文化产业进入市场的"门槛"，扩大投资领域，鼓励多种经济成分共同经营，制定切实可行的规章制度，加大文化资源整合力度，对一些规模较大的个体经营者，政府给予一定的资金扶持、税费减免政策，促使个体整合，进行公私联合开发，弥补政府投入不足所造成的文化产业发展不力问题，挖掘开发洛宁县文化旅游资源来促进文化产业的兴盛。

3. 做好文化队伍建设

2015年，在全县范围内实施"人才兴文"战略，搞好文化队伍建设。首先，要营造有利于文化人才聚集、成长的环境，培养造就一批高层次的专业、管理和经营人才。其次，要推广竞争上岗的择优用人机制，建立文化艺术人才合理流动的良性循环机制。再次，要加大人才培养教育工作力度，采取合作、委托、深造等办法培训人才。最后，要积极引进高素质的文化人才。

B.20
汝阳县文化发展报告

武婷婷　翟灿波*

摘　要：	2014年，汝阳县大力推动公共文化服务体系建设，在深入发掘历史文化资源的基础上，注重招商与项目开发，有力地促进了文化旅游业发展。本报告在汇总汝阳现有文化资源的基础上，总结了汝阳2014年文化发展现状，深入分析探讨了存在的主要问题，并提出下一步发展的对策建议。
关键词：	汝阳县　公共文化　文化旅游　发展

汝阳位于洛阳市东南部的豫西山地，伏牛山和嵩山之间，是中国历史名酒杜康酒的发祥地，先后获得了"中国酒文化之乡""中国民间艺术之乡"等称号。近年来，汝阳在"文化强县"战略的推动下，扎实抓好文化旅游工作，稳步推动公共文化服务体系的建设，已初步形成县乡村文化基础设施齐全、区域特色鲜明、群众文化活动丰富多彩的文化事业发展大格局。

一　汝阳县文化资源基本概况

（一）历史文化遗产及文物资源概况

汝阳历史文化资源丰富，主要包括梅花玉文化、鬼谷文化、仰韶文化、炎黄文化，以及最负盛名的距今5000年的杜康酒文化等。目前，全县已发

---

* 武婷婷，洛阳市委党校讲师；翟灿波，汝阳县文化广电新闻出版局局长。

现文化遗产25处，其中魏明帝高平陵被认定为第七批全国重点文物保护单位。此外还包括省文物保护单位3处、市级13处、县级8处。其他各类型的历史文化遗产，包括近现代116处、石窟90处、古遗址86处、古建筑183处、古墓葬29处。

杜康酒酿造技艺、南庄木偶戏、三弦铰子书、梅花玉雕制技艺、汝阳南街排鼓、中华云梦鬼谷子传说、岘山古刹庙会、柏木神枕制作技艺、传统香包缝制技艺、坠琴演奏技艺、广兴寺拜佛法会等20余项分别列入省、市、县级非物质文化遗产项目。上店镇获"河南省民间文化艺术之乡（梅花玉制作工艺）"称号，靳村乡荣获"河南省民间文化艺术之乡（根艺盆景）"称号。

除此之外，汝阳还是名副其实的恐龙之乡。在汝阳县城南部、中生代刘店盆地中，已发现103处恐龙化石埋藏点，发掘出大量恐龙化石。研究成果证明，这里不仅是恐龙集中活动区，还是一处密集埋藏区。2007年，长达18米的汝阳黄河巨龙和我国迄今为止唯一发现有确凿证据的大型结节龙类甲龙——洛阳中原龙被中国地质科学院研究命名。2012年5月，国土资源部下发文件，正式批准汝阳恐龙地质公园为国家地质公园。

（二）文化旅游资源概况

汝阳文化景点星罗棋布，境内南部有炎黄峰、情侣峰、玉马平湖、铁顶山、龙隐景区等遗址，北部有杜康仙庄等。中部有观音寺、国家级恐龙地质公园、大虎岭森林公园和大虎岭户外运动基地等。为整合现有旅游资源，汝阳提出"一岭一带三区"建设规划。一岭即大虎岭，一带即杜康酒文化产业带，三区即户外运动区、万亩生态农业观光园区和有机无公害粮食示范区。

二 2014年汝阳县文化发展情况

（一）公共文化服务体系示范区建设扎实推进

1. 文化基础设施不断完善

目前全县已建成乡镇文化站14个、乡镇电子阅览室9个、村文化大院

200多个、文化信息资源共享工程县级支中心1个、乡镇服务点13个。文化共享工程基层服务点、农家书屋建设、农村电影放映等文化惠民项目已达到216个行政村全覆盖，县城文化广场5个，乡、村中小型文化广场100余个。在原有公共文化设施的基础上，汝阳根据区域发展总体情况不断强化文化服务网络建设。其中县文化活动中心总投资5500万元，规划用地总面积6708.6平方米，总建筑面积约30428平方米，于2013年7月开工建设，该中心集教育培训、科普展览、电子阅览、书画创作、学术交流、健身康复等多功能于一体，其中文化馆、图书馆均按国家一级馆标准设计，建成使用后将进一步提升汝阳公共文化服务的能力和水平。

2. 公共文化服务途径多种多样

一是全县乡镇文化站、村文化大院实现免费开放。公共电子阅览室建设、农村数字电影放映、文化信息资源共享、舞台艺术送农民等文化惠民工程的实施，加大了对基础公共文化产品和服务的供给。

二是加强对社会办文化的引导。汝阳在公共文化服务方面共投入资金160万元，先后开展各类文化活动70余场，举办各类培训150期次，培训人员1.8万余人次。自示范区创建工作开展以来，活跃在汝阳的民间艺术团体有60多家，成立书画、奇石等文化协会50余家，乡村业余文化团队200支，各类文化志愿者300余名，现已成为汝阳提供公共文化服务的重要力量。

3. 实施文化惠民工程，提升公共文化服务能力

一是坚持以节日活动为重点，在"双节"、国庆节、杜鹃花节等重大节日期间开展文艺演出、书法摄影展、民间文艺展演等活动。2014年共举办了"汝阳县2014年春晚"、"双节"群众文化活动、省非遗项目演出专场、庆"八一绘登山"书画作品展、迎国庆书画展等活动20余项。组织参加"第32届中国洛阳牡丹文化节·河洛欢歌文化狂欢月"汝阳专场演出，获一等奖1个、二等奖2个、三等奖3个；组织参加洛阳市戏迷票友大赛，获三等奖1个；举办"第十三届河南·汝阳杜鹃花节暨炎黄文化节"开幕庆典文艺演出，取得圆满成功。

二是创意特色文化品牌,丰富群众文化生活。充分利用流动舞台车开展"欢乐进基层"文化下乡活动,2014年,共开展"牡丹歌曲大家唱"活动近30场;开展"河洛欢歌·梦想汝阳"消夏广场文化活动演出80场;开展"教你一招"广场舞、书画培训活动等60次;开展"省级非物质文化遗产进校园、进军营"等公益性巡演30场;"送戏下乡""舞台艺术送农民"演出120场;放映农村公益数字电影2520场。同时全县乡镇综合文化站全面免费开放,并定时组织开展各类活动,极大地丰富了广大农民的文化生活。

三是关爱弱势群体,拓展服务范围。开展了"爱心图书漂流"活动,将2000余册图书送到了王坪乡、十八盘乡、靳村乡等贫困山区学校学生手中,解决了他们的读书难问题,受到了孩子们的欢迎。

4. 加强人才队伍建设,促进公共文化服务多样化、社会化发展

一是强化文艺人才培训。开展广场舞、美术、书法等辅导30次,辅导文艺人才1000余人。二是加强文化干部业务培训。开展乡(镇)文化站业务骨干培训班12期,增强了基层文化从业人员的综合素质与业务技能。三是组建文化志愿者队伍。为进一步促进公共文化服务多样化、社会化发展,汝阳以文化单位、学校为依托,以广大文艺爱好者为重点,面向社会、面向基层群众,广泛开展文化志愿者招募活动,现已招募文化志愿者660余名,组建文化志愿团体60个,这些业余文化志愿者、文化志愿团体进一步夯实了汝阳文化人才队伍,有力地激发了社会力量参与公共文化活动的积极性,不仅为广大农民群众提供展示自身的大舞台,而且弥补了汝阳公共文化服务体系建设人才紧缺的问题。2014年组织"文化大拜年·欢乐进万家"等文化志愿者专场演出90余场次,为广大农村群众提供了丰富的精神文化食粮。

5. 鼓励社会力量参与,传递文化正能量

目前,活跃在汝阳的民间演艺团体和文化社团组织,也从各自不同的角度为汝阳文化事业的发展贡献了自己的力量。这些社团组织的成立,为汝阳广大曲艺、书画、摄影、文艺等爱好者搭建了培养特长、发展特长的舞台,提供了艺术创作和交流展示的空间,其中汝阳县文化研究院成为河南省形象文化协会第一家县级会员单位。汝阳知名书画家李俊峰获准成为中国书法家

协会会员，应邀成为河南省电视台公共频道"翰墨春秋"栏目书画评论家。文化工作者李辉继几十年来笔耕不辍，先后参加大型书画比赛获奖20多次，其中获金奖3次、一等奖8次。汝阳农民剧作家丁长青作品《老有所养》和《娘恼女怒》《永不倒标杆》先后在第二、三届"中华颂"全国小戏小品曲艺大展中获奖。情景剧《圆梦》获全国小戏小剧大赛三等奖。

（二）文化遗产保护工作卓有成效

1. 非物质文化遗产保护工作取得明显成效

汝阳非物质文化遗产保护工作，严格按照"保护为主、抢救第一、合理使用、传承发展"的方针开展。深入挖掘汝阳非物质文化遗产资源，加强非遗名录体系建设，以非物质文化遗产、民俗文化挖掘、展示、传习活动为内容，组织举办杜康酒文化、中华云梦鬼谷子文化、岘山道教文化庙会、炎黄文化等特色民俗文化活动。围绕现有的4名省级非遗传承人、5名市级非遗传承人开展各式各类活动。

2. 积极配合第一次全国可移动文物普查工作

2014年汝阳已完成对第一次全国可移动文物普查中，初步被鉴定为三级以上的文物进行复查认定的工作。其中5件被认定为三级珍贵文物、1件被认定为二级珍贵文物。在初步鉴定结束后，还将根据专家组对普查过程中提出的整改意见进一步完善资料。

（三）文化市场管理持续规范

1. 严格执法，净化环境

汝阳坚持以打击文化市场各类违法违规经营为重点，不断加强文化市场管理，积极开展"扫黄打非"行动，净化社会文化环境，确保文化市场健康发展。一是加大文化市场监管力度，实行网格化管理，坚持"一日一检查一汇报"制度，实行日常监管与突击检查、视频监管系统与24小时举报电话相结合，以严厉打击未成年人上网、超时经营等为重点，对网吧进行实时监控。截至目前共出动执法车辆106车次，出动执法人员298人次，立案22起，对4家擅自停止经营管理、2家违规未按规定登记上网消费者的有效身份证件、3家违规接纳未成年人的场所下达了《责令整改通知书》，对12家无照经营娱乐场所下达了《责令停业通知书》，并提请工商、消防部门予以取缔，有效地净化了文化市场环境。二是积极做好全县"扫黄打非"工作。2014年以"清源2014行动""秋风行动""闪电行动"为抓手，把专项行动和日常监管紧密结合起来，大力开展"扫黄打非"工作。共检查新闻出版经营单位47家次、印刷企业63家次，对在工作中排查出的6家无证印刷复制企业下达了《责令停业通知书》，对1家未按规定验证委托印刷单位的有效身份证件的印刷企业进行立案查处。收缴各类非法出版物2700余册，收缴盗版音像光碟370盘（张），有力地打击了不法经营，维护了文化市场的正常经营秩序。三是积极开展文物执法。加大对各级文物保护单位、遗址区的巡查力度，截至目前共发现文物案件3起，并积极移交至公安机关，有效地震慑了不法犯罪分子，确保了汝阳文物安全。

2. 开展互联网上网服务行业转型升级

积极探索文化市场管理制度改革，加快推动互联网上网服务行业转型升级试点工作。汝阳的方案核心是建立"乡镇网络文化服务中心"，即利用网吧闲置资源，建立一个与其经营场地分离的服务场所，利用互联网技术，开发数字图书馆、电子集市、网络影院和信息推广中心等内容，承担部分公共文化职能，为农村基层群众提供便捷服务的方式。付店镇网络文化服务中心于2014年3月建成运行以来，省文化厅、文化部市场司网络文化处先后到汝阳指导试点工作。7月29日，文化部副部长项兆伦到付店镇网络文化服务中心实地调研后，对汝阳的试点工作给予了充分肯定。11月24~26日，文化部在上海组织召开全国互联网上网服务行业转型升级高峰论坛，汝阳付店镇星河超越网络服务中心负责人作为全国农村网吧转型升级试点代表进行了专题发言。在试点运营过程中，县文广新局每月定期收集试点的运营数据，根据试点运营数据和群众反馈，及时对试点的运营和管理进行调整和完善。

（四）文化旅游产业项目有序推进，精心打造文化品牌

2014年，汝阳成功举办了第十三届河南·汝阳杜鹃花节暨炎黄文化节、第三届杜康名仕·封坛大典、第三届河南·汝阳漂流节、第33届中华云梦山鬼谷子文化节、第八届汝阳岘山文化庙会、第九届云梦山奇石文化节，在大虎岭户外运动基地举办了2014年"酒祖杜康杯"汝阳场地全国汽车越野赛等，提升了汝阳文化的附加值和软实力。

1. 杜康造酒遗址文化公园项目

该项目位于汝阳县蔡店乡杜康村，占地252亩。由洛阳杜康控股有限公司投资开发，计划总投资6000万元，建设杜康造酒遗址公园景观工程，目前已完成投资2000余万元，景区山门及门前广场、环湖景观工程、景区内景观改造、景区前道路等工程建设全部完成，下一步将完善内部整修工作，精心打造"中国杜康文化之乡"这块牌子。

2. 汝阳恐龙地质公园项目

汝阳与河南龙池曼旅游发展集团签约，由该集团投资10亿元开发这一独特的世界级资源，建设汝阳恐龙地质公园，汝阳和龙池曼集团聘请了著名的旅游规划专家郑建平、国际知名恐龙专家董枝明等专家学者编制景区规划。2014年，汝阳以建设"白垩纪恐龙"为主题，建设集博物、科普、娱乐、休闲及演示等为一体的综合性文化游园，打造具有汝阳地域特色的"恐龙文化旅游产业园"，叫响"中国恐龙之乡"的文化品牌。

3. "中华鬼谷·云梦山文化旅游产业园"项目

广东省六祖寺与汝阳签订了总投资3亿元的云梦山文殊寺开发协议，以城关镇云梦村为主建设"中华鬼谷·云梦山文化旅游产业园"，并在云梦山莲花地举行了云梦山文殊寺扩建工程奠基仪式，六祖寺方面进行实地考察后决定追加投资，将整个云梦山一并纳入投资开发范围，该项目已投入800余万元，项目用水、用电、道路等前期工作已完成，项目立项、规划、土地、城建、地勘、文勘等相关手续全部办理完成。截至2014年底，文殊寺规划施工设计也已编制完成，项目将陆续进入开工建设。

4. 西泰山文化产业示范基地项目

西泰山景区续建工程2014年完成投资1.21亿元，西泰山游客服务中心综合楼已建成投用。2014年4月成功申报国家4A景区并挂牌。西泰山养生养老康复基地项目（一期）王庄村民组宅基地平整工程已完工。西泰山大酒店主体建成，正在进行外墙装饰装修工程、面层和屋面工程及水电、门窗的安装。2014年以来西泰山景区不仅增设了大量监控区域，同时进行了免费WLAN覆盖，并在汝阳移动公司的支持下，实现了移动4G网络覆盖，成为全省旅游景区首家4G网络覆盖的智能化景区，景区品质得到极大提升。

三 汝阳文化发展存在的问题

（一）公共文化发展受限

一是基层文化事业建设经费不到位。汝阳是国家级贫困县，县乡两级公共财政对公益文化事业的投入不能满足公共文化发展的需要。二是基层从事文化工作人员配备不足。存在有编制缺人才现象，汝阳文化专业人才队伍严重匮乏，出现了严重的人才断层，尤其是文艺创作人才、文物文博人才、理论研究人才等方面，适应现代文化事业文化产业发展要求的复合型人才少，极大地制约着文化事业的发展。三是基层文化设施设备利用率低。乡镇、村等基层文化设施设备已配备到位，但是普遍存在使用率较低的情况，没有发挥其应有的作用。

（二）文化旅游服务发展欠缺

一是汝阳旅游接待设施总量不足、规模小、管理落后且部分接待设施陈旧，餐饮住宿、购物娱乐等方面建设不足都严重影响旅游产业的吸引力，尤其在"五一""十一"等小长假、黄金周，这种矛盾尤为突出。二是旅游整体营销概念仍需进一步强化。汝阳旅游产品丰富，但旅游企业人、财、物力量相对薄弱，因此走捆绑营销、整合营销之路才能以更小的

成本取得更大的宣传效果。目前县内几个大景区虽然开展了一系列营销活动，取得了较好的成效。但是企业整合营销概念不强，整体营销意识有待进一步提高。

四 汝阳县文化发展的对策建议

（一）扎实推进公共文化服务示范区创建工作

1. 精心打造文化惠民工程

一是开展"河洛欢歌·梦想汝阳"消夏文化广场、"舞台艺术送农民"和"送戏下乡"等文化惠民演出活动。二是继续组织开展送文化、送图书"进工地、进军营、进社区、进乡村、进学校、进企业"公益文化活动。三是继续实施农村数字电影公益放映工程，确保每村每月放映一场电影。四是在全县建立图书馆总分馆制，推进文化资源的数字化进程。五是继续推进乡镇综合文化站、电子阅览室、农家书屋、文化信息资源共享工程基层服务点等各级公共文化设施阵地免费开放，并定时组织开展各类活动。六是扎实开展"深入生活、扎根人民"主题实践活动，充分利用文化志愿者和民间文艺团队开展丰富多彩的群众文化活动，把公共文化服务送到群众身边，让基层群众共享文化发展成果。

2. 以节日活动为基础，打造群众文化活动品牌

充分利用传统节日、重大庆典活动和民间文化资源，开展群众喜闻乐见、丰富多彩的文体活动，持续开展南街排鼓、秧歌等传统文化活动、"河洛欢歌·梦想汝阳"群众广场文化活动、公益电影放映、百场公益演出等品牌活动，打造"人民的节日，百姓的舞台"。督促各乡镇依托本地特色文化资源，积极开展"一镇一品"的文化品牌创建工作。

3. 以文化遗产保护为带动，打造汝阳文化品牌

深入挖掘汝阳非物质文化遗产资源，加强非遗名录体系建设，确保市级以上名录项目超过3个。以非物质文化遗产、民俗文化挖掘、展示、传习活

动为内容，组织举办杜康酥酒文化、中华云梦鬼谷子文化、岘山道教文化庙会、炎黄文化等特色民俗文化活动。

（二）加大文化市场监管力度

按照《洛阳市互联网上网服务行业转型升级试点工作推进方案》做好互联网上网服务行业转型升级试点工作，为互联网上网服务行业发展探索新途径，积累新经验。加强对营业性演出活动的指导和监管。按照省、市2015年"扫黄打非"工作安排，深入开展"扫黄打非"工作，确保文化市场安全稳定。

（三）加快文化旅游业发展

1. 继续加大招商引资力度

通过对岘山—玉马湖、观音寺、前坪水库、王坪虎盘水库等旅游项目进一步包装策划，加强与投资商的对接，力争早日招商成功。发挥以商招商、项目招商作用，引进有一定实力的客商，对恐龙园区建设项目、西泰山养生项目等规划项目实施拆分合作建设，加强资本运作，督促已签约项目的快速推进。

2. 切实加快旅游重点项目推进

一是西泰山景区要完成年度投资1.2亿元。加快推进西泰山大酒店内部装修工程；启动汝蓝居二期公租房工程；开工建设西泰山移民搬迁工程、泰华丽苑旅游度假村项目、阳光丽景老年公寓建设项目、西泰山康复医院项目等；年内竣工西泰山炎黄峰旅游度假村和女娲庙、周公庙、金顶庙建设项目，并进一步完善各项配套服务设施建设。

二是龙隐景区开发提升项目要完成年度投资6200万元。按照国家4A级景区标准做好基础设施、功能提升等方面的完善提升；加快游客服务中心项目建设；完成景区标示牌系统、生态厕所、仿生步道、防护栏景区改造提升项目；年内完成龙隐山门河堤旅游人行步道建设和景区二道门重建工程。

三是二马山旅游度假区开发项目要按照规划完成年度投资3500万元。

完成二马山功成大酒店修建和 20 孔窑洞装饰装修工程；完成会务中心及办公楼主体工程建设项目；完成二马山文化广场绿化亮化工程；完成二马山度假区内 30 套仿生态休闲木屋、石屋、草屋住宿服务设施和槐树沟休闲度假区仿生态大门建设。

3. 加大宣传力度，积极拓展客源市场

在省内外主要客源地由主流媒体进行宣传谋划，进一步提高汝阳旅游知名度，提升市场竞争力，全力塑造汝阳旅游品牌形象。一是加强与主流媒体合作。充分利用电视、报刊、网络、短信等现代信息技术进行包装宣传，特别是搞好网站建设，让游客一上网就一目了然。积极协助县内媒体在旅游旺季开办旅游专版专栏，大力宣传旅游产品，提升汝阳旅游的影响力和知名度。

二是鼓励和支持旅游企业策划举办具有重大影响、本土特色的旅游节庆活动，宣传推介旅游产品，扩大影响，凝聚人气。如杜鹃花节暨炎黄文化节、生态漂流节、美食文化节、杜康文化节、大虎岭生态运动主题活动等。通过丰富的旅游节会文化，切实有效地将旅游经济与商贸活动、文化节会相结合。

三是抓好宣传方式创新。与各地媒体和旅行社联合，开通"旅游直通车"，常年推出"自驾游汝阳"等活动。组织"汝阳旅游大篷车"赴各地进行宣传推介，同时邀请客源地媒体记者和旅行商来汝阳采点采线，考察参观。

4. 优化旅游环境，提升服务质量

要强化旅游执法队伍建设，加强行业管理力度，营造文明、诚信、和谐的旅游环境。重点抓好景区森林防火、宾馆消防安全、食品安全和旅游观光车辆、漂流船只等特种设备安全运行，确保旅游安全零事故；做好旅游景区环境综合整治工作，营造优美旅游环境，树立汝阳良好的对外形象。同时加快健全旅游执法队伍，开展旅游市场专项治理活动，严厉打击不正当竞争行为，营造良好的旅游经营新秩序，树立汝阳文明旅游、诚信旅游、和谐旅游的对外形象。

B.21 嵩县文化发展报告

高永 李星辉[*]

摘　要： 嵩县文化资源丰富，2014年嵩县围绕国家公共文化服务体系示范区创建工作，采取了一系列政策措施，公共文化服务体系建设、文化旅游业发展等取得明显成效。本报告通过分析嵩县文化发展现状，提出了下一步发展的对策建议。

关键词： 公共文化　文化旅游　发展

嵩县历史悠久，文化遗存丰富，为文化事业和文化产业发展提供了深厚基础。近年来，嵩县围绕"文化强县"目标，高度重视公共文化服务体系建设，采取了一系列政策措施，加强公共文化基础设施和服务网络建设，不断发展壮大文化人才队伍，不断丰富群众性文化活动，培育壮大文化产业，公共文化服务能力和水平有了明显提高，群众精神文化生活显著改善。

一　嵩县文化资源基本情况

嵩县古称伊国，以位于嵩山起脉而得名。春秋时为陆浑戎地，汉置陆浑县，金为嵩州，明初降州为县，始名嵩县。嵩县历史悠久，又处于中原腹地，文化遗产十分丰富。目前，存留的遗址有60多处，主要有库区桥北仰韶文化遗址、老樊店二里头文化遗址等39处古文化遗址；有炎黄二帝的诞

---

[*] 高永，洛阳市委党校副教授；李星辉，嵩县文化广电新闻出版局办公室副主任。

生地平逢山、大禹治水的崖口、陆浑口等；有嵩县老城、田湖古城、库区桥北、陆浑、旧县五个古城遗址；还有清代镇山侯衙门、旧县舞楼、商汤王庙、伊尹祠、伊姑冢、姜公庙、蛮王冢、韩王陵、张良祠、王莽寨、铺沟石窟、两程故里、北元宋代壁画墓、杨山寨等文物古迹。

嵩县地处豫西山区，特殊的地理环境、灿烂的历史文化、淳朴的民风，沉淀而形成了独特的民俗风情。在嵩县广泛流传的民间故事达200多个，主要有商汤三聘伊尹、姜尚神水救百姓、七仙女、王莽撵刘秀、程门立雪等。嵩县保留下来的民间戏剧主要剧种为曲剧、豫剧、越调。其中有濒于灭绝的靠山簧（又名靠山吼）、罗戏、卷戏等剧种。全县现有业余民间剧团35个，常年演出的传统剧目《赶元王》《出幽州》等达70多个。民间曲艺主要有坠子书、铰子书、大调曲子、大鼓书等。民间舞蹈主要有旧县西店背装、车村孙店高装、纸房高村的火龙、大章街的狮舞、德亭赵元的高跷、城关南街骑柳棍等，其中旧县西店背装是全国仅存的一种背装艺术。民间器乐主要有闫庄的唢呐、田湖和城关的铜器及50个打击乐牌。

嵩县宗教遗址遍布全县，影响深远。汉、唐、宋、元、明、清各代屡在嵩县建寺院，其中红椿寺是中国第一个民间建立的寺院，云岩寺为唐代中原四大名寺之一，与少林寺、白马寺、相国寺齐名。现保存较好的有佛泉寺、吉祥寺、竹林寺、庆安寺等。道教遗址保留较好的有姜公庙、玉皇阁、张良祠等。

二 2014年嵩县文化发展现状

（一）公共文化服务体系建设取得新进展

1. 公共文化基础设施更加完善

嵩县现有文化馆、图书馆、戏校、豫剧团、剧院、文管所、剧目组、车村文化馆等公益性文化单位8个和16个乡镇文化站。文化基础设施建设工作坚持以基层和农村为重点，不断加大资金投入力度，争取中央、省、市级资金，协调县级配套资金，进一步改善了基层人民群众的文化生活条件，先后共投入6000余万元完善文化设施。投资3248万元、建筑总面积7064平方米的县文化活动中心已投入运行；投资35万元购进舞台车一部。投资50万元对县戏校进行改建，建成新的教学楼，基础设施得到根本改变。2014年，全年整合县级以上财政资金760万元，主要用于扶持县三馆建设，乡站、村院标识、制度建设，村活动器材及文化广场建设，补充农村书屋图书、报刊和发放村业余文化管理员补贴等方面。其中投资20万元完成图书馆改造，投资20万元新建嵩州古灯博物馆。

嵩县"百里文化长廊"建设是以打造城乡群众文化幸福精神家园、推进示范区创建为立足点，以完善提升公共文化设施阵地建设、营造浓厚文化氛围为切入点，以完善城乡文化馆、站、院服务功能，将"送文化"转为"种文化"、培植优厚文化管理和文艺团队为着力点，以激活社会参与、丰富群众文化活动为活力点，通过县、乡、村三级联动，全社会共同参与，城乡共建共享，在嵩县洛栾快速通道、陆车路和主景区通道沿线，精心打造具有地方文化特色的文化长廊。根据各乡镇鲜明文化特色及深厚文化底蕴优势，通过多样化区域文化展示来体现嵩县丰富文化内涵。突出红色文化之乡、道德文化之乡、生态文化之乡、文明之乡、传统文化之乡等建设，以多样文化体现、多种展示方法并用，彰显当地文化特点。"百里文化长廊"极大地丰富了乡村文化生活，形成了"村村有舞台、人人有乐园"的和谐局面，并通过地域特色展现，丰富了地域文化内涵，使文化资源得到传承和保护。

2. 公共文化人才队伍得到加强

加强文化队伍建设，是缓解基层文化人才资源不足、促进文化大繁荣大发展的根本。县两馆一站、县戏校加强基层文化人才队伍培养，组织举办戏曲、音乐、美术、广场舞等文艺培训、讲座135场次，培训学员6015人，这些文化骨干成为基层文化活动组织、策划、开展、表演等重要力量。县戏剧学校充分抓住校舍改善机遇，采取多种措施，扩大招生渠道，加强师资培训，让学员参与演出，收到人才培养和经济收入双丰收。全县群众业余文化团队603支，人数达到18240人，成立了艺海曲剧演艺有限责任公司、新花园曲剧团、洛阳市青年豫剧团、红牡丹曲剧团等民营剧团8支；枫叶艺术团、金色梦艺术团、旧县西店背装艺术团、白云山巾帼鼓乐团等社会文艺团队83支，形成库区放河灯、田湖大铜器、旧县背装、车村高装等文化活动品牌。已招募个人志愿者1026人、文艺团队215支，共6318人。目前，318个行政村，每村至少有三名文化志愿者和一支文化志愿者团队，县文广新局指导县文化馆及城关、何村等乡镇文化站成立文化志愿者工作站，负责加强对本区域文化志愿者管理、组织、培训。文化志愿者工作站组织者开展"敬老爱老"文艺演出48场次，深入偏远山区演出63场次。

3. 公共文化服务内容更加丰富

一是大力推进全县公益性文化设施免费开放。全县"两馆"、文化站及文化大院，全部免费对社会公众开放，公开服务项目、开放时间。县"两馆"每周开放时间分别达到56小时，文化站达到48小时。县文化馆、文化站每年接待群众培训、活动、参观展览3.6万余人次，县图书馆读者达16500人次，办理新借阅证295个，图书借阅量28000余册次。

二是抓好落实文化下乡活动。组织县文化馆、图书馆、嵩州古灯博物馆等单位走遍全县16个乡镇开展"古灯进校园""图书送农民""文艺下乡村"等送文化下乡系列活动。目前，送文化下乡活动已走进5个乡（镇）、28个行政村、3所学校，为群众送去种植养殖、医疗保健等实用技术方面的图书5000多册；组织文化志愿者演出团队开展文艺巡演活动15场，受益群众1.5万人；挑选50件古灯文物让嵩县聋哑学校、德亭中学等学校的学生近距离观赏古灯藏品，领略灯文化。县图书馆在街心公园开辟"读书角"，每星期日为城乡群众提供各类书籍方便群众阅读。邀请省豫剧院一团演出11场、市曲剧团演出7场、县剧团演出9场。

4. 群众文化活动丰富多彩

在公共文化服务体系示范区创建活动中，嵩县坚持"政府主导、服务大众、群众受益"的思路，坚持"有规模、有影响、上水平"的原则，以统筹城乡发展、推动基本公共文化服务均等化为目标，积极组织县文化部门开展农村文化服务活动。2014年，组织各类文化活动4735场次（其中送电影 4256 场次，不含村民自发组织活动），受益群众 210 万人次。县两馆一站组织各类培训讲座 103 期（次），培训学员 3010 人。各乡镇在春节、庙会、集市、节日安排专业剧团和本地业余剧团在乡村演出 1546 场，在乡镇政府所在地组织形式多样的民间艺术表演及文体竞技活动 62 场（次）。

（二）文物及非物质文化遗产保护取得阶段性成绩

按照国家第三次文物普查工作方案，有计划、有步骤地对全县 16 个乡镇、318 个行政村、3217 个自然村进行文物普查，完成了实地文物调查阶段的各项工作任务。全县共调查登记不可移动文物点 648 处，其中新发现 515 处、复查 133 处，另登记消失文物 27 处，实地文物调查完成率达 100%。

为保护非物质文化遗产，对全县非物质文化进行普查，发现非物质文化线索 16713 条，积极申报市级非物质文化遗产，使旧县的背装、车村的高装等 7 个非遗项目被列入市级非物质文化遗产。建立嵩县非物质文化遗产名录库，对裴氏月饼等 29 个非物质文化遗产项目进行了登记、保护。

2014 年 2 月，嵩县嵩州古灯博物馆免费对外开放，嵩州古灯博物馆（古灯斋）由王现贞先生创办，现有展品 1100 件。作为河南省首家古灯专题民办博物馆，嵩县嵩州古灯博物馆在填补了该县博物馆空白的同时，也对引导县域和农村民间收藏健康发展、稳步推动民办博物馆建设起到了示范和带动作用。嵩县古陶博物馆收藏仰韶文化时期至明清民国时期的陶器 2000 余件，藏品包括鼎、豆、灶、罐、瓶、圈等，用于饮食、观赏、陪葬、祭祀等方面，造型典雅精巧，质感细腻光滑。

（三）文化产业初具规模

近年来，嵩县文化市场发展的空间和领域拓展很快，娱乐、网吧、演出、音像、印刷、艺术品、图书报刊、电子游戏等门类较为齐全，文化产业发展初具规模。一是出版物发行市场逐步兴起，图书经营业得到了长足发展。国有书店（嵩县新华书店）1 家，其中分店 6 个，个体书店 12 家，图书经营业从业人员近 140 人，固定投资 1200 多万元，年销售 1710 多万元。

新华书店根据乡镇布局，已在6个乡镇设立门市部，民营书店正在从县城向人口较多的乡镇延伸，营业额也在逐年大幅增长。二是演出市场逐步扩大。以国营为主，私营为辅；以公益性为主，营利性为辅，并逐步走向规模化、市场化。三是网吧市场逐步规范。近年来，有关部门多次联合开展专项整治，加强监管，规范经营，特别是县文化市场综合执法大队成立后，加大执法力度，创新管理体制，完善各项制度，打击违法经营，全县城乡网吧经营秩序得到彻底改善。另外，全县从事文学创作的有152人，组织创作了《杜鹃花开》《鞭打芦花》《嵩县县志》《嵩县文史资料》《两程》《嵩县大观》《精彩嵩县》《嵩县名人录》等一批富有时代气息、彰显嵩县地域文化特色、具有水准的精品力作。全县现有各类文化产品企业6个，主要产品有奇石、烙画、雕刻、黄金首饰等。

（四）着力实现文化旅游融合发展

一是依托文化资源打造特色旅游。立足市场、科学规划，挖掘和整合县域文化旅游、生态旅游、影视旅游、乡村旅游等地域文化资源，精心打造了一批全市乃至全省知名的节会、文化活动和产业品牌。成功举办了"中国白河银杏节"、"中国最美乡村"大坪葵花节、"中国白云山登山节"等活动。"感动嵩州十大人物"评选、"河洛欢歌·5A嵩县"文化广场系列特色文化活动的开展，受到社会各界的关注和好评。同时，利用嵩县优美的自然风光和厚重的文化底蕴，组织拍摄了《根基》《木札岭》《念书的孩子》《凤凰岭传奇》《兰花谷遗恨》《油菜花开》《那不是玩着的》等30余部电影。

二是加快文化旅游项目建设。中国两程故里理学文化体验园区，项目由兴亚集团投资兴建，总投资3亿元，已完成投资500万元。天城寨影视文化产业基地游客接待中心、养殖场等建设项目已全面铺开，已完成投资1500万元。石场部落老龙石寨复建项目总投资预算为465万元，九店乡石场村已于2013年被确定为全国第二批传统村落保护单位，通过对老古石寨的修缮与恢复，可以丰富石场村传统村落文化旅游内涵，挖掘历史文化资源潜力，还可以传承当地石头建筑的文化精髓。结合建设白云山国家旅游度假区，开发建设云岩寺佛教中心。

三 嵩县文化发展存在的主要问题

尽管通过创建国家公共文化服务体系示范区的带动，嵩县公共文化服务体系建设取得较大进展，但与文化示范区建设的要求相比，仍然存在诸多问题。

（一）资金投入不足

一是县级财政对基层文化单位的事业经费虽有所增加，但目前仅能保工资、保运转，事业发展经费严重不足。文化馆、图书馆、16个乡镇文化站设施不完善；县级文化单位也面临同样的窘境，阵地功能不能得到发挥。二是上级扶持文化产业的政策不多，特别是资金扶持力度不大，在很多层面制约了文化产业规模的发展。

（二）文化体制不活

近年来，嵩县文化体制改革的力度虽然较大，但仍然没有完全到位。目前，全县文化产业经营系统还没有全方位引入市场运作机制，在不同程度上还存在"等、靠、要"现象，没有积极地利用现有文化资源来开拓文化市场，现有的文化产业还处在初级发展阶段，以散而小居多，城乡文化产业差距较大，发展还不平衡。

（三）专业人才短缺

目前除已接近退休的少数专业人员外，中青年专业技术人员严重缺乏，开展活动十分困难。人才学历偏低，知识结构老化，不少人仅停留在"技术性"层面，缺乏发展后劲。专业文化团体缺乏活力。

四 加快嵩县文化发展的对策建议

2015年,嵩县要强化市场管理,推进文化创新,探索文化市场、广电、新闻出版管理运行新机制,精心组织谋划好各项重点文化活动,拓展公共文化建设的路径,促进文化事业和文化产业快速发展。

(一)扎实推进公共文化服务体系建设

1. 建立资金投入机制

县乡财政部门要制定切实可行的资金投入长效机制,确保文化基础设施建设持续推进。县文广新局要积极争取上级文化建设补助资金,确保每年重点扶持50个行政村,支持农村文体广场建设、活动器材购置。同时,各乡镇整合扶贫、教育(体育)、科技、精神文明等方面资金,加大投入力度。

2. 建立人才培训管理机制

县文广局制订农村文化队伍建设计划,县两馆加大对乡文化站工作人员、村文化管理员、基层文艺骨干培训力度。乡镇文化站根据群众需求制订本乡镇文化队伍培训计划,并加强文化人才的培训、管理。

3. 建立督导考评机制

建立健全建设计划、工作方案、经验交流、监督检查、评比通报等制度,县示范区创建办公室不定期对文化长廊建设工作进行督促、指导,每季度示范区创建推进会上通报一次文化长廊建设工作进展情况,并适时召开建设工作例会,搭建经验交流、互相学习的平台,推动建设工作进展。

(二)促进文化旅游业融合发展

1. 编制文化旅游业发展规划

坚持规划先行,编制出台嵩县文化旅游业发展规划,作为文化产业与旅游发展的纲领性文件,对文化旅游业发展进行科学合理布局,明确发展的思路、原则、目标、重点、任务和措施,指导、引领全县文化产业和旅游产业发展。

2. 抓好文化旅游业项目建设

制定相关政策和措施，集中力量和资源，策划、包装、打造一批依托文化、旅游资源优势，体现嵩县特色，成长性强，科技含量高，发展潜力大的重点文化产业项目，将其列入地方经济社会发展重点项目工程，并加大招商引资力度，把文化产业培育成重要的经济增长极和新的优势产业集群。

3. 加大资源整合力度

整合县内文化产业资源，把文化项目融入旅游中。发掘、扶持、培育旧县背装、车村高装、洒落铜器等一批非物质传承项目，把该项目融入旅游景区中，为景区增加文化娱乐项目；大力发展演出业、娱乐业、艺术品业等文化产业，开发文化旅游产品；做好文化文物与旅游的整体结合，做大做强文化旅游业。

（三）提升文化市场管理服务水平

进一步深化行政审批，优化审批程序。加强网吧市场监管，规范网吧连锁企业的发展规划和布局，开展互联网上网服务企业转型升级试点工作，实现全县网吧连锁经营。提升文化市场管理服务水平，探索文化市场新型经营项目的管理方法，做好娱乐场所第二批旅游标准化试点创建工作。完善文化市场技术监管平台，推广应用综合执法办公系统，提升文化市场信息化水平。规范综合执法标准，完善综合执法制度建设，组织开展各类专项行动，确保文化市场经营秩序平稳有序。

B.22 栾川县文化发展报告

刘宝成 刘亚欧*

摘 要： 2014年栾川县以创建国家公共文化服务体系示范区为契机，积极推进公共文化服务体系建设，深化文化体制改革，强化文化市场监管，加强文化旅游宣传，有力地推动了县域经济发展。本报告分析了栾川县文化发展现状，探讨了发展中存在的主要问题，提出了下一步发展的对策建议。

关键词： 栾川县 公共文化 文化产业 发展

栾川地处豫西伏牛山腹地，气候适宜，风景秀美，历史悠久，文化底蕴深厚，境内有多处旧石器文化、仰韶文化、龙山文化史迹遗存，是豫西地区的文化资源大县。近年来，县委县政府坚持一手抓经济发展，一手抓文化繁荣，加大投入，科学管理，使文化资源优势得以充分发挥，先后获"全国文化市场行政执法先进单位""河南省文化先进县"等近百项国家级、省级荣誉，在实现由文化资源大县向文化强县跨越方面迈出坚实步伐，也为推动县域经济社会发展做出了重要贡献。

一 栾川县文化发展现状

（一）加大投入，完善设施，公共文化服务网络日趋完善

近年来，随着县域经济的飞速发展，栾川逐步建立起稳定的公共文化投

---

* 刘宝成，栾川县委党校讲师；刘亚欧，栾川县文化广电新闻出版局局长。

入保障机制，文化事业单位各项经费全部列入年度财政预算，并及时足额拨付；采取政府购买、项目补贴、社会赞助的办法，开展各类大型文化活动，确保了文化工作顺利开展。

1. 文化事业的投入逐年增加

2012年以来，栾川县累计投入各类文化建设资金近4.3亿元。其中，县级财政投入2亿元，乡（镇）财政投入2.3亿元，主要用于县、乡（镇）两级公共文化基础设施建设。县城重点建设了县文化艺术中心、文化馆、图书馆、青少年活动中心、君山文化广场、伊尹公园、体育公园等公共文化活动场所；农村重点抓好乡镇文化站和村文化大院的配套设施建设，促进了县、乡、村三级文化工作网络形成。总投资1.6亿元的栾川县文化艺术中心项目，总占地59.6亩，总建筑面积3.5万平方米，截至目前，已完成投资1.3亿元，项目主体土建和钢结构工程已完工，整体形象进度达80%，整体工程预计2015年建成。各乡（镇）累计投入各类建设资金达2.3亿元，不断完善乡、村文化主阵地建设。对乡镇综合文化站、农村（社区）文化活动中心的标识、标牌统一制作发放，提升整体面貌。通过示范带动，以点带面推动了农村文化设施的巩固提高。

2. 县级"两馆"龙头作用得以充分发挥

县图书馆、文化馆免费开放，创新服务方式。一是图书馆服务日趋多样化。县图书馆是国家文化部授予的"国家二级图书馆"，每周开放56个小时，全年新增图书不低于17000册，购买电子图书6万余册。公共图书馆人均占有藏书率和年流通率均达到或者超过创建标准。2013年以来，累计接待读者13.2万人次，外借图书10.9万册次。在全县重点建设工程工地建成3个农民工书屋，受到农民工的好评。在全县各大银信网点（农行、工行、信用联社）和高档宾馆、饭店等地设立新书专柜服务点，每个点配新书柜1个、新书刊150余种。全县10个馆外流动服务点共配新书刊1500余种，每季度定期新书轮流更换一次。截至目前，已有近1.6万人次享受到了这一公共文化服务。二是文化馆服务功能日益齐全。县文化馆集文艺培训、文化娱乐等多功能于一体，是国家文化部授予的"国家二级文化馆",围绕人民群众的喜好和文化需求,经常性开展艺术培训、专业辅导等活动。还建有老年大学,满足了老年人的精神文化需求。

3. 乡镇综合文化站不断巩固完善

制定了文化设施建设"三优先"政策：对创建村级文化大院的优先扶持；对乡镇新建文化设施优先扶持；对个人投资文化娱乐项目的,优先给予办理各种手续。调动了方方面面的积极性,促使14个乡(镇)全部建成单独设置的标准化综合文化站。每个乡镇都建有公共电子阅览室。每站保证3名全供事业编制,人员工资、办公经费全部纳入乡(镇)财政预算,2014年栾川县借助"三区"人才支持计划,新招聘14名乡镇综合文化站工作人员,目前全部签订劳动合同,走上工作岗位。共举办基层文化骨干培训班20期,培训文化专干1800余人次。目前,14个乡(镇)中,7个成功创建省级文化先进乡(镇),7个成功创建市级文化先进乡(镇)。

4. 村级文化设施建设普遍加强

全县213个行政村建成文化大院191个、农家书屋213个、全国文化信息资源共享工程村级服务点209个,做到了每个村都有文化活动阵地,并全部实现免费开放,丰富了广大基层群众的精神文化生活。每个村都有一名中专以上文化程度、由财政补贴的文化管理员。

5. 群众性娱乐场所日益增多

近年来,县委县政府不断加大投资力度,完善公共休闲场所,先后投资5000余万元建成了以传承和保护伊尹文化为目的的伊尹公园；投资2700余万元建成占地98.5亩、配套设施齐全、服务功能完善,集旅游观光、文化娱乐为一体的君山广场；投资385万元建成了集体育健身、科普知识、艺术培训等多功能于一体的青少年活动中心；投资100余万元在12个乡(镇)建成剧院；投资2000万元在城东新区建成体育公园；投资2500余万元在14个乡(镇)建设文化广场191个。

（二）创新形式，突出特色，全力打造多元文化

1. 服务中心工作，打造主流文化

围绕县委县政府的中心工作，组织精品文艺节目，促进中心工作的顺利开展。以全国劳动模范、全国人大代表、冷水镇冷水沟村党支部书记杨岳为原型，精心创作出一部大型现代戏《大山的呼唤》。该剧上演后，在全市引起巨大轰动，被市委确定为优秀剧目巡回各县（市）区进行演出，观众达10万余人次，并被市委组织部制作成教育专题片，为党员先进性教育活动树立了典型，营造了氛围，受到了各级领导和各界的好评。

2. 服务大众生活，打造休闲文化

2014年累计投入资金186.04万元，实施了公共文化设施免费开放、送戏下乡、送电影下乡等一系列文化惠民工程，使全县34万名群众的基本文化权益得到有效保障。组织县曲剧团精心创作排演了集艺术性、教育性、趣味性、观赏性为一体的精品节目，深入农村、社区、企业、校园、军营进行演出，为每村每年送戏演出3场次，全年送戏下乡639场次，切实解决了农村群众的"看戏难"问题。组织县电影公司和14支乡镇数字电影放映队深入全县各行政村年放映电影2600余场次，实现了"一村一月放映一场电影"的文化惠民目标。搞好广场文化活动，每年利用君山广场、街心广场举办"河洛欢歌·锦绣栾川"、健身操大赛、"我才我秀擂台赛"等广场文化活动60余场次，放映爱国主义影片520余场次。

3. 服务文化消费，打造娱乐文化

不断完善文化产业发展政策，促进全县文化产业快速、健康发展。积极致力于发展大众娱乐场所，包括演艺中心、KTV、舞厅、健身俱乐部、游泳馆等在内的多种娱乐场所，给广大群众提供充分的选择空间。成立全县盆景、奇石、根雕协会，对全县的盆景、奇石、根雕行业进行管理和规范。在栾川、陶湾、潭头等乡（镇）建立盆景、奇石、根雕基地，通过龙头企业带动农户发展盆景、奇石、根雕产业，在帮助群众脱贫致富的同时，极大提高了栾川的旅游文化品位。建立书法、摄影和绘画协会，加强交流，提高艺

术水平。

4. 传承历史精粹，打造节庆文化

高度重视和精心组织一年一度的元宵节、君山庙会等传统节日，使历史文化得以传承。同时，借举办活动的机会，对栾川土生土长的民间艺术进行集中大检阅，创新形式，推动节目质量上档次。几年来，连续举办秧歌舞蹈赛、广场舞大赛、农村业余剧团调演赛、戏曲名家演唱会等大型文化赛事活动。

5. 服务旅游发展，打造旅游文化

一是坚持文艺节目进景区。每年"五一""十一"期间，组织形式多样、丰富多彩的戏曲、小品、歌舞、相声等精品文艺节目深入全县各景区进行巡演，丰富游客的精神文化生活，吸引游客在栾长住。二是深度挖掘文化内涵，打造景区名片。倾力打造龙峪湾景区——生态旅游文化、重渡沟景区——"北国水乡"文化、老君山景区——道家文化、伏牛山滑雪场——冰雪文化、鸡冠洞景区——溶洞文化等特色文化品牌。同时，指导景区根据自身特点编排文艺节目，提升景区文化内涵。

（三）强化管理，规范市场，促进文化产业健康繁荣发展

近年来，栾川县文化产业作为一个新兴的经济产业取得了长足发展，对全县经济发展的贡献份额逐年增加，2012年，全县文化产业增加值达到20256多万元，同比增长29.8%，文化产业占全县GDP的1.2%，全县从事文化产业开发的有187家，文化从业人员9865人，占全部从业人员的4.8%。截至2014年12月，全县共有文化经营单位283家、广告公司14家、歌舞娱乐场所12家、印刷企业38家、连锁化网吧26家、动漫游艺娱乐场所8家、国内电影院线标准化放映场所3家、出版物零售18家，其中年经营额超过2000万元以上的有4家。

1. 强化市场监管

成立副科级全供事业单位"栾川县文化市场综合执法大队"，人员经费纳入财政预算，保证各项工作的正常运转。经常性开展"扫黄打非"、文化

娱乐场所专项整治等工作，加强文化执法队伍培训，严格审批流程和办事程序，规范了执法行为，保证文化市场的繁荣、健康、有序发展。开展3次大规模的公开销毁非法游戏机、赌博机活动，有力打击了违法分子的嚣张气焰，社会文化环境得到净化。

2. 加强网吧整治

深化网吧星级创建，实现网吧业品牌化、规模化发展。对全县网吧进行资源整合，成立网吧业协会，聘请了网吧义务监督员，形成"政府主管、行业自律、社会监督"的网吧管理新模式，初步实现网吧"零"接纳未成年人和"零"时断线的"双零"目标。率先对网吧实行星级动态管理，按等级高低设置五个星级，出台优惠政策，推动创星工作，实现网吧业由过去的"你让我依法经营"转变为"我要依法经营"，促使网吧业由规模化向品牌化、效益化成功转型。

（四）积极行动，狠抓落实，文物和非物质文化遗产保护扎实有效

1. 着力加强文物保护工作

认真执行落实《文物保护法》，按照"保护为主、抢救第一、合理利用、加强管理"的文物保护方针，成立县文物保护所，全面加强对已有文物保护单位的升级达标。截至目前，全县共有省级文物保护单位6处、市级文物保护单位1处、县级文物保护单位37处。近5年来未发生不可移动文物被破坏、损毁的责任事故，馆藏文物连续实现38个安全年，多次受到省市文物管理局表彰。近年来，充分挖掘深厚的历史文化资源，不断提高各文物旅游景区（点）的文物保护级别，提升景区（点）的影响力与美誉度。文物考古实现新突破，2013年4月9日，孙家洞旧石器遗址被评为"全国十大考古新发现"，孙家洞重大考古发现已经进入各大学教材，"栾川人"被列入"世界猿人俱乐部新成员"，有力提升了栾川县在国内国际的知名度。

2. 扎实推进非物质文化遗产保护工作

健全工作机制，成立了非物质文化遗产保护领导小组和栾川县非物质文化遗产保护中心，积极宣传贯彻《非物质遗产保护法》，制定非物质文化遗产抢救保护实施方案，落实了非物质文化遗产保护专项经费，做到了机构、人员、资金三到位。县政府公布了第一批、第二批、第三批县级非物质文化遗产保护名录，其中"独角兽""靠山黄""老君山庙会""山水豆腐"被列为省级非物质文化遗产。

（五）深化改革，强化队伍，不断创新文化工作机制

1. 加大公益性文化单位改革力度

深化县级图书馆、文化馆等公益性文化事业单位人事制度和收入分配制度改革，积极推行竞争上岗制度，打破"大锅饭"的弊端，公共文化服务能力和水平有了明显提高，形成了干部能上能下、职工能进能出、分配能高能低的工作机制。

2. 改革体制机制，盘活文化资源

提出"围绕文化办产业，办好产业兴文化"的思路，大力实施文化产业工程。按照"一企一策"的方法，对影剧院、文史馆、电影公司、剧团等老国营文化团体进行改制。对影剧院，采取"有效资产租赁"的办法，通过内部、外部承包租赁。对文史馆，采取破产改制的办法，引资3500万元，兴建温都水城·游泳馆综合文化娱乐项目，在有效保护原有文物和史料的基础上，解决了文史馆100余万元的长期债务。对电影公司，在招商引资5000万元新建文化娱乐中心的基础上，采取"分片承包、效益分成"的方法进行改制，调动职工参与经营的积极性，使单位重新焕发生机。对县剧团，采取"整分结合、竞争上岗"的办法，平时将一大团队分解为两个艺术团，灵活机动下乡演出，每逢大型演出就组合起来。对原县曲剧团、曲艺团进行合并，成立新的"栾川县曲剧团"，完成了工商注册和资产评估，职工合同也全部签订，且运转正常。

3. 加强文化人才队伍建设

栾川县以县文化馆为阵地，常年举办舞蹈、音乐、摄影、美术培训班，培养了一大批业余文艺人才，在全县建立起了一支综合素质高、业务能力强、专群结合、有高度责任感的文化工作者队伍。

二 栾川县文化发展存在的问题

虽然栾川县文化建设取得了一些成效，但就公共文化服务体系建设来说，对照国家创建标准，还存在一些问题。一是文化单位缺编严重，影响了创建工作的开展；二是县文化艺术中心建设项目，未能按原定时间进度推进，影响了创建大局；三是还有个别农村文化活动中心未达到创建标准；四是专业文艺拔尖人才奇缺、"青黄不接"，精品文艺产品创作、生产不足，急需引进、培养更多的优秀文艺人才；五是文化系统工作人员待遇偏低，工作条件较差，生活比较困难。从文化产业发展来看，文化产业的高、精、尖品牌尚未形成，文化产品附加值不高。文化产业对经济社会发展的推动作用有待于进一步提高，文化产业链条不够长。从文化旅游业发展来看，文化要素挖掘不够，旅游六要素中"娱"的短板现象较为突出，缺乏有代表性的大型演艺节目。

三 2015年栾川文化发展展望

（一）继续推进公共文化服务体系建设

以国家创建标准为指引，继续完善各项软硬件建设，广泛开展文化惠民活动，拓展文化服务功能，确保达到各项创建标准，力争通过国家验收。一是继续抓好各类配套资金的落实，实施好各类文化惠民工程，完成"一村一年演出三场戏曲"任务。二是加快实施文化人才战略，选拔优秀文化人才进入公共文化单位，推动全县创建工作的开展。三是抓好乡村文化设施的巩固提升，紧紧围绕栾川的地域特色、文化资源，充分利用现有平台，积极转变方式、创新形式，切实在拓展广度、提升亮度、挖掘深度、增强影响度等方面下功夫，在每个乡镇打造出3个以上的亮点村、示范村，以点带面，推动全县创建工作扎实有效开展。

（二）大力发展文化产业

在文化产业发展中，大力发展以文艺演出为代表的文化主导产业，以文化娱乐、体育休闲、艺术培训为代表的大众文化产业，以健身娱乐、歌舞表演为代表的休闲文化产业，以奇石、盆景、根雕、字画为代表的特色文化产业。栾川县文化艺术中心工程力争在2015年9月建成投入使用，发挥其龙头作用，带动全县文化产业发展。进一步深化文化体制、机制改革。不断深化县曲剧团、影剧院等老国有文化单位的改革力度，以激发活力、提升效益为手段，以改革体制、机制为措施，以建立现代企业制度为目标，科学发展、创新发展、跨越发展，积极探索走出一条独具栾川特色的国有文化单位科学发展之路，精心培育、打造一批文化产业龙头企业或者企业集团。

（三）加快文化旅游融合发展

统筹整合旅游产业和文化资源，把提升文化内涵贯穿"全景栾川"发展全过程，实现文化旅游融合发展，推动栾川旅游转型升级。策划创作一台以栾川历史文化、历史人物和秀美山川为背景的大型演出，丰富栾川旅游文化内涵。同时在省以上文艺精品剧目中不时引进栾川，以提高栾川对外知名度，扩大对外影响，服务"旅游强县"战略。

（四）加快文化人才建设

做好文化人才发展规划，实施文化人才"安心工程"，培养一批德艺双馨、业务领先的领军人物，引进一批形势急需、业务过硬的优秀人才，培养一支有眼光有能力、务实奋进、勤政廉洁、团结协作的干部群体，为繁荣文化事业、发展文化产业提供强大的人才支持。

案例篇
Case Report

B.23
中国洛阳牡丹文化节的成效及启示

刘福兴 李俊义*

摘 要： 中国洛阳牡丹文化节已经成功举办了32届，成为全国四大节会之一，在办节理念、办节模式、办节思路、办节机制等方面均有创新，呈现出鲜明的洛阳特色，积累了宝贵的办节经验，极大地推动了洛阳经济发展和文化繁荣，综合效益十分显著，为洛阳的发展积累了雄厚的优势。洛阳市应进一步放大"中国洛阳牡丹文化节"的品牌效应，顺势而为，推动文化强市建设。

关键词： 洛阳牡丹 文化节 成效 启示

---

* 刘福兴，洛阳市委党校校委委员、教授，研究方向为文化建设、河洛文化；李俊义，洛阳市会展办公室宣传科科长。

中国洛阳牡丹文化节前身为洛阳牡丹花会,已经成功走过了32年的发展历程。32年来,经过"创办、推进、提升"三个发展阶段,已由最初的赏花观灯发展成为一个融赏花观灯、旅游观光、经贸合作、文化交流为一体的大型综合性节会。一年一度的中国洛阳牡丹文化节在传承牡丹文化的同时,也有力地推动了洛阳经济、社会的快速发展,成为洛阳展示城市形象的重要窗口和洛阳走向世界的桥梁,成为世界了解河南的名片。2008年,洛阳牡丹花会入选国家级非物质文化遗产名录,并先后获得"中国十大最具国际影响力节庆""中国十佳节庆活动""中国十佳会展活动""中国十佳花卉节庆""CCTV《乡土盛典》中国最具人气民间节会"等荣誉。

一 牡丹文化节的渊源

(一)洛阳牡丹文化节的创办过程

"洛阳牡丹甲天下"这一说法古已有之,但在每年4月牡丹盛开的时节,以地方政府的名义搭建一个平台,让牡丹这张名片给洛阳带来更多实实在在的收益,却是改革开放以后的事情,是改革开放让洛阳人民发现了牡丹更大的价值,这个平台就是洛阳牡丹文化节。

1. 源远流长的牡丹文化奠定了牡丹文化节的创办基础

作为中国乃至世界的传统名花,牡丹富丽端庄,艳冠群芳,素有"花中之王"的美称。自唐代以来,牡丹之盛,莫过于洛阳,以"洛阳牡丹甲天下"的美名流传于世。据有关史料记载,宋代的洛阳牡丹就已经有一百多个品种,而且有不少名贵品种,其中的"姚黄""魏紫"尤为人们所喜爱。

"洛阳地脉花最宜,牡丹尤为天下奇。"洛阳适宜的气候、肥沃的土壤,加之洛阳作为千年帝都所独有的人文环境,使这座城市形成了源远流长的牡丹文化。千百年来,文人雅士吟诵牡丹、描摹牡丹,特别是以牡丹为题材的诗歌、词赋、传说、戏剧、绘画、雕刻等多种艺术形式,都赋予了牡丹丰富的人格色彩和文化意蕴。① 正是因为历史造就了这样一种深厚的文化积淀，洛阳举办牡丹文化节才成了顺理成章之事。

2. 改革开放助推了牡丹文化节的诞生

随着我国改革开放步伐的加快，洛阳与世界的联系也日益频繁。1981年，洛阳与日本冈山市结为友好城市；1982年春，冈山市代表团访问洛阳。洛阳通过日本的樱花节，发现了牡丹在提高城市知名度和吸引游客方面的价值，也让洛阳明白要抓好城市建设和社会事业这一理念。当时，我国是计划经济体制，各级政府主要任务是抓生产，抓好城市建设和社会事业是洛阳城市管理理念改革和政府职能转变的开始。

1982年4月，洛阳牡丹格外娇艳。据当时王城公园和牡丹公园统计，一周时间里，前来两园赏花的中外宾客多达60余万人次。9月，洛阳市委召开常委会，对举办洛阳牡丹花会进行专题研究。1982年9月21日，洛阳市决定命名牡丹为洛阳市市花，每年4月15日至25日举办洛阳牡丹花会。

3. 日益放大的节会效应坚定了举办牡丹文化节的信心

"以花为媒、广交朋友、宣传洛阳、发展经济"，是洛阳最初确立的办会指导思想。当时，主要基于三方面的考虑：一是举办牡丹花会可以把窗口行业硬、软件搞上去；二是借此把城市卫生绿化工作搞好；三是可以广邀朋友，尤其是给商业企业提供一个机会，邀请供货单位代表来洛，加深感情交流，多采购些市场上急需的商品。

1983年举办的首届牡丹花会，10天内涌入洛阳赏花的游客达到250万人次，是平常年份的10倍以上。"唯有牡丹真国色，花开时节动京城"。从此，每年的4月15日至25日，四海商贾、五洲宾客，纷纷云集洛阳，一亲牡丹芳泽，领略九朝古都深厚的文化底蕴。

（二）洛阳牡丹文化节的推进过程

随着改革开放的不断深入，洛阳牡丹文化节也步入了稳步推进发展阶

---

① 河南省委党史研究室、洛阳市人民政府牡丹花会办公室：《中国洛阳牡丹文化节成功举办32年回顾》，洛书网，2015年1月14日。

段，从市办到省办再到国办，逐步发展壮大。

1. 节会规格日益提高

洛阳牡丹花会举办初期是由洛阳市人民政府主办、市政府办公室具体牵头负责的。随着洛阳牡丹花会对外影响力的不断扩大，在推动全省改革开放，特别是在招商引资、旅游工作上的推动作用日益显著。这一切，引起了河南省委、省政府的关注，并且预见到发展洛阳牡丹文化节的巨大潜力。

1991年4月，洛阳牡丹花会更名为"河南省洛阳牡丹花会"，由省政府主办，牡丹花会成为河南省的重要节会活动和全省对外开放的重要窗口与平台。1993年1月，洛阳市成立"洛阳牡丹花会中国杜康酒节河洛文化节办公室"，专门负责洛阳节会筹备工作。

2010年4月，河南省委主要领导出席第28届洛阳牡丹花会开幕式后，对洛阳牡丹花会工作的成效给予了充分肯定和高度评价，并希望洛阳牡丹花会有文化部等国家有关部委参与，由文化部与河南省政府共同主办。为此，洛阳市委、市政府经过认真酝酿，启动了洛阳牡丹花会升格国家级节会的申报工作。洛阳市全力以赴，积极向省文化厅、文化部汇报，邀请文化部领导来洛就牡丹花会升格工作进行调研。2010年8月18日，文化部部长蔡武听取了河南省文化厅、洛阳市委、洛阳市政府关于牡丹花会升格工作的专题汇报；9月15日，文化部文化产业司副司长吴江波带领知名专家调研组光临洛阳，对牡丹花会升格工作进行调研并提出了指导性意见；2010年11月25日，文化部办公厅正式复函河南省政府办公厅，同意从2011年起，"河南省洛阳牡丹花会"更名为"中国洛阳牡丹文化节"，由文化部、河南省政府主办，河南省文化厅、洛阳市政府承办。同时，组建了由文化部、河南省政府、洛阳市政府共同参与的中国洛阳牡丹文化节组委会；洛阳也相应组建了牡丹文化节执行委员会，专门负责牡丹文化节的统筹协调工作，并建立了一系列常态化筹备工作制度，使洛阳节会管理工作逐步走向了制度化、规范化和科学化的发展道路，实现了地方节会向国家节会的成功转变。

2. 节会目标日益提升

随着洛阳牡丹文化节不断发展壮大，与此相对应的是办节宗旨和办节目标的与时俱进，及时调整。从早期的"以花为媒、广交朋友、宣传洛阳、发展经济"，到后来的"花会搭台、经贸旅游唱戏，政府搭台、企业唱戏，洛阳搭台、全省唱戏"，再到"以人为本、牡丹为媒、文化为魂、扩大交流合作、推动科学发展"办节宗旨的调整；从"把牡丹花会办成招商引资、招才引智、招展引会、招团引游的平台，广大市民和游客的节日"，到"牡丹的盛会、百姓的节日、产业的新天地"，再到"牡丹产业新高地、文化惠民欢乐节，永不落幕的牡丹文化节，中国最具国际影响力的文化节会品牌"。办节目标的提升，折射出洛阳人民思想观念的与时俱进和工作态度的务实认真。中国洛阳牡丹文化节，年年务实探索，届届推陈出新，并以较高的知名度和影响力跻身全国"四大节会"之列。

3. 节会内容日益丰富

洛阳牡丹文化节举办初期，活动内容主要以赏花观灯、旅游观光活动为主；从第三届开始首次举办了中外经济技术洽谈会，共签订协议书和合同书86项。由省政府主办后，随着经贸、文化、体育活动不断增加，活动内容更加丰富多彩，活动形式更加便于群众参与，形成了"花会搭台，经贸旅游唱戏；政府搭台，企业唱戏；洛阳搭台，全省唱戏"的新模式。特别是升格后，在文化部的精心指导和帮助下，注重深入挖掘洛阳历史和牡丹文化的内涵，并与文化部、中国花卉协会牡丹芍药分会、中国摄影家协会、中国国家画院等国家部委（协会）联合，成功举办了中国特色文化城市发展论坛、中国洛阳国际牡丹高峰论坛、"千年帝都 牡丹花城"全国摄影展、全国农民牡丹画展等较具影响力的活动，牡丹文化节的观赏性、娱乐性和国际性更加突出。可以说，现在的牡丹文化节已经形成了自己的特色和风格，在国内外具有较高的影响力和知名度，呈现出旺盛的生命力和可持续发展力。

洛阳牡丹文化节，是洛阳以花为媒，将历史资源、牡丹资源、旅游资源演变为节会活动的一项创新性举措；是洛阳充分发挥优势，将区位优势、文化优势、旅游优势转化为节会经济优势的成功实践，并走出了一条发展节会经济的成功之路。

洛阳蓝皮书

二 牡丹文化节的提升

随着国家改革开放的全面深化,牡丹文化节的对外影响力逐步扩大,各级各部门对牡丹文化节重视程度不断提高。特别是牡丹文化节升格为国家级节会之后,牡丹文化节为洛阳经济、社会的快速发展带来了新的机遇,有力地推动了洛阳牡丹产业、经贸、旅游、文化等各方面的重点工作。

(一)开幕式文艺演出水平不断提升

由初期的自编自导,到后来的明星演唱会,再到目前采取的洛阳编导团队与北京专家编导的有机结合,开幕式文艺演出的思想性、艺术性和观赏性都得到了大大提升,进一步体现了国家水准、一流品质和洛阳特色。如2012年4月举办的第30届牡丹文化节开幕式,适逢党的十七届六中全会之后推动"社会主义文化大发展大繁荣"的最佳机遇期,也是喜迎党的十八大胜利召开的一届牡丹节,开幕式由文化部直接组团策划,谢晓泳、任卫新等著名导演、专家亲自编创,蒋大为、殷秀梅、张也等知名演员登台献艺。以"花开中国"为主题,以牡丹文化为主线,集中各种艺术形式体现牡丹主题,彰显了牡丹文化的丰富内涵和深刻寓意,展示了全省上下加快推进中原经济区建设的精神面貌、持续推进文化大发展大繁荣的收获成果和河洛儿女加快建设中原经济区副中心城市的决心,充分体现了国际视野、国家规格、民族气派和地方特色。美国、俄罗斯、法国等20余个国家的友好城市代表团、客商团组观看了演出,开幕式现场3.5万个座位座无虚席。

(二)牡丹产业不断提升

一是在牡丹生产方面。已由过去园内小范围种植,转变为城市区大面积种植。目前,洛阳全市牡丹种植总面积已达15万余亩,有牡丹催花基地、盆养牡丹基地、牡丹嫁接苗繁育基地、油用牡丹基地、鲜切花生产基地等各类规模化牡丹生产基地160多个，已基本形成了种植、观赏、加工、销售产业链条协调发展的格局，实现了年产盆花100万盆，年产标准种苗3000万株，年产牡丹（芍药）鲜切花300万枝。

二是在牡丹观赏方面。过去，牡丹观赏仅限于王城公园和牡丹公园。目前，洛阳市区已建成中国国花园、隋唐城遗址植物园、国际牡丹园、国家牡丹园、神州牡丹园等12个牡丹园，还有鸡冠洞、白云山2个高山牡丹园，观赏牡丹种植面积约5000亩。同时，随着各牡丹园园艺水平和服务水平的不断提升，各牡丹园的总体观赏水平有了大幅度提升，各园均呈现出不同的园林风光和特色。

三是在牡丹科研方面。随着国家牡丹基因库、牡丹研究院、牡丹生物学重点试验室、中国花卉工程技术中心牡丹研发与推广中心、中国野生牡丹驯化育种基地相继在洛阳成立，目前已有近百项牡丹科技成果问世，洛阳市成功申请注册了"洛阳牡丹地理标志"。在2009年第七届花博会上，洛阳牡丹捧得166个奖项[1]；2014年青岛世界园艺博览会精品牡丹大赛上，洛阳牡丹荣获金奖13个（共设18个）、银奖31个、铜奖50个，并荣获1个全场牡丹总冠军，续写了"洛阳牡丹甲天下"的佳话。

四是在牡丹文化发展方面。打造了大型歌舞剧《河洛风》《十万宫廷乐舞》《花开中国》等精品剧目，创作了一大批牡丹舞蹈和牡丹歌曲；广大市民爱牡丹、画牡丹，牡丹画创作已在洛阳成为风尚，涌现出了王绣、文柳川等一批全国知名的牡丹画家；孟津县平乐镇平乐村被誉为"牡丹画创作第一村"[2]，还被河南省文化厅授予"河南特色文化产业村"荣誉称号，平乐镇被文化部、民政部命名为"文化艺术之乡"；面向社会征集牡丹创意作品，利用好的创意作品，不断推出新的文化产品，举办文化科技创意博览会，展示宣传洛阳特色文化精品。

---

[1] 洛阳市委办公室：《洛阳牡丹产业发展调研报告》，《洛阳日报》2010年12月31日。
[2] 洛阳市委办公室：《洛阳牡丹产业发展调研报告》，《洛阳日报》2010年12月31日。

五是在牡丹元素应用方面。积极实施牡丹花都提升工程,面向全国广泛征集牡丹文化节节徽、主题宣传口号和牡丹花都标识,并广泛推广牡丹元素符号应用工作。2012年3月,洛阳市被中国花卉协会命名为"中国牡丹花都"。

(三)经贸、旅游工作不断提升

按照"旅游强市"战略部署和"花会搭台,经贸旅游唱戏"的办节宗旨,洛阳旅游、商务等部门,充分利用牡丹文化节这一平台,积极整合洛阳旅游资源,开发节会旅游项目,不断改善洛阳旅游和投资环境,节会旅游、经贸工作硕果累累。据统计,第10届花会期间,全市共接待中外游客160万人次,经济技术贸易成交额14.3亿元,其中市外资金8126万美元;到第20届花会,全市接待中外游客已达219万人次,签订各类合同38个,投资总额64亿元,其中市外资金36亿元;再到第30届牡丹文化节,全市接待中外游客1965万人次,签订招商引资合同项目153个,投资总额1134.5亿元,其中市外资金1067.1亿元。

随着洛阳"旅游文化名城"和"旅游提升工程"的积极实施,精品旅游线路日益增多。在改善龙门、白马寺、关林、汉光武帝陵等原有旅游景点的基础上,改建新建了洛阳古代艺术博物馆、洛阳民俗博物馆、洛阳匾额博物馆、洛阳周王城天子驾六博物馆、洛阳博物馆新馆、定鼎门遗址博物馆等人文景观,开发了小浪底、万山湖、白云山等一批国家森林公园和自然风光旅游点,形成了以市区为中心的多条精品旅游线路。① 同时,通过对牡丹文化节期间旅游景区、牡丹园、星级饭店等单位的旅游服务质量的达标检查验收和整改跟踪督导,促进了5个标准化试点县区、80多家标准化试点单位、九大标准化领域的持续提升。此外,智慧旅游项目服务备受游客青睐,洛阳积极实施手机看牡丹、景区电子优惠券、12301旅游服务热线、

---

① 洛阳市委宣传部:《花开五洲情系洛阳 第28届洛阳牡丹花会精彩无限》,新浪网,2010年3月31日。

智慧旅游移动应用终端APP等智慧旅游项目，向游客提供旅游产品和线路推介、花情预报、旅游预订等各类旅游服务，外地游客通过报纸、电视、网络等媒体平台，就可以非常便捷地查询到洛阳吃、住、行、游、购、娱等信息。

（四）文化活动质量不断提升

近几年，在文化部精心指导下，牡丹文化节着力强化文化符号，提升文化品位，丰富文化活动，实现了文化搭台向文化唱戏的成功转变。第一，活动档次大大提升，如"文化部推荐优秀剧目洛阳展演月活动"成为国家级舞台艺术精品深入基层集中展演的文化品牌之一，国际文化友好交流展演活动促进了节会的国际文化交流；第二，群众文化活动更加异彩纷呈，如"河洛欢歌·广场文化狂欢月活动"、河洛文化民俗庙会、万人公益交友会、牡丹歌曲大家唱、万人牡丹健身舞、牡丹婚典等一系列群众喜闻乐见的文化活动，均受到广泛好评；第三，赏花游园活动更加创新出彩，如牡丹插花花艺展，"周礼迎宾""王城大典"历史情景剧表演，"万人小手画牡丹"等活动，彰显了牡丹文化主题；第四，商业演出市场更加广阔，中华情、同一首歌以及各类演唱会精彩纷呈，不仅繁荣了洛阳演出市场，而且更加丰富了市民游客的节日文化生活；第五，书画展览文体赛事各具特色，如全国牡丹画精品展、全国门球邀请赛、中国围棋棋圣战、全国旅游城市国标舞公开赛等活动，极大地丰富了市民游客的文化体育生活，提高了洛阳的城市影响力和知名度。

（五）节会宣传工作不断提升

近几年，洛阳充分借助主流媒体、新兴传媒工具，不断创新宣传方式，加大宣传力度，提高社会各界对牡丹文化节的关注程度，有效提升了洛阳节会宣传效果。

一是宣传范围不断扩大。已由过去的承办单位牵头负责组织的省内宣传，逐步转变为由宣传部门统筹负责组织的国内外同步宣传。成立洛阳市牡丹文化节新闻宣传中心，围绕牡丹文化节重点活动，邀请新华社、《人民日报》、中央电视台、香港《文汇报》、凤凰卫视中文台、美洲东方卫视台等中外知名媒体对洛阳和牡丹文化节进行全方位宣传报道。

二是宣传方式不断改进。已由过去的电视广播、报纸为主的传统媒体宣传方式，逐步转变为台、报、网联动的媒体宣传方式。积极与人民网、新华网、中新网、腾讯网、凤凰、百度、新浪、大河网等网络媒体进行合作，利用各知名网站的渠道和资源，在牡丹文化节期间进行专题宣传。

三是宣传形式不断创新。已由过去单纯的节会宣传，逐步转变为融城市形象、节会活动、文化旅游资源、投资环境为一体的城市综合宣传推介。近几年，洛阳先后拍摄了城市形象宣传片《洛阳》、电视艺术片《中国牡丹》，与央视合作拍摄了电视文艺片《牡丹情》和大型纪录片《天地洛阳》《千年帝都》《牡丹》等，并在中央电视台等新闻媒体播出，使海内外对牡丹和洛阳有了更多的认知了解。积极组织"媒体聚焦洛阳"大型摄影采访活动，邀请新华社、中新社、《人民日报》、《光明日报》、《中国青年报》等中央媒体以及10多个省市新闻媒体的社长、总编辑、主任及摄影记者，采取集中采访、小分队重点采访、举办摄影展览、与当地摄影家互动交流等多种形式，以点带线、以线带面，立体多方位地报道了牡丹文化节，宣传了洛阳。开展"千人万帖话牡丹"网民宣传活动，积极办好网上牡丹文化节。组织网友参加牡丹文化节摄影、文字网络大赛，在牡丹文化节期间对各大园林、洛阳名胜古迹、服务行业和景点进行采风宣传活动，在国内主要网站发帖展示洛阳牡丹、洛阳优质服务环境、洛阳旅游景点建设的新成就，吸引更多的外地游客到洛阳观赏牡丹。

随着牡丹文化节对外影响力的不断提高，洛阳牡丹的影响力也越来越大，在北京2008年奥运会、新中国成立60周年庆祝活动、上海世界博览会和APEC会议等国家重大活动期间，都选择牡丹作为礼仪用花，各种视频宣传都多次使用牡丹的图案、色素、造型，以增强节日的喜庆色彩，强化盛会的热烈氛围。

三 主要成效与成功启示

经过32年的精心打造，一年一度的中国牡丹文化节已成为洛阳亮丽的城市品牌、旅游品牌和文化品牌，并以其独特的神韵和魅力，每年都吸引无数中外宾客来洛旅游观光、进行经济文化交流活动，在推动洛阳对外开放、提高海内外的知名度、促进经济腾飞等方面发挥了重要作用。

（一）洛阳牡丹文化节的主要成效

1. 塑造了一张新的城市名片

近年来，洛阳市坚持重特色、抓创新、出亮点，每届牡丹文化节都突出一个主题，收到很好的效果，使牡丹文化节成为洛阳新的城市名片。第22届花会策划了国花牡丹、国酒茅台、国粹太极汇聚洛阳；第23届花会策划了新中国拖拉机工业诞生50周年庆祝活动；第24届花会策划了国花、中石油牵手"希望工程"；第25届的"万人舞龙"创世界吉尼斯纪录；第26届的"牡丹盛开迎奥运"；第27届的"花和天下、邮传万家"；第28届的"花开五洲、情系洛阳"；第29届的"洛阳牡丹、富贵天下"等主题。均受到广泛关注，产生了良好的社会影响，并创造了"万人舞太极""万人舞龙""千人画牡丹"等8项吉尼斯世界纪录。特别是2009年世界集邮展览在洛阳举办，使洛阳成为国际国内关注的焦点。此届邮展首次实现了国际集邮联合会84个成员的大团圆，从国家领导到世界邮联官员，嘉宾云集，参展数量和参观人次均创历史新高。以邮展为代表的牡丹文化节系列活动规模空前、精彩纷呈。200多名中外记者云集洛阳，有关世界邮展和牡丹文化节的宣传在世界及中央主流媒体、省市媒体全面铺开，影响广泛，进一步提升了洛阳的国际知名度和影响力。自牡丹文化节举办以来，累计接待来自世界各地100多个国家和地区的重要政要来宾2000多批次、3000多人，其中部（省）级以上外宾600批、1300多人。牡丹文化节已经成为中国走向世界的桥梁和世界了解中国的重要名片。

2. 形成了一个新的牡丹产业链

在牡丹文化节的带动下，洛阳牡丹科研队伍迅速壮大，近百项牡丹科技成果问世，已建立起国内规模最大、品种最多的牡丹基因库。洛阳牡丹研究院培育牡丹新品种达106个，嫁接新品种牡丹5万株，大大改善了牡丹品质。目前，洛阳市已具备较成熟的牡丹花期控制技术和四季开花技术，使牡丹盛花期由原来的11天延长至目前的40天，基本实现花开随人愿、四季皆可赏。同时，洛阳市将牡丹产业作为农业六大主导产业之一，推行标准化生产，年销牡丹100余万株。除此之外，还推出牡丹书画、牡丹摄影、牡丹邮票、牡丹饼、牡丹茶、牡丹酒、牡丹化妆品、牡丹精油、牡丹食用油等400余种深加工产品，形成了较为完整的牡丹产业链条，年产值超亿元。

3. 带动了新一轮的节庆旅游热潮

城市节庆活动作为一种重要的城市经济、社会、文化活动形式，受到世界各国、各地区的高度重视，已逐步演化成节庆经济，成为拉动本国本地旅游、促进经济社会发展的重要载体和平台。洛阳市经过30年多的精心打造，中国洛阳牡丹文化节已成为中国知名节会、洛阳节庆旅游品牌。同时，在牡丹文化节的影响带动下，18项较具地方特色的节庆活动得到了长足发展。一是四季节庆格局已经形成。经过多年的精心打造，洛阳逐步形成了"春有牡丹文化节、夏有黄河小浪底观瀑节、秋有河洛文化旅游节、冬有伏牛山滑雪旅游节"的四季节庆格局。二是城市区节庆活动内容丰富。在洛阳牡丹文化节的影响和带动下，洛阳市各有关部门积极策划组织春节河洛文化庙会、河洛文化民俗庙会、万人公益交友会和关林国际朝圣大典等节庆活动，不仅丰富了文化节活动内容、烘托了气氛，也充分展示了洛阳悠久灿烂的古都文明和博大精深的民俗文化。三是各县（市、区）节庆活动如火如荼。洛阳各县（市、区）及各景区景点充分挖掘当地文化旅游资源，积极组织了栾川老君山文化旅游节、嵩县白云山登山节、新安荆紫山登高节、汝阳杜鹃花节、孟津会盟荷花节、洛宁绿竹风情节、孟津红提葡萄节、洛宁上戈苹果采摘节等节庆活动。据统计，2001年以来，洛阳旅游收入每年以20%以上的速度递增，占GDP的比重由不足1%跃升到13.2%。牡丹文化节一个月的游客数量和旅游收入已基本占到全年的四分之一,形成了一个"黄金旅游月"。高端游客、境外游客、远程游客的大量增加,使洛阳迅速向全省旅游集散中心和国际旅游目的地迈进,并成为全国 20 个黄金旅游城市和海外华人寻根问祖的热点地区之一。

4. 构建起一个新的招商引资平台

从举办花会初期,洛阳就矢志不渝地将招商引资工作作为重头戏来抓,连续多年在牡丹文化节期间举办投资贸易洽谈会和对外合作项目签约仪式等经贸活动。近两年,又立足本地产业基础,积极策划并在牡丹文化节期间成功组织了洛阳农博会、旅博会、文创会、精品牡丹画展、牡丹摄影展等地方特色品牌展会,进一步丰富了经贸活动内容。据统计,前 30 届牡丹文化节共签订招商引资合作合同项目 2524 个,累计投资总额 6023.9 亿元,合同利用市外资金 5328.8 亿元;来洛参加投资贸易洽谈会的客商从前十届的不足 100 人,发展到第 30 届牡丹文化节的 1892 人。第 32 届牡丹文化节经贸招商更是成果丰硕,共有来自美国、法国、日本、泰国、缅甸、新加坡以及国内各省份、港澳台地区的 1253 名客商参加牡丹文化节经贸交流活动。其中国内外 500 强企业有 21 家、行业 50 强企业有 28 家;共签约项目 98 个,投资总额 1197.2 亿元,其中 10 亿元以上项目 32 个,12 家国内外 500 强企业投资项目 16 个;围绕洛阳市重点发展产业,共洽谈项目 91 个,组织举办的洛阳市与清华大学后 EMBA 一期合作项目,投资总额 212 亿元。中国洛阳牡丹文化节,已成为洛阳招商引资的最佳平台和企业交流合作的盛会。

5. 打造出一个知名的文化品牌

围绕牡丹文化节,洛阳编创了一大批牡丹歌曲、牡丹舞蹈等精品剧目。由洛阳原创的"郑汴洛文艺精品工程"之大型舞蹈诗《河洛风》,多次在牡丹文化节期间上演,深受人们欢迎。从 2007 年开始举办的"河洛欢歌·广场文化狂欢月"活动,每天在主会场和各个城市区广场隆重举行,每年仅主场演出就达 30 场,参演人员 1.5 万人次,观众达 40 多万人次,使牡丹文化节成为洛阳人民的"狂欢节",再现了白居易《牡丹芳》描绘的"花开花落二十日,一城之人皆若狂"的盛世场景。正是缘于此,"河洛欢歌·广场文化狂欢月"活动在2010年第九届中国艺术节上被国家文化部授予群星奖项目类大奖,为牡丹文化节增添了一抹亮丽风景。已连续举办24届的河洛民俗文化庙会,每年都集中展示一批河洛地区非物质文化遗产,举办群众喜闻乐见的民间文化活动展演。牡丹文化节期间举办的花车巡游、牡丹婚典、全民健身体育月、牡丹书画展、邮票发行、牡丹灯会、万人交友会等丰富多彩的文体活动,使牡丹文化节真正成为"牡丹的盛会、人民的节日",人文性、时尚性、休闲性、狂欢性日益凸显,独具特色的文化品牌已经形成。

6. 培育出一个繁荣的演出市场

近年来,洛阳按照"政府引导、市场运作"的办节模式,依托成功的市场运作,先后组织举办"同一首歌""中华情""与您相约""牡丹放歌唱响奥运""花和天下 邮传万家""CCTV全球红歌盛典""周杰伦演唱会""王力宏演唱会""纵贯线演唱会""SHE洛阳演唱会""蔡琴不了情个人演唱会"等大型综艺晚会,使洛阳的大型演艺活动位居全国前列。通过牡丹文化节的历练,还培育出一批文化传播公司,洛阳演出市场呈现出欣欣向荣的发展景象。

7. 增添了一批新的城市景观带

举办牡丹文化节以来,洛阳每年都要集中力量完成一批"花会工程",在牡丹文化节期间将最好的城市设施、城市秩序和洛阳人民的热情好客、文明礼仪展现在世人面前。近年来,洛阳市容环境不断改善,一大批路桥和基础设施建设相继完工,城市道路网络和各县市快速通道已经形成,洛浦公园、体育公园、音乐喷泉等一大批深受欢迎的公园、绿地、水面、广场及群众休闲娱乐场所已成为城市的明珠和绿色项链。建成了牡丹公园、牡丹广场、牡丹桥、牡丹大道、牡丹灯箱画墙、牡丹大酒店、牡丹城宾馆、牡丹医院等一批以牡丹为标志的城市标示物,为城市增添了新的景观,为牡丹文化节增添了时尚文化元素。①

---

① 河南省委党史研究室、洛阳市人民政府牡丹花会办公室:《中国洛阳牡丹文化节成功举办32年回顾》,洛书网,2015年1月14日。

（二）洛阳牡丹文化节的有益启示

回顾中国洛阳牡丹文化节 32 年来的发展历程，在文化部、河南省委省政府的正确领导和科学指导下，洛阳市委、市政府不断适应新形势、进行新探索，积累了许多组办节会的宝贵经验。

1. 科学决策是前提

大自然对洛阳的厚爱、历史赋予牡丹深厚的文化积淀和改革开放大潮的澎湃之势，成功催育了长盛不衰的洛阳牡丹文化节。由于洛阳市历届领导班子善于谋断，勇于创新，一以贯之，高度重视，加之决策符合实际，找准了本地区潜在的和独特的优势，并将其最大限度发掘，从而使洛阳牡丹文化节长盛不衰有了可靠的前提。[①]

2. 政府主导是关键

从牡丹文化节举办初期，洛阳市委、市政府对此就十分重视，始终将其作为全市阶段性中心工作来抓。升格为省级节会后，每年都成立由省政府领导和省委常委、市委书记担任名誉主任，市长担任主任，相关副书记和常委、副市长担任副主任的洛阳牡丹花会组织委员会。升格为国家级节会后，又及时成立了以文化部部长、河南省委副书记、省长为名誉主任，文化部副部长、洛阳市委书记、河南省副省长为主任的高规格牡丹文化节组委会；同时成立以洛阳市市长为主任，市委副书记、市委常委、秘书长为第一副主任，市委常委、宣传部部长，河南省文化厅副厅长为常务副主任的执委会，下设办公室，负责各项筹备工作总体协调、督办落实，为牡丹文化节的成功举办提供了强有力的组织保证。此外，将举办牡丹文化节与创建文明城市、优秀旅游城市、国家园林城市等工作有机结合起来，以会促创，以会兴市，不断提升牡丹文化节品牌形象，搭建好经济发展的舞台，努力营造良好的氛围，较好发挥了政府在办节办会工作中的主导作用。

---

① 《国家级非物质文化遗产——洛阳牡丹花会概况》，洛阳新闻网，2009 年 4 月 9 日。

3. 以人为本是根本

一是加强城市综合治理，维护良好的城市秩序。结合牡丹文化节筹备工作，每年都安排一批道路桥梁改扩、城市绿化、市容美化、城区亮化等重点工程，城市面貌和市民生活环境不断改善。完善了城区智能交通系统，新增节会临时停车位14000余个，缓解了节会期间停车难的问题；接纳群众建议，在重点区域对本市机动车实行双休日单双号限行、工作日错峰出行，对城区高速口拥堵高峰时免费放行，既有效缓解了节会期间交通压力，又保证了游客、市民出行便利。加强对机场、火车站、汽车站周边环境和出租车、餐饮酒店等窗口服务行业、城乡接合部、背街小巷和城市社区环境卫生的管理提升，全面实施数字化、网格化城市管理，市容市貌和城市管理水平得到了很大提升。

二是加强旅游市场监管，保障广大游客的切身利益。对旅游景区、牡丹园门票价格根据其星级评定结果实行弹性价格，优质优价。对各星级宾馆酒店规定最高限价，对景区停车收费进行规范，防止随意涨价。采取有效措施加大监督检查力度，保障游客切身利益。

三是完善节会惠民政策，满足广大市民的赏花需求。积极探索并不断调整完善市民免费（优惠）赏花政策，对失业人员、低保人员、五保户、环卫工人、协警，市级及市级以上劳模、五一劳动奖章获得者、三八红旗手、巾帼岗位标兵、优秀教师等实行免费；对洛阳市民入园赏花享受10元/人次的优惠票价。

四是组织开展志愿服务活动，方便外地游客的旅游咨询。近几年，每年都有万余名志愿者分布到全市主要景区、博物馆、开幕式、各项活动现场和易拥堵交通路口等游客密集地，宣传普及文明旅游知识，免费提供地方风俗介绍、城市道路指引、景点介绍等服务，展示了洛阳良好的文明风貌。

五是及时调整会期，满足更多游客赏花需求。为满足更多外地游客赏花需求，通过科学手段控制花期，自2005年开始，将牡丹文化节会期由每年的4月15~25日调整为4月5日至5月5日，延长至一个月，形成与"五一"小长假相连的"旅游黄金月"现象。

4. 解放思想是源泉

洛阳牡丹文化节长盛不衰的关键,就在于解放思想,与时俱进,不断创新。

一是办节理念的创新。牡丹文化节是一项综合性很强的系统工程,单靠政府唱"独角戏"不行,只有发挥各级各部门和全市人民的积极性和创造性,上下一起努力,才能共同办好。对此,洛阳市一改最初政府统揽统包的模式,变政府主办为全社会共办,变少数部门参与为全民参与。市政府重点抓好开幕式等大型活动以及对外宣传、城市环境、交通秩序、安全保卫工作外,其他活动多数都由各部门、各城市区或企业牵头组织或具体承办。各县(市)区、各部门和广大基层单位结合本地区本单位实际,充分发挥主观能动性和创造性,积极承办各类比赛、会展、演出等丰富多彩的经济文化活动,收到了良好效果。[①]

二是活动内容的创新。以经贸活动为主线,围绕经济办节会,办好节会促经济,是办好牡丹文化节的基础。经过探索,洛阳市于1985年提出了"花会搭台,经贸唱戏"的指导思想,并相继举办了一系列有声有色的经贸会展活动,逐步使各类经贸活动成为牡丹文化节不可或缺的重头戏。经贸会展活动的举办,不仅为企业提供了展示形象和进行经济贸易的舞台[②],而且为牡丹文化节注入了旺盛的活力和生命力。牡丹文化节举办初期,经费全靠政府投入,或通过行政手段向企业集资摊派。近几年,通过成功的市场化运作,政府仅投入宣传经费和政务活动经费,举办资金主要通过市场化运作筹集,企业商家与牡丹文化节实现双向选择,合作共赢。

三是运作方法的创新。在办节办会方式方法上自觉引入市场机制,变行政主导为市场主导,是办好牡丹文化节的动力。多年来,洛阳市委、市政府

[①] 《国家级非物质文化遗产——洛阳牡丹花会概况》,洛阳新闻网,2009年4月9日。
[②] 《国家级非物质文化遗产——洛阳牡丹花会概况》,洛阳新闻网,2009年4月9日。

积极动员和组织各县区、各部门、各企业甚至各类民间组织承办文化、经贸活动,采取走出去、请进来的方式,开展各种宣传、招商、促销和吸引游客活动,吸引了众多国际知名企业和欧美客商,取得圆满成功。此外,不断强化节会活动的市场化运作。近年来,洛阳市政府除拿出少量资金用于必要的节会宣传、政务活动外,其他各项活动均引入市场机制,以商业手段进行运作。如开幕式晚会,采用政府主办、企业承办的模式,通过政府引导,面向社会公开招标有实力的企业主动参与承办,大大减轻了财政负担。同时,积极开展节会活动冠名、指定产品和指定服务单位等运作方式,即弥补了办节经费不足,减轻了财政压力,又拓宽了办节思路,为其他节会活动市场化运作工作积累了宝贵经验。①

---

① 《国家级非物质文化遗产——洛阳牡丹花会概况》,洛阳新闻网,2009年4月9日。

B.24
构建现代传媒集团　打造一流文化企业

唐景录[*]

摘　要：	洛报集团是河南省第一家经省文化强省建设和文化体制改革工作领导小组办公室批准挂牌的地市级党报集团，综合实力位居河南省地市报社第一名、全国地市报社前列，也是河南省重点文化企业10强、中国地市报管理创新10强。自2009年改制以来，提出了"一个中心、两个转型、三轮驱动、四大保障"的发展战略，取得了显著成效，实现了可持续发展。
关键词：	文化产业　报业转型　资本运营

洛阳日报报业集团（简称"洛报集团"）成立于2009年12月6日，是河南省第一家经省文化强省建设和文化体制改革工作领导小组办公室批准挂牌的地市级党报集团。目前，洛报集团的综合实力位居河南省地市报社第一名，位居全国地市报社前列，也是河南省重点文化企业10强、中国地市报管理创新10强。

一　洛阳日报报业集团的发展现状

洛报集团是一家具有悠久历史的文化单位。1948年4月9日，《洛阳日

---

[*] 唐景录，洛阳市文化产业协会秘书长。

报》的前身《新洛阳报》诞生。期间因各种原因三次停刊，洛阳日报社一直随《洛阳日报》这张报纸而存续，属事业单位性质。从1981年1月《洛阳日报》再次恢复出版至2009年，洛阳日报社已成为拥有《洛阳晚报》、《洛阳手机报》、新闻网站"洛阳网"和印刷厂的自收自支事业单位。

2009年，洛阳市根据省委、省政府部署，大力推动文化体制改革。洛阳日报社主动作为，与中国一拖集团合作，使用《拖拉机报》的全国性刊号，组建了股份制的洛阳商报有限公司，于2009年12月创办了《洛阳商报》（试刊）。当年，还整体接收了亏损严重的《洛阳广播电视报》。2009年12月，经洛阳市委和河南省文化强省建设和文化体制改革工作领导小组办公室批准，洛阳日报报业集团挂牌成立，保留了"洛阳日报社"的牌子，原有单位员工的事业身份全部封存在档案中。

在此期间，洛报集团开始全方位、深层次推行企业化运作，将原来事业单位性质的洛阳广播电视报社整体改制为企业，将原来事业部性质的洛阳网进行了公司化改造。《洛阳日报》和《洛阳晚报》因为不属于非时政类报刊，不在国家明确要求进行转企改制的报纸之列，所以没有推行公司化改革，但工作实践中一直实行企业化管理。多元化经营方面，洛报集团开始着手调整产业结构，探索转型发展，主要做法是"抓大、放小、辟新"，即改造提升那些盘子大、赢利性好的经营性公司，适时退出那些盘子小、赢利性差的经营性公司，同时大力拓宽新的经营渠道。

改制之后的洛报集团快速发展，具体表现在：

1. 宣传阵地不断壮大

1981年，媒体宣传方面只有一张《洛阳日报》。如今，拥有《洛阳日报》《洛阳晚报》《洛阳商报》《洛阳广播电视报》4个纸质媒体和洛阳网、洛阳手机报、河图网3个电子媒体。

2. 综合实力不断壮大

1981年，总资产规模不到100万元。2012年，总资产规模达到60523万元，总收入规模达到45394万元（其中主营业务收入30066万元，占收入总量的66.2%），纳税总额（含减免税额）4333万元，税前利润13542万元。

3. 产业规模不断壮大

1981年，只有一个印刷厂。如今，拥有16个经营性公司，除了报纸产业链上的印刷、发行、广告公司等，还涉足会展、演艺、文化旅游、户外广告等非报业文化产业以及房地产业。

4. 从业队伍不断壮大

1981年，从业人员仅有75名。如今，已发展到拥有各种劳动用工1600多名（不含离退休人员270名）。

二 洛阳日报报业集团发展战略和探索

从2011年下半年开始，受互联网尤其是移动互联网快速发展、国际经济持续低迷、国内经济发展速度放缓等多种因素的影响，全国报业发展进入下降通道。在严峻的发展形势面前，为了化解未来风险，实现可持续发展，洛报集团在综合分析面临的风险、机遇和自身的优势、劣势基础上，审时度势，因地制宜，研究提出了"一个中心、两个转型、三轮驱动、四大保障"的发展战略。[①] 总体目标是构建现代传媒集团，打造一流文化企业。具体目标是到2017年底，集团主营业务收入达到5亿元。这一发展战略自2012年制定并开始在实践中探索实施。执行两年多来，已经收到了在逆势中挺进的良好效果。

（一）一个中心

报业是洛报集团的主业。做强做优报业、服务市委和群众，不仅是洛阳市委赋予洛报集团最重要的职责，同时也是洛报集团发展的内在要求和底线。这就要求洛报集团在发展过程中，一方面，必须始终老老实实、认认真真地做好党的宣传思想工作，任何时候都要与党中央、省委市委保持高度一

[①] 刘成武、刘闪、王青：《打造一流文化企业 加快媒体转型步伐》，《中国地市报人》2015年第1期。

致,任何时候都要服从服务好党委和政府的工作大局,任何时候都要为人民群众的切身利益鼓呼;另一方面,必须坚持走市场化道路,最大限度把报纸的市场价值挖掘出来,既保障洛报集团基本的运行所需,又为转型发展争取时间和提供资金支持。

在做好宣传思想工作方面,洛报集团各媒体始终站位全局,以高度的政治责任感,强化舆论引导,注重报道策划,为洛阳全市上下凝神聚气、克难攻坚,奋力实现又好又快发展,营造了良好的舆论环境,受到了洛阳市委的充分肯定。同时,旗下各媒体在坚持正确舆论导向的前提下,持续贯彻市场化办报办网理念,更加注重媒体责任,更加注重内容质量,更加注重传播效果,更加注重机制创新,使媒体的舆论引导力、社会影响力和市场竞争力有了新提升。

在广告业务方面,树立"品牌至上""客户为本"的理念,坚决停发所有低品位广告;同时,创新活动策划,提高服务水平,把客户投放广告的有效回报作为出发点,尽力为客户提供增值服务。

在发行业务方面,积极探索创新发行模式,加大与移动、联通、中石化、大型商场、酒店等大客户合作,拉动报纸发行量,2012年增加了7000份,全年总发行量达31万份。

在印刷业务方面,积极与大象出版社、西安军医大学出版社等开展较大的业务合作,拓展商业印刷市场。2012年,印刷书刊近百万册,对外经营印刷4955万对开张,印刷报纸3.79亿对开张。

做强做优报业,一是让洛报集团旗下媒体的美誉度和影响力得到了持续提升。以2012年为例,《洛阳日报》先后获得"中国品牌媒体地市党报品牌十强""金长城传媒奖·2012中国十大地市党报"等称号;《洛阳晚报》先后获得中国地方都市类报纸"最具品牌价值十强""金长城传媒奖·2012中国十大影响力地市晚报"等称号;洛阳网先后荣获"全国地方网站最具广告效力品牌""全国地方网站十大最具影响力品牌"等称号,并晋级国家一类新闻网站。二是让洛报集团旗下媒体的广告收入得到平稳过渡。2012年是全国报业广告收入最"寒冷"的一年,平均跌幅高达12.6%,而洛报集团在舍弃低品位广告1100万元的情况下，仅下降0.3%。2013年，洛报集团继续努力，在全国报业广告平均跌幅超过8%的形势下，逆势上扬，广告收入不降反增，上涨了9.2%，2014年又一次实现了逆势增长。

（二）两个转型

1. 由传统的报业集团向现代传媒集团转型

报纸只是媒介的一种，其他媒介还有广播、电视、互联网、期刊、户外广告、楼宇电视等。历史上，除了报纸和互联网以外，其他传媒领域洛报集团基本没有涉足。而洛报集团要想保持和扩大自身的影响力，必须尽量进入甚至控制其他媒介渠道，从而成为现代传媒集团。

在这种思想的指导下，从2012年开始，洛报集团开始大力布局全媒体架构。2012年上半年，洛报集团与洛阳城投集团共同注资成立了一家户外广告公司，来运营洛阳的部分户外广告资源。2012年下半年，洛报集团收购了洛阳一家拥有云计算技术的互联网技术公司，希望通过这个公司，一方面改造提升现有网站，另一方面为未来深度拥抱互联网做好技术支撑。2013年，洛报集团又收购了洛阳一家占有90%市场份额的民营楼宇电视公司。至此，洛报集团已经完成了向现代传媒集团转型的基础架构。

2. 由传统的报业集团向文化产业集团转型

报业本身就是文化产业众多类别中的一种，除此之外，洛报集团还涉足文艺演出、文化旅游、展会活动等其他文化产业。但是，非报文化产业板块的发展盘子一直不够大，产业结构不稳定。另外，从总量上看，虽然洛报集团目前是洛阳市文化产业的领头羊，然而在带领全市文化产业发展方面，其作用发挥得不够充分。因此，结合洛阳有着丰富的历史文化资源但是资源并没有充分转化成产品和产业的现实，洛报集团谋划了文化旅游、文化创意、会展经济三个主攻方向，希望在助推洛阳市文化产业快速发展的同时实现自身转型。①

---

① 程梁：《洛报集团：以创新引领发展》，《河南日报》2014年9月18日。

在文化旅游方面，2012年，洛报集团邀请部分高校的专家教授和企业经理，在集团内部举办了为期一个月的文化旅游产业培训班，100多名职工参加了培训；介入总投资约300亿元的隋唐洛阳城"一区一轴"项目前期工作，将来要参与具体运营。2013年，与汝阳县合作组建了大虎岭农业公园投资管理公司。

在文化创意方面，2012年，洛报集团投资1000多万元，新购项目用地18亩，积极筹备建设洛阳市印刷创意文化产业园，目前该园区已进入招商阶段。2013年，洛报集团与北京大学文化产业研究院合作，开办了一期免费文化创意高层论坛，邀请了4名顶尖专家进行了为期两天的培训，200名正在从事或者希望从事文化创意产业的企业家参加，论坛反馈效果良好。

在会展经济方面，2012年以前，洛报集团已经连续举办了11届房车展以及多项其他展会活动。2013年，洛报集团抓住会展经济大发展的机遇，成立了洛阳市牡丹印象会展公司。目前，洛阳市会展中心一半以上的展会活动都是由洛报集团举办的，获洛阳市政府颁发的"2013年度全市会展工作一等奖"。

为了更好地发展文化产业，2013年，洛报集团还主导成立了洛阳市文化产业协会，并与北京大学文化产业研究院、台湾文创联盟、广州市文化创意行业协会、厦门市文化产业协会、北京洛可可设计院等国内顶尖团队签订了战略合作协议，目的是打造一个文化产业的资源整合平台，推动全市文化产业快速发展。协会目前发展会员企业百余家，成为洛阳文化产业界最具影响力的社会组织。

（三）三轮驱动

1. 探索广告运营模式

从当前来看，多数报业经营主要依靠广告收入，但全国报业广告收入已呈全面下滑趋势，必须跳出报纸广告的单一经营模式，调整为全媒体广告运营。具体做法是，将现有的传播渠道包括报纸、户外、互联网、楼宇电视等方面的广告资源打通，进行整合营销，为客户提供全媒体广告解决方案，以适应市场的需求。2013年下半年，邀请国家行政学院郭全中教授对集团中层干部及广告公司全体员工，进行了整合营销的专题培训，而且对广告公司现有的组织架构进行了调整，以适应整合营销的需要。经过2014年的全面探索，取得良好效果，在全国报业广告收入普遍大幅下滑的情况下，洛报集团逆势上扬，连年增长。

2. 探索产业运营模式

目前，洛报集团非报产业的经营方式，主要是搞多元化，门类分散且规模较小、利润率低。要想获取更大的利润，必须由现在产业链单点经营的方式，转变为产业链多点介入，从上游到中游再到下游，全方位进行资本和营销整合。2013年，洛报集团与洛阳建洛生物科技有限公司合作，启动了"好来历健康生活产品供应平台"项目，从产品的遴选研发，到基地建设，再到包装推广，全方位介入运营。

3. 探索资本运营模式

目前，洛报集团主要是依托自有资金在发展。要想获取更快的发展速度，必须上大项目、好项目，这就需要获取更多的资金支持，也就是必须通过多种渠道实行资本运营。具体方法一是盘活现有资产，并通过市场来放大资金，去投资建设新项目；二是选择部分有发展前景的社会公司进行投资，收取投资回报；三是把核心经营资源进行整理，争取打包上市，在资本市场上获取发展资金。2012年洛报集团聘请证券公司对集团进行了初步辅导，近年来，又聘请了一名运作过多家公司上市的专家作为洛报集团的资本运作顾问。

（四）四大保障

1. 人才保障

人才保障的核心是塑造一支能征善战、干事创业的队伍。一是强化内部培养。近年来，集团层面的集中培训（例如2012年的文化旅游培训、2013年和2014年的企业管理培训）每年都会开展；各子公司层面的内部业务培训已基本成为常态。二是积极招才引智。主要是通过公开招录和特殊人才引

进相结合的方法,2012年共招录采编人才12名,引进经营人才6名。三是建立起真正能上能下、能进能出的用人机制。主要通过竞争上岗、双向选择和末位待岗的方式,激发员工的工作热情。

2. 资金保障

资金保障的核心是为洛报集团的正常运转和未来发展提供资金支持。一是厉行节约,全面压缩行政费用,节省下来用于发展;二是千方百计扩大创收;三是在市场上筹措发展资金。2012年以来,已经与省内2家投资管理公司、市内2家银行进行了业务深度对接。

3. 制度保障

制度保障的核心是结合上市公司的规范,全面推行现代企业制度。2013年,洛报集团聘请专家对集团的管理系统进行了重新梳理,并把2013年的工作主线定为"管理提升年",着手对各项制度进行重新修订,对工作流程进行深度优化。实践过程中,通过开展"两找一抓"(找问题、找对策、抓落实)活动,来发现问题、解决问题。2013年,洛报集团共补充、修订、完善了30余项管理制度,提高了管理水平及服务质量,节约了各项成本,促进了工作的规范化和制度化。

4. 作风保障

作风保障的核心是把"高位思考、精耕细作、团结创新"的洛报精神,真正融入每一名员工的思想和工作实践中去。2012年,洛报集团深入开展"一切立足于实"、洛报集团品牌精神大讨论活动,认真查找工作中存在的不足,并提出有针对性的整改措施和落实时限,切实做到边查、边学、边改、边提高。同时,注重弘扬企业文化,以人为本,塑造品牌形象。集团积极组织开展丰富多彩的职工文化活动,例如"三八妇女节"关爱女性心理健康专题讲座,庆"六一"亲子教育活动,离退休职工联谊活动,团员青年野炊联欢等;2013年还进行了一次历史上规模最大的职工运动会。通过一系列的企业文化活动,广大员工的凝聚力、向心力和执行力都得到了有效提升。

三 洛阳日报报业集团的发展经验

洛报集团多年来的长足发展,主要得益于正确的发展思路和良好的企业文化。

一是正确的发展思路。改制以来,洛报集团从自身兼具文化事业属性和文化企业属性的特点出发,始终坚持"两手抓、两手都要硬"的思路向前发展。"两手抓"即一手抓文化事业,突出做好宣传思想工作,为洛阳市委中心工作服务,为党和人民的事业鼓与呼;另一手抓文化产业,用多元经营所得收入支持办报所需,改善职工生产生活条件。由于发展思路正确,在工作实践中不仅得到了洛阳市委的充分肯定和广大市民群众的广泛赞誉,而且自身综合实力也得到了极大提升。

二是良好的企业文化。在发展过程中,洛报集团逐渐形成了"高位思考、精耕细作、团结创新"的洛报精神。"高位思考",反映在办报理念上,就是要时刻站在中央、省委、市委和推动洛阳经济社会发展的高度,来认识和推动宣传思想工作;反映在管理理念上,就是下级要时刻站在上级的高度,来认识和推动日常业务工作。"精耕细作",就是所有的员工要立足各自岗位,认认真真、仔仔细细地做好本职工作,不能有半点的马虎大意,不能有一丝的不负责任。"团结创新",就是上下一心、和衷共济,遇到事情一起想办法、找对策,并且要敢拼、敢试、敢闯、敢为天下先。

正是有了正确的发展思路和良好的企业文化,洛报集团的发展步伐一直比较稳健,也做出了一些成绩。比如,1985年,在全国首创了报纸自办发行模式,引发了全国报纸发行模式的根本性变革,并被写入新闻教科书;1988年,在全国第一个建成地市报社新闻数字卫星地面接收站,用来接收新华社的电稿,提高了中央重要新闻的传输时效性;1989年,在全国地市报社中率先采用电子激光照排技术,从此告别铅字排版印刷;1997年,创办了河南省报界第一家新闻网站洛阳网;2008年,创办了河南省报界第一家手机报——洛阳手机报；2013年，在全国地市报社中第一个开通了官方微博发布厅。目前，洛报集团旗下的媒体中，《洛阳日报》为"全国百强报纸"之一（全省共4家）和"中国十大地市党报"之一，《洛阳晚报》为"中国十大地市晚报"之一，洛阳网为全省唯一的地市级国家一类新闻网站，河图网则为全省唯一的地市级图片网站。

B.25
孟津平乐牡丹画文化创意产业发展报告

刘荣利*

摘　要： 孟津平乐牡丹画产业作为洛阳牡丹文化产业的典型代表，依托牡丹画文化创意产业园，采取"公司+园区+画师"的模式，实行市场化运作，已经进入迅速发展阶段，牡丹画家队伍在壮大，技艺在不断提高，成为"河南省重点文化产业项目"。孟津平乐牡丹画产业具有文化底蕴优势、花会平台优势、交通区位优势、品牌集聚优势，但同时，运营企业本身还存在问题、从业人员整体素质不高、牡丹画的影响力还不够。所以，需要从解决运营企业存在的问题入手，通过培训，提高从业人员素质，多渠道扩大产业发展平台，大力宣传，拓宽销售渠道。

关键词： 牡丹画　文化　创意产业

洛阳把发展牡丹文化产业作为传承弘扬河洛文化，繁荣洛阳文化产业的一个重要抓手，逐步形成了牡丹种植业、节会、艺术品创作、礼品开发、旅游延伸产品生产等文化产业。孟津平乐牡丹画就是艺术品创作的典型代表。平乐牡丹画文化创意产业园位于洛阳市孟津县平乐镇平乐村，地处国家级物质文化遗产项目汉魏故城遗址，历史人文资源丰富，文化积淀深厚，有"中国牡丹画第一村"的盛誉。

＊ 刘荣利，洛阳市委党校副教授。

一 孟津平乐牡丹画文化创意产业发展情况

平乐因公元 62 年东汉明帝为迎接西域入贡飞燕铜马特筑"平乐观"而得名，素有崇尚文化艺术的优良传统，在明清时期就不断涌现绘画牡丹的农民画师，远近闻名。改革开放后，富裕起来的农民有了更高雅的精神文化生活追求，越来越多的人从事书画艺术创作。1983 年 4 月，洛阳市首届牡丹花会开幕，平乐人开始尝试探索为牡丹画开辟市场之路，绘画队伍也日益扩大，牡丹画销往陕西、山东、云南等地，进一步调动了村民绘画的积极性。20 世纪 80 年代中期，平乐农民建立"汉园书画院"，切磋交流绘画技艺，"平乐农民牡丹画"开始兴起。随着洛阳牡丹花会的举办和旅游业的日益繁荣，平乐形成了一条从种牡丹、画牡丹到销售牡丹画的产业链。

（一）产业发展历程

平乐牡丹画文化创意产业的发展历程大致可分为两个阶段：初步成型阶段和迅速发展阶段，以平乐牡丹画文化创意产业园区的建设和正式运营为分界。在初步成型阶段，农户基本上都是处于零星经营状态，以自产自销为主。平乐农民农忙干农活、农闲画牡丹是真实的生活写照。画师平常绘画大多靠自学、临摹、悟性，在绘画技巧和构图上，以模仿为主。牡丹画没有统一的销售渠道，主要靠自销，或参加文博会、展销会推销。牡丹画没有形成产业化、专业化的发展模式，影响到牡丹画产业的进一步发展与提升。2009 年，平乐开始投资、建设平乐牡丹画创意园区。2012 年，洛阳鼎润实业有限公司接手牡丹画产业园，平乐牡丹画产业开始进入迅速发展阶段。按照"公司+园区+画师"的模式，评定画师等级，并按照"五统一"标准，集中培训、分别创作、按级标价，然后再集中展示、对外销售，改变了农民零售牡丹画"小、散、乱"的局面。2014 年，牡丹画产业年销售额达 9400 万元，销售画作 40.3 万幅。

（二）市场化运作管理

洛阳鼎润实业有限公司于2012年3月接手牡丹画产业园，是一家集生态旅游、高效农业、名贵花卉、苗木培育繁殖及园林景观绿化；牡丹画培训、牡丹画及牡丹文化艺术品销售、牡丹种植及牡丹产业延伸开发为一体的集团化企业。洛阳鼎润实业有限公司由中国·洛阳汉魏风情园、中国平乐牡丹画创意产业园区两部分组成。牡丹画创意产业园区主营：牡丹画及牡丹产业衍生艺术品、石刻、拓片等文化用品。汉魏风情园项目有：汉魏风情演绎园、风情生态牡丹园、旅游文化产品购物广场、花卉苗木培育繁殖基地、高效农业生态园。

公司按照国家大力发展文化产业的要求，实行市场化运作，采取"公司+园区+画师"的模式进行经营管理。洛阳市鼎润实业有限公司是牡丹画创作管理、发展、销售的平台，画家则专业创作牡丹画，中国平乐牡丹画创意园区是牡丹画创作基地。公司负责注册商标，制作统一的宣传册、包装袋和包装盒，推进牡丹画创作，并按照统一纸张、统一培训、统一展览、统一价格、统一销售的"五统一"标准，提高艺术作品质量。公司聘请专家，分别评定特级、一级、二级和三级画师，组织集中培训、分别创作和按级标价，然后在园区集中展示、对外销售。[①] 公司与画家签约，规定双方的权利和义务，调动画家积极性。这样，通过公司，利用牡丹画创意产业园区这个平台，把画家紧密结合起来，形成了合力。

（三）产业发展平台不断完善

平乐牡丹画创意产业园，集旅游观光、休闲娱乐、职业培训、绘画创作、产品展销和学术交流为一体。园区规划用地226亩，工程分两期。已于2011年4月建成投入运营的一期工程占地95亩，投资3848万元，总建筑面积2.8万平方米，建有美术馆综合楼4663平方米，内设牡丹画精品馆、黄河奇石馆、石刻艺术馆、游客体验区，并有牡丹瓷、唐三彩、青铜器、黄河

---

① 《牡丹画延伸产业链盛开文化产业"花"》，搜狐资讯，http://roll.sohu.com，2013年9月4日。

石画、石刻拓片等文化艺术交易平台。画家创作室138套，共20000平方米，写生基地25亩。园区二期工程"雅颂天香"，占地131亩，预计投资1.17亿元，造型为蝴蝶形，与一期牡丹花呼应，寓意为蝶恋花。规划建设有游客接待中心、主题展览馆、画家创作室、公共停车位等。该项目已完成环评、规划、立项工作，土地已进入报征阶段。

（四）专业人才队伍不断壮大

在各级领导和政府的大力支持下，在国家美协主席刘大为、省美协主席马国强、市美协主席文柳川及带领的洛阳画院画家团队和牡丹画代表人物王绣等知名专家多年来的持续指导下，平乐牡丹画创意产业园现有牡丹画家800多人，其中专业画家120多人（省级会员11人、市级会员50多人）。签约一、二、三级画师150余人，已有两批共计57名平乐牡丹画师获得初级民间艺术师职称证书。平乐牡丹画家队伍在壮大，技艺在不断提高，平乐牡丹画的名气也越来越大，以平乐农民牡丹画为重点的平乐文化产业已初具规模。

（五）经济社会效益显著

平乐牡丹画不仅在国内各大城市及港澳台地区销售，而且还远销日本、韩国、新西兰、马来西亚等国。党和国家领导人胡锦涛、李长春等都曾到园区视察指导工作。2012年，园区成为"河南省文化产业示范区"，2013年成为首批"河南省特色文化基地""河南省重点文化产业项目"，同年，被洛阳市政府授予"洛阳市2013年旅游服务业重点建设项目"，荣膺国家3A级景区。2014年，牡丹画产业年销售额达9400万元，销售画作40.3万幅，园区游客量达到32万余人次。

二 孟津平乐牡丹画文化创意产业发展态势分析

（一）孟津平乐牡丹画文化创意产业发展优势

孟津平乐牡丹画创意产业蓬勃发展，彰显着平乐牡丹画创意产业得天独厚的产业优势。

1. 文化底蕴优势

孟津是一个有着近5000年文明史的历史文化名县，文化积淀深厚，古迹遍布城乡。"九朝古都半孟津"，洛阳诸多文化元素都和孟津相关联。县域内有全国重点文物保护单位2处、省级8处。邙山陵墓群被誉为"东方金字塔""地下历史博物馆"，汉魏洛阳故城成为世界物质文化遗产，伏羲氏在此"一画开天"，龙马负图，根在河洛。2008年、2014年孟津两次被文化部命名为"中国民间文化艺术之乡"。全县成立了王铎书画院等各类书画院20多个，10个镇均成立了书协分会，一些重点村和企业还成立了书法活动室等各类专业分会。因此，平乐牡丹画文化创意产业有着深厚的文化底蕴优势。

2. 花会平台优势

千年帝都，牡丹花城，洛阳牡丹甲天下。以花为媒，中国四大名会之一的洛阳牡丹文化节，已经举办了32届，是集旅游观光、经贸合作与交流为一体的大型综合性经济文化活动。牡丹文化节规模不断扩大，知名度不断提高，被评为"最具国际影响力节庆"，已入选国家非物质文化遗产名录。平乐牡丹画依托牡丹花会优势平台拓展市场，使平乐牡丹书画品牌获得了广泛的市场认可。

3. 交通区位优势

平乐，位于洛阳近郊，地处国家级物质文化遗产项目汉魏故城遗址，东南与千年古刹白马寺毗邻，距洛阳市区12公里，陇海铁路、焦枝铁路、连霍高速、二广高速均与之擦肩而过，交通条件得天独厚。2014年洛阳发布《洛阳城市综合交通发展战略规划》，从航空发展、铁路（含城际铁路）发展、公路（含场站）交通、城市区交通、城市水运交通5个方面入手，对洛阳综合交通发展进行谋划。这势必会提升洛阳的对外通达辐射能力，进一步凸显平乐牡丹画文化创意产业的交通区位优势。

4. 品牌集聚优势

平乐牡丹画文化创意产业园区集旅游观光、休闲娱乐、职业培训、绘画创作、产品展销和学术交流为一体，该园区建成后，村里的农民画师纷纷进驻园区开办画室。园区规范画师从业标准，对农民画师的作品进行市场化运作，目前，平乐牡丹画师已发展到800多人，产业相关从业人员1500余人，形成了包括培训创作、裱画包装、推介营销等相对完整的产业链，作品销往全国各大城市和东亚、东南亚、欧洲等地。①

（二）孟津平乐牡丹画文化创意产业存在的问题

1. 运营企业存在的问题

洛阳鼎润实业有限公司作为经营文化、旅游、农林等产业的集团化企业，在发展过程中也存在不少问题。

一是融资困难，利用国家相关扶持政策少。鼎润实业从事文化、旅游、农林等开发产业，投资大、周期长、资金回收慢，银行贷款审批严格、困难，导致再投资、再生产能力薄弱。文化产业作为新一轮经济增长的战略产业，其发展还面临着不少制约因素。文化创意产业属于无形资产中所占比重大、风险程度比较高的产业，目前，企业尚处于初创阶段，流动资金缺乏，信用等级较低，赢利模式还未形成，企业面临的融资难问题比其他行业更为突出。国家对文化产业项目建设方面的扶持政策及配套设施建设的政策很多，但争取项目资金和相关扶持程序复杂，审批时间长，真正利用的不多。

二是管理制度不健全。园区管理制度较多地保证了公司利益与品质，而缺乏对员工利益的保证。中层领导的管理能力问题突出，工作压力、工作责任越来越多，管理任务繁忙，不能系统的学习和研究管理知识。员工上升空间小，工作不能体现自身的价值，员工工作缺乏动力。这种比例失调的体制，不能适应现在迅速发展的市场，而公司没有与时俱进，改善相应的制度。

三是企业文化建设缺乏。公司自身以利益为第一，企业文化建设尤为欠缺，员工缺乏对企业目标的具体了解，对企业的归属感不强，工作态度就是混口饭吃。企业没有形成共同的价值观，缺乏凝聚力与向心力，缺少与员工

---

① 刘瀑：《传统农区文化创意产业集群发展的就业效应分析——以河南平乐"画牡丹"村为例》，《现代经济探讨》2014年第5期。

心灵的沟通，导致员工工作态度不佳、跳槽频繁、推诿扯皮，企业效益不好。

四是人才短缺。由于鼎润实业办公地点不在市区，经营管理人员待遇偏低，致使一些懂技术、会管理的经营管理人才不愿来企业扎根落户，特别是招不进所需要的大学生，有一技之长、相对年轻的人才外流现象严重。销售人员欠缺，牡丹画经济人队伍还没有真正形成，公司传统销售和网上销售渠道还没有真正建立。

2. 从业人员整体素质不高

平乐农民绘画紧紧植根于土地，"乡土"气息质朴浓烈，这是其他绘画产业很难复制的。但平乐农民画家大多数没有经过专业的绘画培训，"底子"薄弱，"自学"是主要方式。在绘画技巧和构图上少有创新，创作意图急功近利，表现在产品上则显现出浓烈的商业气息。画师的艺术修养和绘画技能均需提升。牡丹画需求与供给、消费与生产之间的媒介和桥梁缺失，致使画师不能够真正把握国内外文化市场消费需求动向，创作的盲目性很大，牡丹画产业营销人员、经纪人等服务商的素质也亟待提升。

3. 平乐牡丹画的影响力还不够

虽然平乐牡丹画创意产业园开展了很多活动，并且连续举办了五届全国农民画展，但平乐牡丹画产业的内涵还不丰富，以旅游产业带动文化产业这篇文章还没有真正做起来，"中国牡丹画第一村"的牌子还不足以叫响全国，牡丹画产品销售仍然没有真正打开市场。牡丹画创意产业园区虽然创建国家3A级景区成功，但仍没有真正运作起来，景区人气还不旺，通过旅游来促进销售体系还没有真正形成。

三 加快孟津平乐牡丹画文化创意产业发展的建议

（一）对运营企业的建议

1. 积极拓宽融资渠道，解决融资难题

积极向政府申请财政扶持，建议公司财务部门制定和完善管理办法，同

时，积极拓展文化产业投融资服务平台功能，推进文化创意产业投资基金项目，利用好《洛阳市人民政府关于文化产业发展和文化体制改革的若干扶持意见》和洛阳市《文化产业发展专项扶持资金管理办法》，建立有效的文化创意产业信用担保体系，着力解决文化产业融资难的现实瓶颈。

2. 建立健全制度体系，理顺管理机制

不断建立健全公司制度体系，并根据实际情况适时修订完善，形成分工明确、权责清晰的现代企业管理制度。编制鼎润机构框架，完成公司总部、牡丹画院和项目部三方分离工作，全面理顺人、财、物和管理机制；理顺内部机制，理清资产底数，做好公司有形资产清算和无形资产评估工作；着手成立牡丹画第一村景区管委会，加强业态创新和管理创新。贯彻落实各项规章制度，坚持以人为本，注重管理水平的提高，给予员工不断的培训、深造机会，激发工作热情和创新活力。

逐步推行现代企业管理制度。对优秀企业经营管理者通过评选实施奖励，对有突出贡献的经营管理者给予适当的物质性奖励，调动并激发广大经营管理人才的工作积极性和创造性。完善企业社会保障制度，如医疗保险、养老保险制度，为人才的储备和使用配置合理的保障条件。

3. 加强人力资源管理，打造高效团队

建立人才档案库，有计划的改善、优化公司人员素质结构，提高管理能力和技术水平。根据公司发展需要，拟定人才引进方案，集中招聘一批高学历、高素质、专业化的优秀人才，打造公司的管理和技术核心层；进一步拓宽人才招聘渠道，满足公司总部、牡丹画院和项目部三方关键岗位的人才需求；成立公司发展顾问团，为公司提供政策咨询、部门沟通、项目协调等方面的保障；编制年度员工培训计划，采取请进来、走出去的办法，有效改善员工知识、技术、管理等方面的素质结构，重点突出忠诚度、责任心、执行力与保密性等内容培训，建设爱岗敬业、通力协作、团结高效的优秀团队，坚持"以感情留人，以事业留人，以待遇留人"的原则，全面打造成长型员工、学习型团队和智慧型决策层。

坚持向上学习，向下培训，形成一套以旅游质量、旅游安全、景区环境卫生、资源环境保护、旅游市场营销及旅游统计等为核心内容的管理经营制度。可组织相关工作人员认真学习国家3A级景区标准以及申报、创建和评审程序，并对相关人员进行《旅游景区质量等级评定管理办法》《旅游景区质量等级评定与划分》等内容的业务培训。

4. 开展企业文化建设，增强员工归属感

企业文化建设是凝心聚力的工程，对公司的发展能起到事半功倍的作用。所以，要坚持开展企业文化建设，使企业文化入眼、入脑、入心，并取得全体员工的一致认同，使企业的发展愿景与个人的价值追求相一致，员工实现个人追求的同时，也使得企业得到不断发展。认真对待员工关于企业的各种看法和建议，合理的可积极采纳，促使员工产生较强的企业归属感。关注员工，既注重物质激励，又注重精神激励，积极挖掘他们的潜在价值。

（二）教育培训，提升从业人员整体素质

历史传承和时代发展使平乐牡丹画文化创意产业从起始就带有独特的人文因素，当地农民通过模仿、创新成为创意生产者，他们同时也是文化的传承者，但是持续的创新需要加强对农民画家的教育培训，使其能够不断从时代中汲取新鲜的元素，让创意之花常开不败。目前，传统农村劳动者素质普遍还比较低，在满足牡丹画创意产业持续发展的需求方面尚显不足，应加大培训传承力度，邀请知名画家实施"百日传帮带"活动，针对青少年实施"三年培训"计划，培养和储备后继新生力量，和劳动部门结合，将平乐牡丹画创作培训列入农民工创业培训体系。

（三）整体推进，扩大产业发展平台

1. 全力推动"文化中国·溯源基地"项目实施

引导公司全员通过学习培训，领会、吃透"文化中国·溯源基地"创意精神，接受前瞻理念，使员工以积极的心态迎接新挑战，紧跟公司发展步伐，为下一步开展多方深度合作奠定基础；按照战略合作协议意向，选准融资方向，配合"创意中国文化城市设计中心"实施项目策划，建设二期工

程和"文化中国·溯源基地"项目；尽快加入城市规划创意合作社，拓宽融资渠道，寻求多方合作伙伴，以期网络资源共享、市场相互支持等效益最大化。

2. 开展与白马寺景区及汉魏故城遗址的深度合作

平乐牡丹画创意产业园与汉魏风情园不仅空间上毗邻，而且产业发展上互补。园区北侧为邙山陵墓群保护范围；南区与规划建设中的白马寺未来国际佛城相邻；东侧毗邻汉魏故城遗址保护区，地理位置特别优越。汉魏故城遗址园是政府投资230亿元的重点项目，丝绸之路申遗成功后，地位迅速蹿升。根据其优越的地理位置，在园区周边将会形成完整的路网，特别是围绕白马寺和汉魏故城形成的旅游线路，对园区周边交通极其有利，并与周边人文旅游景点共同形成完整的旅游精品线路，发展潜力、发展后劲很大。

3. 走多元经营的特色文化旅游之路

通过推出卖点、培育亮点和打造热点，加强与各级旅游管理部门、旅行社、旅游景区的横向联系和纵深合作，实现游客与资源共享，以全新的形象和姿态投入到激烈的文化旅游竞争行列；重视旅游文化产品销售工作，对内推行销售业绩奖惩，实施全员销售，对外搭建互动平台，推动旅游联盟和多元经营，闯出一条以牡丹文化为主体、多元经营并存的旅游文化特色之路。

（四）大力宣传，拓宽销售渠道

1. 多渠道扩大牡丹画影响力

做好对农民牡丹画产业的宣传、培训、引导、扶持等工作，进一步提高平乐牡丹画知名度和影响力。邀请或吸引国家、省、市媒体多角度、全方位宣传报道平乐牡丹画，通过互联网平乐牡丹画专栏，实现线上线下宣传全覆盖。聘请国家、省、市知名画家到园区写生、授课，举办牡丹画培训班，提升本土画家、牡丹画经纪人、营销人员的整体素质。组织平乐牡丹书画展和产品博览会，在省外及国外举办平乐牡丹画展销活动，支持农民画家参加各类书画比赛和展览，鼓励农民画师创办牡丹画室和展厅。打造全国牡丹画批发集散地，吸引国内外商家采购平乐牡丹画。通过重新聘请销售人员，或调整营销方案，在保留传统营销牡丹画模式的基础上，不断创新模式，努力达到在全国各大城市有平乐牡丹画经纪人的身影、在全国重点城市有平乐牡丹画的销售门店、在网络上有平乐牡丹画的销售窗口的目标。通过协调旅游部门，规范景区运营，提升景区运行质量，以旅游带销售，最终突破销售难题。

2. 叫响牡丹画文化品牌

品牌是开拓并占领市场、获取并提升效益、做大做强企业的关键因素。尤其对于牡丹画这种文化产品来讲，品牌意味着价值，意味着影响力。只有打响品牌，增加品牌含金量，才能做大牡丹画产业，赢得更大更广泛的市场认可度，占领更大的市场份额，取得更好的经济效益和社会效益。因此，一定要千方百计提升平乐牡丹画的知名度，倾力打造出在市场上叫得响的平乐牡丹画文化品牌。

3. 创建牡丹画淘宝村

利用好电子商务平台，适时发布平乐牡丹画村和牡丹画市场价格、供求和运行情况信息。2014年初，洛阳市阿里淘宝村推进合作中心成立，并与阿里研究院进行了前期对接，旨在创建平乐"淘宝村"。申报成为淘宝村，可以获得阿里信贷、培训、宣传等方面支持，同时，淘宝村模式具有"线上产业集群"的竞争优势，有利于繁荣当地经济。

大事记

Memorabilia

B.26
洛阳文化发展大事记

（2014年1~12月）

秦 华*

1月

1月2~9日 洛阳市非物质文化遗产保护中心主办的"迎新春庆双节"河洛大鼓书场在洛阳市文化馆拉开帷幕。著名河洛大鼓艺人李明治、张怀生、牛会玲等演出了《劝世文》《拳打镇关西》《马棚封宫》等群众耳熟能详的经典作品。

1月3日 "文化洛阳 无线Wi-Fi"暨洛阳市文化信息服务平台建设启动。

---

* 秦华，洛阳市委党校讲师。

1月9日 龙门石窟西山发现一处唐代景教瘗穴。专家认为,该遗存国内罕见,是唐代景教的重要遗存,为洛阳丝绸之路申遗再添力证。

1月13日 中国传媒大会公布2013年金长城传媒奖获奖媒体名单,洛阳日报报业集团旗下的《洛阳日报》《洛阳晚报》《洛阳商报》分别荣获"中国十大地市党报""中国十大地市晚报""中国年度创新商报"称号。

1月18日 洛阳市文化产业协会举办"2014洛阳市青铜文化产业发展研讨会",探讨青铜文化产业发展路径,为青铜文化企业发展支招。

1月22日 2014年洛阳市文化产业重点工程、洛阳本土画家执笔创作的书画系列真迹册页《墨言洛阳》之第一集《甲午》册发布。《墨言洛阳》全册12章,每章选取洛阳历史经典文化符号或具有代表性的实体景点为题材。

1月 外交部选定洛阳牡丹瓷股份有限公司的牡丹瓷系列精品为中国外交礼品,作为国礼赠送国外政要。

2月

2月12日 孟津县平乐镇平乐村举行首批河南省特色文化基地挂牌仪式。

2月20日 洛阳市举行大型电视纪录片《牡丹》审片会。

2月25日 嵩州古灯博物馆在嵩县翠三街正式开馆,这是河南省唯一以灯为主题的博物馆。

2月25日 经省市旅游部门审核评定,古代艺术博物馆、孟津平乐牡丹画创意园区、宜阳灵山风景区被批准为国家3A级景区,定鼎门遗址博物馆被评定为国家2A级景区。

2月 全国首家青铜工艺非物质文化遗产展示馆授牌仪式在洛阳烟云涧青铜工艺博物馆举行,由省文化厅颁发挂牌,该非遗展示馆位于洛阳市伊川葛寨乡烟云涧村。

3月

3月11日 新安县函谷关遗址、汉魏洛阳城宫城四号建筑遗址和洛阳衡山路北魏大墓入选河南省文物考古学会和《华夏考古》编辑部主办的2013年度河南省五大考古新发现。

3月13日 洛阳市召开文物工作会议,明确提出将打造一流博物馆群体,积极推进丝绸之路博物馆等筹建工作,力争新增7~10家民办博物馆。

3月15日 由洛阳王铎书画院院长孟留山、执行院长王跃进共同编撰的《王铎诗文残稿》正式出版发行,该书由中国书法家协会主席张海题名并作序。

3月18日 中央电视台、洛阳市委宣传部和洛阳广播电视台联合摄制的大型高清纪录片《牡丹》在中央电视台首映。这是我国第一部以牡丹为主题的电视纪录片,整部纪录片以牡丹和中国文化为大背景,通过故事化的叙述方式,讲述了牡丹从山野走向人间、从中国走向世界、从历史走向未来的恢宏画卷。

3月29日 龙门石窟景区举行纪录片《白居易在龙门首映式》。该片由中央新闻纪录电影制片厂和龙门园区管委会联合拍摄制作。

3月 省文化厅组织开展全国第一次乡镇综合文化站评估定级工作,新安县11个乡镇综合文化站全部被评为上等级文化站。

4月

4月1日 2014年中国(洛阳)赏石文化艺术展正式开幕,《奇石雅韵》系列个性化邮票举行首发仪式。本届赏石文化艺术展会由中国观赏石协会主办,是第三十二届中国牡丹文化节的专项活动之一。

4月1日 洛阳隋唐大运河博物馆试开放。

4月2日 洛阳金石文字博物馆(民营博物馆)在中国国花园开馆。

4月3日 第三十二届中国洛阳牡丹文化节新闻发布会在郑州举行。省政府副秘书长万旭、省文化厅副厅长郭书城等出席发布会。市领导李柳身、杨炳旭、魏险峰做旅游和招商推介。

4月3日 第三十二届中国洛阳牡丹文化节赏花启动暨《富贵双联 国花牡丹》邮票发行仪式在隋唐遗址植物园举行,各牡丹观赏园的赏花游园活动拉开帷幕。

4月7日 市官方微信"精彩洛阳"正式上线。"精彩洛阳"官方微信以"小洛"为名,首推内容包括"知洛阳""游洛阳""微互动"三个栏目。

4月8~10日 河南省美术家协会、台北市文化艺术促进协会等主办的"海峡情·丹青缘"台湾·洛阳中国画名家作品展在洛阳美术馆开展。

4月9日 "2013年度中国十大考古新发现"在北京揭晓,新安汉函谷关遗址成为河南省唯一入选的考古项目。

4月10日 第三十二届中国洛阳牡丹文化节在洛阳歌剧院开幕,主题为"相约千年帝都 共享国色天香"。

4月12日 文化部副部长项兆伦与省文化厅和市有关部门负责人、文创产业代表等进行深入座谈。项兆伦指出,洛阳要把牡丹文化节办节水平和发展牡丹文化产业作为传承弘扬河洛文化的重要抓手,以世界级的牡丹生产和深加工基地、牡丹观赏目的地和牡丹文化创意产业中心为目标,打造完整的洛阳牡丹文化产业链。河南省副省长张广智、省文化厅厅长杨丽萍、文化部文化产业司副司长吴江波、省文化厅副厅长郭书城等出席会议。洛阳市委常委、宣传部部长杨炳旭、副市长魏险峰等参加。

4月12日 洛阳市文广新局组织召开的"大数据时代文化产业的机遇与挑战"高层论坛开幕。来自吉林、北京、上海、广州、深圳等地的专家或相关行业从业者深度剖析大数据时代文化产业的发展方向、战略路径,为洛阳市文化产业发展把脉、定位、制定对策。

4月13~15日 洛阳第二十四届河洛文化民俗庙会在洛阳民俗博物馆举行。庙会文艺展演包括:千年纸雕展、剪纸展、木版年画现场制作、非遗

项目展示、手偶戏，全面展示了传统的民间民俗文化和中原文化风采。

4月16日 洛阳中意研究院（科技园）主办的意大利艺术陶瓷展在洛阳博物馆展出。本次展览主要展出的是意大利陶瓷之城法恩扎和伊莫拉的部分风格陶瓷艺术品。此外，还展出了由中国古代青花瓷演变而成的蓝色基调器皿以及意大利风格的陶瓷雕塑和陶砖。

4月17～20日 2014中国·洛阳（国际）创意产业科技博览会在洛阳会展中心举行。

4月18日 第32届中国洛阳牡丹文化节特色文化精品展开幕。该精品展共展出洛阳市及省内20余家企业特色文化产品，集中展示了唐三彩、三彩瓷板画、牡丹瓷、青铜器、澄泥砚等。来自禹州周家钧瓷、坪山钧瓷等特色文化产品也参加了此次展览。

4月20日 2014中国·洛阳（国际）"三彩杯"第二届创意设计大赛颁奖仪式在洛阳会展中心举行。

4月23日 第19届世界图书与版权日，洛阳市图书馆开展了科普图书展、儿童读物展、读书征文、为农村学校送书下乡、国学讲座、公益电影放映等多项活动。

4月25日 全国牡丹画精品展暨首届河南省优秀青年花鸟画家提名展在洛阳美术馆开展。全国牡丹画精品展以牡丹为主题，展出的80幅作品的作者来自全国各地，包括杨晓阳、何水法、马国强、张江舟、王颖生等国内知名画家，还有王绣、文柳川等本地画家。

4月26日 "驻华外交官中国文化行·河南站"参访团抵达洛阳市参观访问。来自瑞士、西班牙、东帝汶等14个国家的18位驻华大使、公使、参赞等，在中国公共外交协会会长、原外交部部长李肇星的带领下，参观了龙门石窟景区。

4月27日 第十三届"河南·汝阳杜鹃花节暨炎黄文化节"开幕。

4月30日 2014中国首届汉服文化节开幕式在洛阳隋唐大运河博物馆举办。文化部社会文化司原司长、中国儿童文化发展促进会会长范崇燕、洛阳市副市长魏险峰等参加开幕式。

4月 "河洛欢歌·广场文化月"活动在周王城广场拉开帷幕,本届活动历时30天,演出60场,参演人员5800人次。演出节目包括:牡丹模特服饰大赛、百姓舞台比赛、戏曲票友比赛,还有来自俄罗斯、波兰、拉脱维亚的异域风情舞蹈表演。

5月

5月7日 省委常委、宣传部部长赵素萍带领调研组来洛调研"双申遗"项目进展情况。赵素萍对洛阳市申遗及文物保护工作给予充分肯定,指出洛阳要扎实推进文物保护展示、环境整治、申遗宣传等各项后续工作,力争申遗工作圆满成功。省文化厅厅长杨丽萍、省文物局局长陈爱兰等一同来洛调研。

5月16日 "大美江南飘古韵"——著名画家梁立志江南水乡画全国巡展(洛阳站)在洛阳美术馆开展。

5月19日 洛阳市文化产业协会获得第十届中国(深圳)国际文化产业博览会优秀组织奖、优秀展示奖,参展作品唐三彩《观音》荣获中国工艺美术文化创意金奖。

5月26日 在第二届"中国创意"产品大赛中,洛阳博物馆选送的"中国香道"系列产品获得"丝路文创"大奖。

5月26日 洛阳市图书馆举办"图书馆服务宣传周"活动,宣传主题为"图书馆——传承优秀传统文化,建设民族精神家园",宣传周系列活动包括新书展借、优秀动画片播放、公益文化讲座、少儿百科知识竞赛活动等十余场活动。

5月27日 洛阳籍作家阎连科获2014年度弗兰茨·卡夫卡文学奖,成为该奖项首位中国得主。

6月

6月2日 台湾著名诗人余光中、大陆现代诗人汪国真、台湾《秋水诗刊》发行人、世界艺术文化学院副秘书长绿蒂先生一行，到嵩县参观国家级重点文物保护单位两程故里，深入了解厚重的理学文化。

6月10日 央视频道"中国通史"栏目组到伊滨区佃庄镇东大郊村拍摄辟雍碑。

6月13日 央视大型系列纪录片《老子足迹》在洛阳开拍。

6月14日 "2013年度全国文化遗产十佳图书"评选结果揭晓，反映洛阳地区古铜镜发现与研究的新著《洛镜铜华：洛阳铜镜发现与研究》入选。

6月14日 文化遗产日，中央电视台科教频道推出大型特别节目"中国记忆——我记忆中家乡的文化、自然遗产"，世界文化遗产龙门石窟被着重介绍。

6月14日 在我国第九个文化遗产日宣传活动期间，西工区围绕"传承文化遗产正能量，发展文化繁荣中国梦"的主题，在文化馆4楼开展"西工区非遗长廊成果展"。该长廊涉及传统美术、传统手工技艺、传统医药等非物质文化遗产项目类别，全方位展示了西工区非物质文化遗产保护的成果、意义和价值。

6月16日 新安汉函谷关遗址关城东墙保护展示工程获国家文物局立项批复。

6月22日 洛阳大运河申遗点回洛仓遗址、含嘉仓遗址160号仓窖，丝绸之路申遗点汉魏洛阳城遗址、隋唐洛阳城定鼎门遗址（含宁人坊、明教坊）、新安汉函谷关遗址等入选世界遗产名录。

6月29日 国家级非物质文化遗产唐三彩烧制技艺代表性传承人高水旺、高顺旺共同制作的唐三彩地动仪在第四届中国陶瓷文化艺术创意设计精品展上再获"大地奖"金奖。

6月30日 白马寺缅甸风格佛殿圆满落成，隆重举行剪彩典礼。缅甸联邦共和国总统吴登盛出席落成典礼。国家宗教事务局局长王作安、外交部驻缅甸大使杨厚兰、外交部亚洲事务特使王英凡等出席落成典礼及相关活动。省委副书记、省长谢伏瞻，副省长张广智等出席相关活动。

6月30日 焦裕禄事迹展览馆开馆仪式、《精神的路标——焦裕禄在洛矿》图书首发仪式隆重举行。

6月30日 2014年黄河小浪底观瀑节开幕。

6月 洛阳市地方志协会主办的历史文化类网站"洛书网"正式开通。

7月

7月3日 河南省政府授予10家企业"河南省重点文化企业"称号，洛阳日报报业集团是全省地市报社和洛阳市文化企业中唯一获此殊荣的单位。

7月16日 "河图洛书传说"名列第四批国家级非物质文化遗产代表性项目名录。

7月16日 住房和城乡建设部公布2014年首批进入中央财政支持范围的327个传统村落，孟津县小浪底镇乔庄村和汝阳县蔡店乡杜康村名列其中。

7月17日 唐三彩烧制技艺代表性传承人高水旺的唐三彩作品《五花马》，获国家级奖项"中艺杯"金奖。

7月19日 "大美中国·锦绣丝路"丝绸之路主题美术作品展在博艺美术馆开幕。

7月19日 "大地情深"国家艺术院团志愿服务走基层活动启动，重点向残疾儿童、智障儿童、农民工子女、农村留守儿童、低保户家庭儿童，以及获得县级以上奖励的少年儿童等特殊群体倾斜。

7月23日 泰中艺术家联合会驻中南办事处在洛阳市成立，为宣传河洛文化、促进洛阳同泰国的文化交流搭建桥梁。

7月25日 2014年联众网络棋牌大赛启动仪式在北京举行，洛阳市成为本次大赛首站赛区。

7月27日 在美国西雅图市西华园，美国西雅图洛阳牡丹文化节开幕仪式举行，西雅图洛阳牡丹插画展和西雅图—洛阳经贸洽谈会同时开幕。

洛阳蓝皮书

7月29~30日 文化部副部长项兆伦率调研组来洛调研互联网上网服务行业转型升级试点工作。

8月

8月2日 中国大运河"洛阳一号"古沉船整体搬迁至回洛仓遗址博物馆。

8月13日 洛阳市和中国洛阳牡丹文化节获"第十一届中国会展之星产业大奖"。洛阳市获"全国优秀会展城市奖",中国洛阳牡丹文化节获"中国最佳品牌节庆奖"。

8月20日 中央电视台科教频道"探索·发现"栏目组一行到新安县博物馆拍摄纪录片《函谷雄关》。

8月21日 洛阳市文化文艺志愿服务基层行系列活动在老城区青年宫广场启动,市委常委、宣传部部长杨炳旭,副市长魏险峰等参加启动仪式。

8月22日 洛阳市文广新局三部作品成功入选洛阳市第七届精神文明建设"五个一工程"奖,分别是洛阳市曲剧院选送的曲剧《洛阳令》《窦娥冤》和洛阳市歌舞剧院演艺有限公司选送的歌曲《春夜洛城闻笛》。

8月 洛阳市文物考古研究院汇编的《方孝廉考古文集》,由河南省中州古籍出版社出版面世。

8月 洛阳市图书馆的"馆藏精品陈列厅"入藏一部大型历史丛书影印本《摛藻堂四库全书荟要》,为该馆增添了馆藏特色。

9月

9月4日 洛阳市地方志办公室举办"地情书籍进基层"大型赠书活动,捐赠的书籍包括《洛阳市志》《洛阳年鉴》《图说洛阳》《读故事赏牡丹》《千年帝都百代帝王》等。

9月5日 第六届中国新农村电视艺术节颁奖庆典在河南郑州举行,洛阳市剧作家翟景峰创作的河洛大鼓《儿媳劝架》获"对农电视节目（专题片）好作品奖"。

9月13日 国家文化部副部长、国家文物局局长励小捷一行到偃师指导大遗址保护工作。副省长张广智、省文物局有关负责人和洛阳市委书记陈雪枫、副市长张世敏等参加调研。

9月13日 洛阳龙门古琴社在龙门博物馆举行揭牌仪式。

9月16日 栾川县重渡沟村获"全国文化生态村"称号。

9月16日 由市委宣传部主办、洛阳美术家协会承办的"走进哈密——洛阳市书画名家作品邀请展"，在新疆维吾尔自治区哈密地区博物馆展出。

9月18日 "丝绸之路与创意城市"展览在法国巴黎联合国教科文组织总部开幕，由中国政府和联合国教科文组织联合举办。此次展览国内共选取了四个城市参与，洛阳是其中之一。洛阳的展览主要突出了洛阳作为丝绸之路和大运河交汇城市的独特地位。

9月19日至21日 第四届洛阳老子文化国际论坛在洛阳市区和老君山举行。本届论坛主题为"老子的学说与精神：历史与当代"，由中国社会科学院哲学研究所、北京大学道家研究中心、清华大学哲学系、河南省老子学会、洛阳老君山等单位共同主办。

9月20日 河洛文化旅游节在泉舜广场开幕，国家旅游局监督管理司副司长王彤、省旅游局副局长何琳等出席开幕式。

9月23日 "墨韵芳菲香洛阳"寇家三代书画展在洛阳市艺术研究院开展。

9月23~28日 "美丽洛阳·中国书画展"在市美术馆展出。

9月24日 "两岸媒体寻根河洛"联合采访团来到洛阳，参访关林、洛阳民俗博物馆等，关注洛阳深厚的文化底蕴及对台渊源。

9月25日 2014中国关林国际朝圣大典暨第二届河洛文化博览会在关林门前广场开幕。台湾中华道教关圣帝君弘道协会总会长陈展松、世界关公协会联盟执行主席黄喜德等在开幕式上致辞。

9月26日 白马寺泰国风格佛殿落成庆典暨恭迎佛舍利佛像开光法会隆重举行。泰国副僧王、曼谷金山寺方丈帕蓬素提、泰国王室办公室主任哌娄哈德盖等出席庆典。国家宗教局副局长张乐斌、外事司副巡视员薛树琪、中国佛教协会驻会副会长学诚大和尚、副会长长妙江法师等出席了庆典。

10月

10月2~16日 洛阳市在柏林F200艺术中心举办"河洛文化进柏林"艺术展。

10月8日 第二届中国（洛阳）周公文化节暨纪念周公营建洛邑3054周年活动在洛阳周公庙博物馆举办。该活动由全球周公后裔联谊总会、洛阳周公庙博物馆等举办。

10月15日 第十三届河南省戏剧大赛结果揭晓，洛阳曲剧院演艺有限公司新编的曲剧《洛阳令》获得"河南文华大奖"。

10月18日 2014世界工艺文化节在浙江开幕，中国陶瓷艺术大师、洛阳三彩艺术博物馆馆长郭爱和做《陶瓷之路：洛阳三彩的前世今生》的主题发言，其三彩作品寻梦丝路在此次文化节举行的第十五届中国工艺美术大师作品展中获"百花奖"金奖。

10月18日 洛阳籍曲艺演员白军选的河洛大鼓《账》获得第八届中国曲艺牡丹奖表演奖。

10月18日 中国歌舞剧院歌剧团大型音乐原创音乐剧《焦裕禄》全国巡演走进洛阳，在焦裕禄工作过的中信重工公司上演。

10月22日 洛阳市农民大学在洛阳市经济管理学校揭牌成立，这是河南省第一所农民大学。

10月23日 洛阳市政府代表团应邀参加韩国扶余郡第60届百济文化节。

10月24日 洛阳市女性学会书香女性工作委员会在市图书馆挂牌成立。

10月24日 由中国文物学会等部门联合举办的中国大运河遗产保护管理论坛在江苏淮安市举行，洛阳市派代表参会，与大运河沿线城市代表就大运河保护、管理和可持续发展战略问题进行经验交流和研讨。

10月26日 库尔勒民俗文化博物馆开馆，洛阳民俗博物馆援助的200余件清代及民国时期的民俗文物亮相。

10月30日 泰国泰中文化经济协会会长、泰国前国会主席、前副总理颇钦·蓬拉军率团来洛访问，副市长王敬林会见代表团一行。

10月31日 国家质量监督检验检疫总局网站公布了最新的13项生态原产地保护产品名单，洛阳牡丹瓷股份有限公司洛阳牡丹瓷名列其中，获准使用生态原产地产品保护标志。

11月

11月2日 河南省周文化研究会洛阳分会成立。

11月4日 首届中原（鹤壁）文化产业博览交易会在鹤壁市会展中心落幕。洛阳市委宣传部、市文改办组织洛阳市多家文化企业参展，共获得展会金奖、精品奖、创意产品奖等15个奖项。

11月5日 市委副书记、市长李柳身主持召开会议，专题研究隋唐洛阳城九州池遗址保护展示设计方案，九州池遗址保护展示的总体方案目前已获得国家文物局批准。

11月6日 韩国忠清南道百济古都文化财团院长朴钟晚一行来洛进行学术交流，并与文物考古研究院签订文化交流协议。

11月6日 "丝绸之路"文物展在北京中国国家博物馆开展，洛阳市三彩蓝釉白斑马、唐墓出土的骆驼壁画等受邀参展。

11月6日 国家考古遗址公园联盟第四届联席会议暨新型城镇化与大遗址保护研讨会在洛阳市召开。

11月8日 "中华·周公城市艺术节"拉开序幕，世界河洛文明论坛在龙门博物馆举行。

11月8日 第六届中原青年诗会在洛阳举行,与会人员以"当代诗人的修为、抱负、使命"为主题进行研讨。

11月18日 洛阳市文物考古研究院和新安县文物局联合在新安县北冶镇马行沟村煤窑沟小组,抢救性发掘出一座宋元时期的民间瓷窑遗址。

11月19日 河洛文化与华夏历史文明传承创新学术研讨会在洛阳理工学院召开。中国社会科学院学部委员、中国河洛文化研究会副会长刘庆柱,广东省社科联副主席顾涧清等出席开幕式。市委常委、宣传部部长杨炳旭,市政协副主席吉振华等参加开幕式。

11月25日 住建部、文化部、国家文物局等联合公布第三批中国传统村落名录,新安县石井镇东山底村、栾川县潭头镇大王庙村、栾川县三川镇火神庙村抱犊寨、宜阳县张坞镇苏羊村4个村落入选。

11月28日 万安山野生动物主题公园、洛阳隋唐百戏城文化产业园项目正式签约,两个项目均由深圳(国际)杂技演艺集团投资建设。

11月28日 第九届"中国旅游金榜"盛典在北京举行,中国洛阳牡丹文化节获"年度节庆旅游奖"。

12月

12月2日 中国科学院"丝绸之路经济带资源环境格局与发展潜力"咨询项目院士专家组一行19人,到回洛仓遗址公园进行考察调研。

12月3日 文化部公布第四批国家级非物质文化遗产代表性项目名录,洛阳市申报的河图洛书传说入选,洛阳市的国家级"非遗"项目总数达8个。

12月10日 市政府常务会议原则上通过了《第四批洛阳市市级非物质文化遗产项目及扩展项目推荐名单》。其中,市级"非遗"项目27个、扩展项目5个,涉及民间文学、传统美术、音乐、舞蹈等多个类别。

12月12~13日 文化部公共文化司司长张永新一行来洛调研互联网上网服务行业转型升级试点工作。河南省文化厅副厅长康洁、洛阳市政府副市长魏险峰等陪同调研。

12月15日 洛阳雀金绣《麒麟向日》获得第十届文博会中国工艺美术"百花奖"银奖。

12月16日 "重归故里——百年魏志拓片精品展（清末民国出土篇）"在洛阳博物馆展出，展出的70余方北魏墓志精品拓片的原石均为清末民国时期在洛阳出土。本次展览由市委宣传部主办，洛阳博物馆、市书法家协会和华夏博物馆承办。

12月17日 河南周文化研究会洛阳分会在洛阳周公庙博物馆召开"洛阳周氏族谱研究讨论会"。

12月17日 孟津县朝阳镇卫坡村、新安县石井镇寺坡山村列入中央财政支持范围的中国传统村落名单，分别获得300万元的中央财政资金支持，用于加强村落文化遗产保护、生产生活条件改善、防灾安全保障。

12月17日 中央新影华夏文化产业园·华夏影都项目正式启动。

12月18日 中央电视台《中国通史》摄制组到伊川县葛寨乡烟云涧村洛阳烟云涧青铜工艺博物馆采访。

12月26日 洛阳社区大学在洛阳广播电视大学成立，其网站也于当日正式开通。

12月29日 中国大运河"洛阳二号"古沉船安放到回洛仓遗址博物馆。至此，洛阳市发现的两艘古沉船顺利实现整体搬迁。

Abstract

Annual Report on Development of Luoyang's Culture (2015) was organized to write by the Party School of Luoyang Municipal Party Committee and Luoyang Federation of Social Science Circles, it is the first regional report on cultural development in Luoyang, and is included in "Blue Book Series" of Social Sciences Academic Press as one of Luoyang blue book series. This report is composed of six parts including main report, report on industry, report on subjects, report on regional culture, case report and memorabilia, collects latest research findings of experts and scholars from the Party School of Luoyang Municipal Party Committee, colleges and universities and government sectors, reasonably fully reflects basic situation of Luoyang culture development in 2014, and provides theory basis for Government to make scientific decisions and to speed up the construction of cultural demonstration plot of central plains economic zone. It is an important achievement in scientific research in Luoyang cultural field.

The report indicated that Luoyang had good cultural development in 2014, based on founding demonstration plot of national public cultural service system, Luoyang carried out all the work, and gradually established a well – found public cultural service system with reasonable layout and perfect functionality that covers urban and rural areas. The culture system reform was steadily pushed, inviting businessmen and investment for cultural industry had remarkable achievement, the application of World Cultural Heritage for the Silk Road and the Grand Canal achieved success, the construction of "city of museum" has had initiative effect, and cultural market environment has been improved effectively, which integrated cultural industry has gone more prosperous.

In 2015, on the basis of resources of history, culture and landscape, around inheritance and innovation of Chinese history and civilization, Luoyang will give priority to the construction of culture tourism industry park, will operate by the market principle, will take reform and opening and innovation as the drive, major industry projects and culture brands as the support, and "world saint city, beginning of silk road, imperial capital of thousand years and peony city" as city cultural cards to fully implement six demonstration projects, including the development of cultural tourism industry, the upgrading of city cultural image, the inheritance and innovation of Chinese history and civilization, the promotion of peony cultural industry, the construction of modern public cultural services, the improvement of citizen's civilized accomplishment and so on, to continually promote the cultural demonstration plot of sub-center city in central plains economic zone.

Contents

Ⓑ I Main Report

B.1 Analysis and Prospect of Luoyang Cultural Development
2014 −2015 *Liu Fuxing, Chen Qiming* / 001

Abstract: In 2014, on the basis of founding the demonstration plot of national public cultural service system, Luoyang City carried out all the work, and achieved good results in cultural development. Integrated cultural industry has thrived increasingly, a well − found public cultural service system with reasonable layout and perfect functionality that covers urban and rural areas has been gradually established. Looking ahead, in 2015, Luoyang City will continue to promote the construction of demonstration plot of public cultural service system, more focus on the quality in cultural industry, better develop, utilize and protect cultural resources, further deepen cultural system reform, and further develop cultural tourism.

Keywords: Luoyang; public culture; cultural industry; cultural tourism

Ⓑ II Report on Industry

B.2 Report on Development of Luoyang Cultural Tourism
Qin Hua / 028

Abstract: Integrative development of culture and tourism is the pillar to transform economic development pattern, and is a main carrier for Luoyang to construct the cultural demonstration plot of central plains economic area. Through the analysis of cultural tourism resources and current development of Luoyang, this report gives some ideas and proposals on promoting the integrative development of culture and tourism to drive the positive interaction of economic development and cultural heritage so that Heluo culture can be inherited and developed, and to promote the construction of heritage and innovation area of Chinese history and civilization in Luoyang and of the international cultural tourism city.

Keywords: cultural tourism; integrative development; inheritance and innovation

B. 3   Research Report on Development of Luoyang Convention and Exhibition Industry

Chen Qiming, Sun Pengfei / 042

Abstract: In 2014, the convention and exhibition industry made gratifying achievement in Luoyang; rules and regulations was perfected so that the development environment has been continued improvement; various measures were made, and the main body of convention and exhibition was growing continuously; the quantity and scale faster increased, and the drive of industry was prominent; the exhibition sites have met the requirements; foreign exchanges has increased increasingly, publicity and promotion had obvious effect. But, professional and brand exhibitions were short, overall publicity and promotion were still unsatisfied, and so on. Therefore, the intensity of talent training should be increased, assessment and incentive mechanism for exhibition work should be established, specialized exhibition sites should be planned and constructed well, and the service and support work should be done well to promote the development of convention and exhibition industry.

Keywords: convention and exhibition industry; issues; countermeasures

洛阳蓝皮书

B.4　Report on Development of Luoyang Cartoon Industry

Zhu Xiawan, *Gu Fuxian* / 051

Abstract: The cartoon industry has higher growth space, high earning rate, and good market prospect. In recent years, Luoyang City focused on the cartoon industry so that the overall strength of cartoon industry has increased continuously, and has showed a good development trend. Quickening the development of Luoyang cartoon industry also needs to deeply discover traditional culture, to improve the industrial chain, to cultivate talents, to increase support strength, to foster leading enterprises, and to actively find the actual development path of Luoyang.

Keywords: cartoon industry; advantages; analysis; countermeasures

B.5　Analysis of Luoyang Media Industrial Development

Liu Junyue, *Ren Chengyuan* / 061

Abstract: In 2014, the media industry in Luoyang was in reform and innovation continuously, the radio, film and television industry was stable development, the use of new media thinking promoted the integration of traditional and new media so that comprehensive strength of media has grown rapidly. Due to the restriction of labor, financial and material resources, TV program lacked of innovation and originality, and didn't deeply integrate with the new media. Luoyang media industry should speed up informatization construction, actively promote the development of the Internet, radio, television and new media, and innovate in integrative mode of traditional and new media to meet people's spiritual and cultural demands of diversification and individualization.

Keywords: media; radio, film and television; new media; integration

B. 6 Report on Development of Luoyang Three-color Glazed
 Pottery Industry

Mao Yangguang, *Yu Dongyan* / 070

Abstract: Three-color glazed pottery is a technique of colorized glazed pottery, and three-color glazed pottery prevailed in Tang dynasty is the most famous. Luoyang three-color glazed pottery industry is composed of archaistic three-color glazed pottery of Tang dynasty, three-color glazed pottery of new techniques and plane three-color glazed pottery, and has presently made gratifying achievements, which has become an important part of the development of Luoyang culture industry. But, there are many constraints in the industrial development, and how to further promote the development of the industrial art and crafts with local characteristics plays an important role in the construction of inheritance and innovation of Chinese history and civilization in Luoyang area and in the establishment of the Central Plains economic zone.

Keywords: Three-color glazed pottery; industrial development

B. 7 Report on Development of Luoyang Ornamental
 Stone Industry

Task Group for the Party School of Luoyang
Municipal Party Committee / 081

Abstract: The cultural industry is an important way to inherit and innovate upon the culture, and an important carrier to highlight cultural and economic value of a city. Luoyang's ornamental stone culture has a long history and deep inside information which have laid a solid foundation for the development of ornamental stone cultural industry. On the basis of analysis of the current development of Luoyang ornamental stone cultural industry and confinement factors, this report gives ideas and proposals on promoting the development of ornamental stone industry.

Keywords: ornamental stone culture; ornamental stone industry; development

B. 8 Issues in Xin'An Cheng – Ni Inkstone Development and Countermeasures

Task Group for Luoyang Institute of Science and Technology / 091

Abstract: Cheng – ni Inkstone originated from former Han dynasty, flourished in Tang and Song dynasties, and matured in Ming dynasty. Now Cheng – ni Inkstone is mainly made in Luoyang of Henan province, Jiang County of Shanxi province, and Qingzhou of Shandong province. Xin'an Cheng – ni Inkstone has two big brands "Heluo Cheng – ni Inkstone" and "Guozhou Cheng – ni Inkstone". Through analysis of its issues in market marketing, product development, corporate image planning, production technology, and industry scale etc., we make suggestions based on culture platform to upgrade market visibility, to develop e – commerce, to improve product development level, to improve production technology, to elongate "Cheng – ni Inkstone" industry chain, and to strengthen Government's service management so as to make it become cultural model industry in the core area of heritage and innovation of Chinese history and civilization in Luoyang.

Keywords: Xin'an Cheng-ni Inkstone; cultural industry; issues; countermeasures and suggestions

B Ⅲ Report on Subjects

B. 9 Report on Luoyang Public Cultural Development

Zeng Qinghua / 103

Abstract: In 2014, Luoyang City carried out founding of the demonstration plot of national public cultural services system, and gradually established a well –

found public cultural service system with reasonable layout and perfect functionality that covers urban and rural areas. On the basis of analysis of the current development of Luoyang public cultural service system and confinement factors, this report gives countermeasures and suggestions on accelerating the construction of the demonstration plot of public cultural service system in facility network, team −building, financing security, service supplies, evaluation mechanisms etc.

Keywords: public culture; service system; founding

B. 10   Analysis of Luoyang Cultural Industry and Development

Li Guoqiang / 115

Abstract: Luoyang cultural industry showed fast development in 2014, cultural creative and design service enterprises became the leaders of cultural industry, and demands of cultural products and services were strong; but, the increased value of cultural industry accounted for low share in GDP, the proportion of culture manufacturing was low, the industrial structure was not reasonable, culture enterprises showed "low, small and dispersive" pattern, and the advantages of culture resources failed to be reflected, and so on. To promote the development, the cultural industry should think much of top − level design, project drive, marketing and system innovation, and should improve the reputation of Luoyang roundly to accelerate the pace of cultural revival.

Keywords: cultural industry; current status; issues; countermeasures

B. 11   Studies on Construction of Luoyang Peony
        Culture Brand

Hu Gengtian / 127

Abstract: In 2014, outstanding results of the Peony Festival manifested an important breakthrough in Luoyang's construction of Peony culture brand. The development of Peony industry made considerable progress, the construction of Peony scenic spots was leading in whole country, Peony culture studies and art works were rich, and public display of Peony and publicity activities were various which Luoyang Peony have had more influence at home and abroad. But there were few human resources in Peony culture studies, Peony culture lacked of integration with Peony industry, and ornamental Peony garden had not high cultural taste. Therefore, we should invest more in the support of Peony culture studies and Peony literary and artistic creation, and strengthen the upgrading of Peony garden so that Luoyang Peony can become the core of whole country in cultivation, tourism, scientific research, cultural research, artistic creation, product development and other aspects, and can become a genuine city of Peony.

Keywords: Peony culture; brand construction; suggestions

B.12 Studies on Protection of Grand Ruins and Relics in Luoyang

Xue Miaoqin, Wei Xiaotong / 140

Abstract: Massive history left an extremely rich historical and cultural heritage for Luoyang. In 2014, the protection of grand ruins and relics was fruitful. Only grasping the characteristics of Luoyang grand ruins and relics, thinking much of the issues in protection and display work, dealing with well the relationship between protection and utilization, increasing the investment, and innovating ways and means can continue to do well protection and display work of grand ruins and relics, and can further highlight characteristics of the city, enhance the city's cultural soft power, push the construction of Luoyang central plains economic zone as the demonstration plot of sub-center urban culture.

Keywords: grand ruins and relics; characteristics; protection and utilization; suggestions

B.13　Current Status of Luoyang's Protection of Intangible
　　　 Cultural Heritage and Countermeasures

Shi Liru, *Li Xiaoxia* / 152

Abstract: As a big city of intangible cultural heritage protection, Luoyang has various resources of intangible cultural heritage. In 2014, through the efforts of related departments and people, Luoyang's protection of intangible cultural heritage made marked progress, but it is necessary to further study and seek, in particular, in the improvement of legal norms and working mechanism, so as to provide strong system security for the protection of intangible cultural heritage.

Keywords: intangible cultural heritage; protection; inherit; list

B.14　Current Status of Construction of Luoyang Private
　　　 Museums and Countermeasures

Wang Zhiyuan, *Liang Shuqun* / 165

Abstract: As a public cultural service organization with distinctive features, private museum is effective carrier to meet the cultural demands, to highlight the cultural charm of the city and to enhance the soft power of culture. Luoyang's private museums are numerous, various and special features, but they are widely mismanagement, lack of talents, operational difficulties, lack of development, and so on. Policy support, cluster development, cross – sector integration, activation function and other measures can effectively promote the leap – forward development of private museums, and provide important support for Luoyang's construction of inheritance and innovation zones of Chinese history and civilization and building "city of museums".

Keywords: private museum; issues; countermeasures

洛阳蓝皮书

Ⅳ Report on Regional Culture

B.15 Report on Cultural Development of Yanshi City

Feng Xiaoliu, Wu Lichao / 175

Abstract: Yanshi City has rich historical and cultural resources, thereby it has good base of cultural development. The activities of establishing demonstration plot of national public cultural service system initiated in 2012 further promoted the development of local culture. Starting from the construction of public cultural service system, the city deepened the reform of cultural system, strengthened the supervision of cultural market, and strengthened the spread of cultural tourism, which have effectively promoted the development of local economy. On the basis of the collection of existing cultural resources, the report summarized Yanshi's current status of cultural development in 2014, deeply analyzed and discussed existing issues, and made countermeasures and suggestions on future development.

Keywords: Yanshi City; public culture; cultural industry; development

B.16 Report on Cultural Development of Mengjin County

Zhang Yafei, Zhang Hongtao and Yang Changsheng / 188

Abstract: Mengjin County has rich cultural resources and good base of cultural industrial development. Through collection of existing cultural resources, the report summarized Mengjin's current status of cultural development in 2014, and aiming at current main issues, made countermeasures and suggestions on cultural development in 2015.

Keywords: Mengjin County; public culture; cultural industry; development

Contents

B.17　Report on Cultural Development of Xin'An County

Zhang Shengli, Wang Shulin / 198

Abstract: Xin'an County has rich historical and cultural resources. In 2014, around the goal of "Cultural County", based on founding demonstration plot of national public cultural service system, the County continued to increase policy support and investment for cultural industry, which has further promoted the development of local culture. The report summarized the current status of cultural development and existing issues, and made countermeasures and suggestions on accelerating cultural development.

Keywords: Xin'an County; public culture; development; prospect

B.18　Report on Cultural Development of Yiyang County

Xu Zhiping, Li Wanjun / 207

Abstract: Yiyang County has profound historical and cultural heritage, and rich cultural resources. In 2014, on the base of existing advantages, around the goal of founding demonstration plot of national public cultural service system, the County made efforts to create brand culture with local characteristics, which has made progress in cultural construction. Based on current status of cultural development, the report analyzed main issues, and made countermeasures and suggestions on accelerating cultural development.

Keywords: Yiyang County; public culture; development

B.19　Report on Cultural Development of Luoning County

Wang Luyu, Wei Wanli / 216

Abstract: Luoning County has profound cultural heritage, outstanding geographical characteristics, and good cultural development. The activities of establishing demonstration plot of national public cultural service system initiated in 2012 become "booster" of local cultural development. The report analyzed Luoning's survey of cultural resources, emphatically described the development of public culture, discussed main issues in cultural development, and raised relevant measures and suggestions on how to develop Luoning's public culture.

Keywords: Luoning County, public culture; cultural industry; development

B.20　Report on Cultural Development of Ruyang County

Wu Tingting, Zhai Canbo / 226

Abstract: In 2014, Ruyang County vigorously promoted the construction of public cultural service system, and focused on invitation of businessmen and investment and project development based on historical and cultural resources, which has largely accelerated the development of cultural tourism. This report summarized Ruyang's existing cultural resources and current status of cultural development in 2014, deeply analyzed existing issues, and made countermeasures and suggestions on future development.

Keywords: Ruyang County; public culture; cultural tourism; development

B.21　Report on Cultural Development of Songxian County

Gao Yong, Li Xinghui / 237

Abstract: Songxian County has rich cultural resources. In 2014, around the work on founding the demonstration plot of national public culture service system, the County took a series of policies and measures, which has made remarkable progress in the construction of public cultural service system and the development of cultural tourism. This report analyzed the current status of cultural development, and made countermeasures and suggestions on future development.

Keywords: public culture; cultural tourism; development

B.22 Report on Cultural Development of Luanchuan County

Liu Baocheng, Liu Ya'ou / 246

Abstract: In 2014, based on the chance about founding the demonstration plot of national public culture service system, Luanchuan County actively promoted the construction of public cultural service system, deepened the reform cultural system, strengthened the supervision of cultural market, and enhanced the spread of cultural tourism, which has effectively promoted economic development. This report analyzed the County's current status of cultural development, discussed main issues, and made countermeasures and suggestions on future development.

Keywords: Luanchuan County; public culture; cultural industry; development

ⒷⅤ Case Report

B.23 Effect of Peony Cultural Festival of Luoyang China and Its Inspiration

Liu Fuxing, Li Junyi / 255

Abstract: Luoyang Peony Cultural Festival had successfully held 32 times, and has become one of four big national festival gatherings. The Festival has innovation in concept, mode, thought and mechanism etc., has showed sharp Luoyang style, has accumulated valuable experiences, and has largely promoted Luoyang's economic development and cultural prosperity, which has accumulated strong advantages for Luoyang's development. Luoyang City should further amplify brand effect of "Peony Festival of Luoyang China" to promote the construction of cultural city.

Keywords: Luoyang Peony; cultural festival; effect; inspiration

B.24 Building Modern Media Group, Making First-Class Culture Enterprise

Tang Jinglu / 273

Abstract: Luoyang Daily Group is the first prefecture – level party newspaper

group of Henan province authorized by provincial work leading group office for cultural province construction and culture system reform, its integrated strength ranks the first in prefecture -level city newspaper offices in Henan province, and front in countrywide prefecture -level city newspaper offices. It is also top 10 in key culture enterprises of Henan province, and top 10 in prefecture -level newspaper management innovation in China. Since its restructuring in 2009, it set the development strategy of "one center, two transition, three - wheel drive, four guarantees", which has made significant effect and achieved sustainable development.

Keywords: cultural industry; newspapering transition; capital operation

B. 25 Report on Development of Mengjin Pingle Peony Painting Creative Industry

Liu Rongli / 283

Abstract: As a representative of Luoyang Peony cultural industry, based on Peony painting culture creative industry park, taking the mode of "company + park +painter", implementing operation of the market principle, Mengjin Pingle Peony painting industry has been at stage of quick development, Peony painters' team is growing, the technique is constantly improving, therefore the industry has become "key project of cultural industry in Henan province". Mengjin Pingle Peony painting industry has advantages of cultural inside information, flower pageant platform, traffic location and brand cluster, but operating enterprises has still some issues, including jobholders' low overall quality and low influence of Peony paintings. Therefore, operating enterprises should improve employees' accomplishment of through training, expand multichannel industrial development platform, and give publicity actively to broaden sales channels.

Keywords: Peony paintings; culture; creative industry

社会科学文献出版社　　皮书系列

✤ 皮书起源 ✤

"皮书"起源于十七、十八世纪的英国,主要指官方或社会组织正式发表的重要文件或报告,多以"白皮书"命名。在中国,"皮书"这一概念被社会广泛接受,并被成功运作、发展成为一种全新的出版型态,则源于中国社会科学院社会科学文献出版社。

✤ 皮书定义 ✤

皮书是对中国与世界发展状况和热点问题进行年度监测,以专业的角度、专家的视野和实证研究方法,针对某一领域或区域现状与发展态势展开分析和预测,具备权威性、前沿性、原创性、实证性、时效性等特点的连续性公开出版物,由一系列权威研究报告组成。皮书系列是社会科学文献出版社编辑出版的蓝皮书、绿皮书、黄皮书等的统称。

✤ 皮书作者 ✤

皮书系列的作者以中国社会科学院、著名高校、地方社会科学院的研究人员为主,多为国内一流研究机构的权威专家学者,他们的看法和观点代表了学界对中国与世界的现实和未来最高水平的解读与分析。

✤ 皮书荣誉 ✤

皮书系列已成为社会科学文献出版社的著名图书品牌和中国社会科学院的知名学术品牌。2011年,皮书系列正式列入"十二五"国家重点图书出版规划项目;2012~2014年,重点皮书列入中国社会科学院承担的国家哲学社会科学创新工程项目;2015年,41种院外皮书使用"中国社会科学院创新工程学术出版项目"标识。

中国皮书网

www.pishu.cn

发布皮书研创资讯，传播皮书精彩内容
引领皮书出版潮流，打造皮书服务平台

栏目设置：

- □ **资讯**：皮书动态、皮书观点、皮书数据、皮书报道、皮书发布、电子期刊
- □ **标准**：皮书评价、皮书研究、皮书规范
- □ **服务**：最新皮书、皮书书目、重点推荐、在线购书
- □ **链接**：皮书数据库、皮书博客、皮书微博、在线书城
- □ **搜索**：资讯、图书、研究动态、皮书专家、研创团队

中国皮书网依托皮书系列"权威、前沿、原创"的优质内容资源，通过文字、图片、音频、视频等多种元素，在皮书研创者、使用者之间搭建了一个成果展示、资源共享的互动平台。

自2005年12月正式上线以来，中国皮书网的IP访问量、PV浏览量与日俱增，受到海内外研究者、公务人员、商务人士以及专业读者的广泛关注。

2008年、2011年中国皮书网均在全国新闻出版业网站荣誉评选中获得"最具商业价值网站"称号；2012年，获得"出版业网站百强"称号。

2014年，中国皮书网与皮书数据库实现资源共享，端口合一，将提供更丰富的内容，更全面的服务。

法律声明

"皮书系列"(含蓝皮书、绿皮书、黄皮书)之品牌由社会科学文献出版社最早使用并持续至今,现已被中国图书市场所熟知。"皮书系列"的LOGO( )与"经济蓝皮书""社会蓝皮书"均已在中华人民共和国国家工商行政管理总局商标局登记注册。"皮书系列"图书的注册商标专用权及封面设计、版式设计的著作权均为社会科学文献出版社所有。未经社会科学文献出版社书面授权许可,任何使用与"皮书系列"图书注册商标、封面设计、版式设计相同或者近似的文字、图形或其组合的行为均系侵权行为。

经作者授权,本书的专有出版权及信息网络传播权为社会科学文献出版社享有。未经社会科学文献出版社书面授权许可,任何就本书内容的复制、发行或以数字形式进行网络传播的行为均系侵权行为。

社会科学文献出版社将通过法律途径追究上述侵权行为的法律责任,维护自身合法权益。

欢迎社会各界人士对侵犯社会科学文献出版社上述权利的侵权行为进行举报。电话:010-59367121,电子邮箱:fawubu@ssap.cn。

社会科学文献出版社

权威报告·热点资讯·特色资源

皮书数据库
ANNUAL REPORT(YEARBOOK) DATABASE

当代中国与世界发展高端智库平台

WWW.PISHU.COM.CN

皮书俱乐部会员服务指南

1. 谁能成为皮书俱乐部成员？
- 皮书作者自动成为俱乐部会员
- 购买了皮书产品（纸质书/电子书）的个人用户

2. 会员可以享受的增值服务
- 免费获赠皮书数据库100元充值卡
- 加入皮书俱乐部，免费获赠该纸质图书的电子书
- 免费定期获赠皮书电子期刊
- 优先参与各类皮书学术活动
- 优先享受皮书产品的最新优惠

3. 如何享受增值服务？

（1）免费获赠100元皮书数据库体验卡

第1步 刮开附赠充值的涂层（右下）；

第2步 登录皮书数据库网站（www.pishu.com.cn），注册账号；

第3步 登录并进入"会员中心"—"在线充值"—"充值卡充值"，充值成功后即可使用。

（2）加入皮书俱乐部，凭数据库体验卡获赠该书的电子书

第1步 登录社会科学文献出版社官网（www.ssap.com.cn），注册账号；

第2步 登录并进入"会员中心"—"皮书俱乐部"，提交加入皮书俱乐部申请；

第3步 审核通过后，再次进入皮书俱乐部，填写页面所需图书、体验卡信息即可自动兑换相应电子书。

4. 声明

解释权归社会科学文献出版社所有

皮书俱乐部会员可享受社会科学文献出版社其他相关免费增值服务，有任何疑问，均可与我们联系。

图书销售热线：010-59367070/7028
图书服务QQ：800045692
图书服务邮箱：duzhe@ssap.cn

数据库服务热线：400-008-6695
数据库服务QQ：2475522410
数据库服务邮箱：database@ssap.cn

欢迎登录社会科学文献出版社官网
（www.ssap.com.cn）
和中国皮书网（www.pishu.cn）
了解更多信息

社会科学文献出版社 皮书系列
SOCIAL SCIENCES ACADEMIC PRESS (CHINA)

卡号： 999250763265
密码：

子库介绍
Sub-Database Introduction

中国经济发展数据库

涵盖宏观经济、农业经济、工业经济、产业经济、财政金融、交通旅游、商业贸易、劳动经济、企业经济、房地产经济、城市经济、区域经济等领域，为用户实时了解经济运行态势、把握经济发展规律、洞察经济趋势、做出经济决策提供参考和依据。

中国社会发展数据库

全面整合国内外有关中国社会发展的统计数据、深度分析报告、专家解读和热点资讯构建而成的专业学术数据库。涉及宗教、社会、人口、政治、外交、法律、文化、教育、体育、文学艺术、医药卫生、资源环境等多个领域。

中国行业发展数据库

以中国国民经济行业分类为依据，跟踪分析国民经济各行业市场运行状况和政策导向，提供行业发展最前沿的资讯，为用户投资、从业及各项经济决策提供理论基础和实践指导。内容涵盖农业，能源与矿产业，交通运输业，制造业，金融业，房地产业，租赁和商务服务业，科学研究，环境和公共设施管理，居民服务业，教育，卫生和社会保障，文化、体育和娱乐业等 100 余个行业。

中国区域发展数据库

以特定区域内的经济、社会、文化、法治、资源环境等领域的现状与发展情况进行分析和预测。涵盖中部、西部、东北、西北等地区，长三角、珠三角、黄三角、京津冀、环渤海、合肥经济圈、长株潭城市群、关中天水经济区、海峡经济区等区域经济体和城市圈，北京、上海、浙江、河南、陕西等 34 个省份及中国台湾地区。

中国文化传媒数据库

包括文化事业、文化产业、宗教、群众文化、图书馆事业、博物馆事业、档案事业、语言文字、文学、历史地理、新闻传播、广播电视、出版业、艺术、电影、娱乐等多个子库。

世界经济与国际政治数据库

以皮书系列中涉及世界经济与国际政治的研究成果为基础，全面整合国内外有关世界经济与国际政治的统计数据、深度分析报告、专家解读和热点资讯构建而成的专业学术数据库。包括世界经济、世界政治、世界文化、国际社会、国际关系、国际组织、区域发展、国别发展等多个子库。